JN193148

ルポ プーチンの戦争

「皇帝」はなぜウクライナを狙ったのか

真野森作
Mano Shinsaku

筑摩選書

ルポ　プーチンの戦争　目次

ルポ　プーチンの戦争

「皇帝」はなぜウクライナを狙ったのか

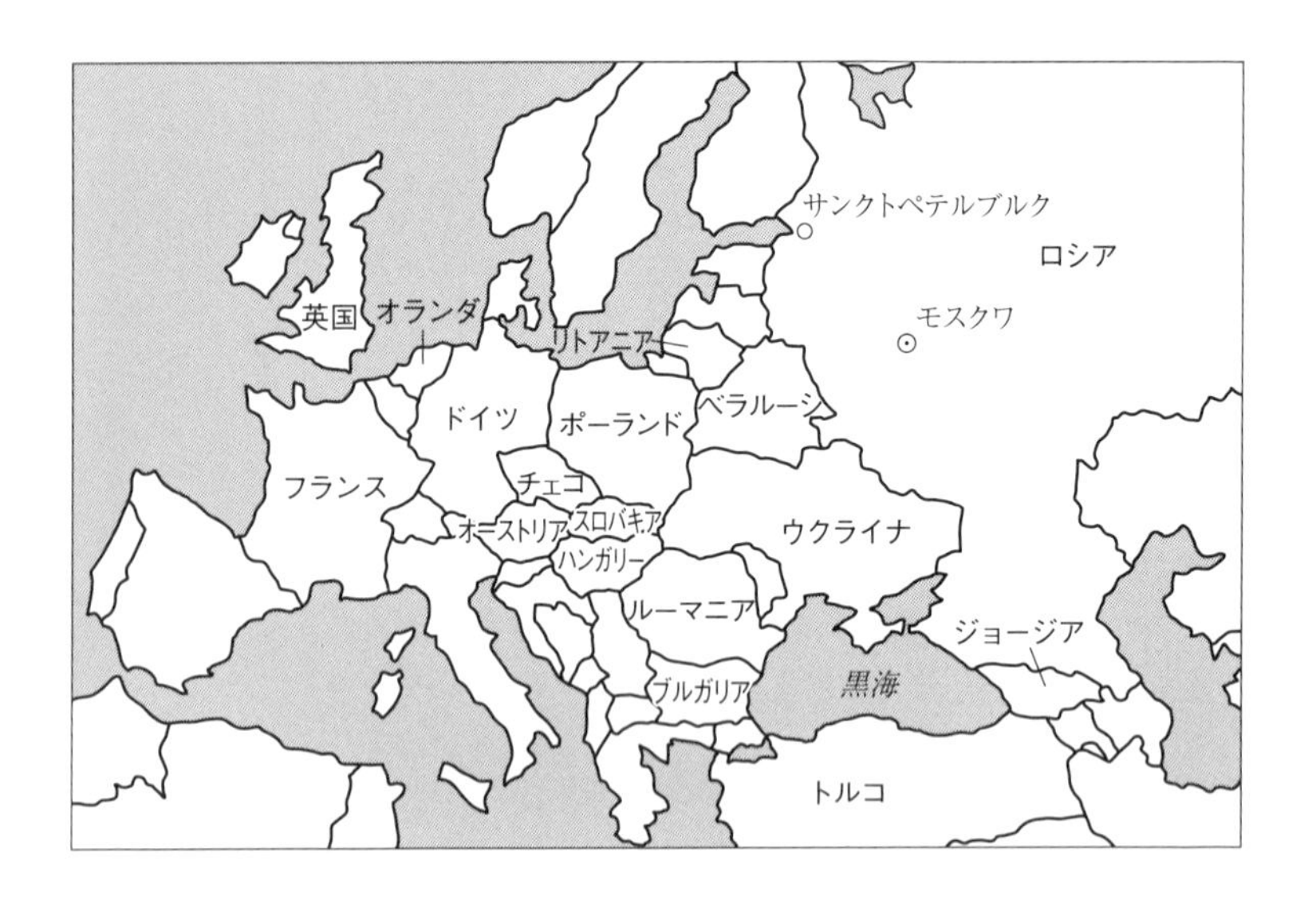
サンクトペテルブルク
ロシア
モスクワ
英国
オランダ
リトアニア
ドイツ
ポーランド
ベラルーシ
フランス
チェコ
オーストリア
スロバキア
ハンガリー
ウクライナ
ルーマニア
ジョージア
ブルガリア
黒海
トルコ

ウクライナ情勢の推移

二〇一三年

一一月　二一日　ウクライナのヤヌコビッチ大統領が欧州連合（EU）との連合協定の署名見送り

一二月　一七日　キエフで反政権デモ始まる
ヤヌコビッチ氏、ロシアのプーチン大統領と会談。巨額の財政支援などで合意

二〇一四年

一月　下旬　キエフのデモ隊が一部過激化。治安部隊との衝突で死者も発生

二月　七日　ロシア南部でソチ冬季五輪が開幕
一八日　キエフで大規模衝突。以後三日間で約一〇〇人が死亡
二一日　ヤヌコビッチ氏と野党代表が危機打開に向けた合意文書へ署名

独立広場周辺に集まる反政権デモの参加者（キエフ、2013年12月20日）

二二日　ヤヌコビッチ氏、キエフから東部ハリコフへ移動

キエフのデモ隊が大統領府を占拠。最高会議は大統領罷免を決議し、政権崩壊

二三日　次の大統領選は五月二五日と決まる

野党第一党「祖国」幹部のトゥルチノフ氏がウクライナの大統領代行に就任

ロシア南部でソチ冬季五輪が閉幕

二六日　クリミア半島でロシア系住民とクリミア・タタール人のデモ隊同士が衝突

二七日　ウクライナでヤツェニュク首相の暫定政権が発足

クリミアで覆面武装集団が行政府や議会を占拠。議会は住民投票実施を決定

三月

四日　プーチン氏が記者会見でクリミアへの軍事介入を否定

六日　米国とEUが対露制裁

一六日　クリミアで住民投票。「ロシアへの編入賛成が九割超」と発表

一八日　プーチン氏が演説でクリミア編入を宣言

ウクライナ軍の駐屯地を包囲した覆面部隊（クリミア半島、2014年3月2日）

　　　二一日　ロシア政府、クリミア編入の国内手続きを完了
　　　二四日　米独日など主要七カ国（G7）はG8からのロシア排除で合意
四月　初旬　親露派勢力が東部ドネツク州などで行政庁舎を次々に占拠
　　　一五日　ウクライナ暫定政権が親露派勢力の強制排除を開始
　　　一七日　スイスで米露、EU、ウクライナの外相協議。東部の治安回復で合意
五月　一一日　親露派がドネツク、ルガンスク両州で「独立」を問う住民投票。翌日に独立宣言
　　　二五日　ウクライナ大統領選でポロシェンコ氏が当選
　　　二六日　ウクライナ軍が親露派の占拠するドネツク国際空港を空爆し、戦闘が本格化
六月　七日　ポロシェンコ氏がウクライナ大統領に就任
　　　二三日　一時停戦で合意。一週間後、期限切れで戦闘再開
七月　一七日　ドネツク州上空でマレーシア航空機撃墜、二九八人死亡

ドネツク州政府庁舎を占拠した身元不詳の親露派活動家（ドネツク、2014年4月9日）

七月　下旬　欧米が対露制裁強化。ＥＵは初の経済制裁

ロシアは八月上旬、農産物や食料品の輸入禁止で欧米に報復

八月　下旬　親露派が反転攻勢。ロシア軍のウクライナ侵攻の疑いが濃厚に

九月　五日　ウクライナ政府と親露派がミンスクの和平協議で停戦合意

二〇一五年

一月　中旬　ドネツク州南部マリウポリなど各地で戦闘再燃

二月　一二日　ウクライナ露独仏のミンスク首脳会談。新たな停戦合意に署名

一五日　ウクライナ軍と親露派武装勢力の停戦が発効

一七日　ドネツク州デバリツェボで戦闘激化

一八日　親露派がデバリツェボ全域を制圧

二七日　モスクワで反プーチンの野党指導者ネムツォフ氏暗殺

六月　上旬　ドネツク州で戦闘再燃

撃墜事件の遺体をオランダへ運ぶ軍用機の出発式典(ハリコフ、2014年7月23日)

二〇一六年

一二月　一五日　プーチン氏が訪日し、山口県で安倍首相と会談

二〇一七年

一月　二〇日　米国でトランプ新大統領が就任

一二月　二二日　米国務省は「ウクライナへの武器供給を決定」と発表。対戦車ミサイルを供与へ

二〇一八年

三月　一八日　クリミア編入四年に合わせたロシア大統領選でプーチン氏再選

五月　一五日　クリミア半島東端とロシアを結ぶ海峡大橋が開通

七月　一六日　ヘルシンキでトランプ、プーチン両氏による米露首脳会談

八月　三一日　ドネツクの親露派指導者ザハルチェンコ氏が爆発で死亡

ウクライナの戦争と米露対立を題材とした手彫りのチェス（モスクワ、2015年7月5日）

序章

戦争がはじまった

空爆の下へ

長い跨線橋（こせんきょう）を歩いて渡っている途中で、数キロ先の空港方面から「ドーン、ドーン」と鈍く重たい爆発音が聞こえてきた。二〇一四年五月二六日、ウクライナ東部ドネツク市。毎日新聞モスクワ特派員として現地に入っていた私は腕時計に目を走らせ、簡単なメモを手帳に書き付けた。「午後三時七分、空から爆発音五回」。ある種の興奮と恐怖心とが入り交じる。灰色の空の下、腹に響くような音が続く。ドーン、ドーン。「さらに二回」とボールペンで走り書きする。

この日の未明、ドネツク国際空港は親ロシア派武装勢力に占拠されていた。それに対して、ウクライナ政府軍が初の空爆に踏み切ったのだ。インターネット上では通信社の速報が飛び交っている。一〇〇万人都市を巻き込む戦争が始まってしまった。橋の向こうへと先を急ごう。

空港方面へ急行する親露派武装勢力のトラック（ドネツク、2014年5月26日）

私は三回目の現地取材のためドネツク市を訪れていた。五月二五日のウクライナ大統領選挙に際して、親露派の支配が進む東部の大都市で何が起きるのかを見届けるためだ。そして、市内では実施を阻止された選挙の翌日、空港への空爆が始まった。それは長い戦争の幕開けだった。私は案内役の地元女性記者ヤナ・トカチェンコ（三六）と一緒にできる限り現場へ近づこうとしていた。空港手前のキエフ地区で車は通行止めにされ、歩いて跨線橋を渡るしかない。橋の上にいるとき、「ドーン」と爆発音が聞こえてきたのだ。いつの間にか空は雲に覆われている。

「そう、いま空爆が続いている。ちょっと

空港手前の林で携帯式対空兵器を構える親露派戦闘員（ドネツク、2014年5月26日）

待って。四回、五回、六回……」ヤナは歩きながら電話を始めた。爆発音を数え、自社の同僚に状況を伝えている。橋を渡ると、数百メートル先の自動車販売店の屋上に人影が見えた。記者やカメラマンたちだ。さらにそのずっと向こうで黒煙が立ちのぼっている。攻撃を受けたドネツク国際空港に違いない。

「あの屋上へ行こう」ヤナと二人、足を速めたとき、後方に車が迫る気配を感じた。振り返ると、救急車と大型トラックとバスという車列が猛スピードで近付いてくる。トラックの荷台は小銃を持った男たちでぎっしりだ。親露派武装勢力、彼らは空港へ加勢に行くのか。

　とっさにカメラを構えると、ファインダー越しに荷台の一人と目が合った。男の銃の照準は一瞬こちらを捉え、すぐに過ぎ去った。汗でぬれた必死の形相が瞳に焼き付く。私たちを追い抜いた車列は少し先で急停車し、飛び下りた男たちが道路脇の林へ散る。空を見上げ、携帯式対空兵器を構える二人組もいる。私は周囲の記者たちと競うようにシャッターを切った。

ふと気付けば、欧州のテレビ・クルーはそろって防弾チョッキを着ている。普段着の自分に心細さを感じた直後、乾いた銃声が響いた。パン、パン、パン、パン。この場所がいきなり前線に変わってしまったのか。「走れ！　逃げろ！」誰かが叫んだ――。

プーチンのロシア

本書の表題は『プーチンの戦争』である。現職のロシア大統領、ウラジーミル・ウラジーミロビッチ・プーチン。一九五二年一〇月七日生まれ。二〇一八年三月のロシア大統領選挙で再選を果たし、さらに最低六年間は権力の座を維持し続ける。旧帝都のレニングラード（現サンクトペテルブルク）に生まれ育ち、ソ連の情報機関である国家保安委員会（ＫＧＢ）で経験を積んだ。二〇〇〇年に大統領に初当選して以来、事実上一八年間もの長きにわたって核大国を率いる強面の指導者だ。今のところ、有力な後継者候補は見当たらない。ロシアも不完全とはいえ民主主義国家であり、国民の支持があっての大統領である。プーチン政権のあり方は、北海道大学名誉教授の木村汎（ひろし）の言う「準独裁」という

記者会見で語るロシアのプーチン大統領（モスクワ、2015年12月17日）

表現がしっくりとくる。

政権の「知恵袋」と言われるロシアの政治学者フョードル・ルキヤノフの指摘を紹介しておこう。「現代ロシアの政治モデルには一つ、非常に深刻な弱点がある。プーチン大統領ただ一人をその要石としている点だ。彼の身に何か起きたらロシアがどうなるかは予測できない」。国を体現する「一代皇帝」のような存在となっている。

また、KGBの後継組織であるロシア連邦保安庁（FSB）と政権との関係について、政治学者のリリヤ・シェフツォワは「KGBは政府の統制下にある『番犬』だったが、現在のFSBはそうではない。プーチン氏はFSBをクレムリンに引き入れ、政治機関にしてしまった」と解説した。KGB出身のプーチンはエリツィン政権下でFSB長官も務め、側近に「シロビキ」（軍・治安機関出身者）が多いことで有名だ。シェフツォワは「ロシアには政府への服従と暴力の伝統があることを意識しておく必要がある」と語る。

＊　＊

プーチンのロシアとは何か？　それを考えるには、彼以前のロシアを回顧すべきだろう。ロシア人にとって「強い指導者プーチン」は過去に対するアンチテーゼとしての存在だからだ。ソ連最後の指導者ミハイル・ゴルバチョフは対外的には米ソ冷戦を終結させ、国内でも「ペレストロイカ（建て直し）」や「グラスノスチ（情報公開）」といった改革を進めたが、それによって吹き出した矛盾を制御する力量を持たなかった。超大国・ソ連を中心とする社会主義陣営は分解し、ソ連自体も解体した。

ゴルバチョフに抗してソ連崩壊を導き、新生ロシアの初代大統領となったボリス・エリツィン。だが、体制変更に伴う経済の大混乱を収められず、南部・北カフカス地方のチェチェンでは血みどろの民族紛争が発生する。さらに「オリガルヒ」と呼ばれる新興財閥が政権に関与するゆがんだ癒着構造を是正できなかった。

エリツィンによって後継者に指名されたプーチンは、チェチェン紛争を武力で封じ込めることによって国内で名声を高め、オリガルヒも抑え込んで、自らを中心とする中央集権的な政治・経済体制を作り上げていった。内政、外交共に弱体化したロシアの再興を目指し、動き始める。資源価格高騰の助けを借り、軍の再建や国民生活の向上に成功した。

続く挑戦は対外的な地位の回復だ。ソ連崩壊後、社会主義陣営にあった旧東欧圏各国と旧ソ連のバルト三国が欧州連合（ＥＵ）、北大西洋条約機構（ＮＡＴＯ）に相次いで加盟し、ロシアを離れていった。ロシア側から見れば、対ＮＡＴＯの分厚い防壁、緩衝地帯（かんしょうちたい）を失ったことに他ならない。「冷戦の勝者」を自認する米国の一極支配にあらがって多極的な世界を構築し、ロシアがその一極の座を死守すること――。それがプーチン政権の目標となった。

旧東欧圏やバルトに続いて、旧ソ連のウクライナやジョージア（グルジア）が欧米に接近していく。ロシアを中心とした「極」を形成するには、旧ソ連で二番目に人口が多く、同じスラブ民族主体のウクライナは不可欠だ。軍需産業におけるつながりも深い。プーチンにとってウクライナの離反は絶対に認められない。そうした背景の中、二〇一三年一一月にウクライナの首都キエフでロシア寄りへ傾いたヤヌコビッチ政権に対する親欧米派市民によるデモが始まり、ウクライナの民族主義勢力もそこに合流した。「ロシア復活」を内外に印象づけるソチ冬季オリンピックのさなか、キエフではヤヌコビッチ政権が倒された。

直ちにプーチンのロシアによる反撃の狼煙（のろし）が上がる。ウクライナ南部のクリミア半島を覆面部隊によって電撃的に軍事制圧し、地元の親露派勢力による住民投票を経て半島をロシアに編入。クリミアは帝政ロシアのエカテリーナ二世の時代に獲得され、一九世紀のクリミア戦争では多数のロシア将兵が血を流した。ロシア人の愛国心をかき立てるには、絶好の土地であった。

プーチンはクリミア編入で国民からの熱狂的な支持を獲得し、同時に安全保障上の要衝を確保した。ヤヌコビッチを追い落としたキエフの親欧米派と民族主義勢力に報復したともいえる。

ヤヌコビッチ政権に抗議する親欧米派市民のデモ（キエフ、2013年12月20日）

さらにロシアと国境を接するウクライナ東部が第二のターゲットとなった。親露派勢力による地元政府庁舎の占拠と住民投票に始まり、ウクライナ政府軍との激しい戦闘を経て、東部にもロシアが裏で操る二つの親露派支配地域が確立された。「ドネツク人民共和国」「ルガンスク人民共

ウクライナ東部で政府庁舎の占拠を進めた親露派武装勢力（ドネツク、2014年5月25日）

和国」とそれぞれ名乗り、ウクライナとロシアの間の緩衝地帯となっている。

ハイブリッド戦争

軍の精鋭部隊を即座に投入してほぼ無血で制圧したクリミアと、戦火が絶えないウクライナ東部。展開は異なるが、ロシアはいずれにおいても「ハイブリッド戦争」と呼ばれる手法を用いてきた。ハイブリッド＝複合型とは何を指すのか？　国の正規軍同士が正面からぶつかる戦争ではなく、扇動工作とプロパガンダ、特殊部隊や民兵の投入、「住民投票」といった政治的動員、部分的な正規軍の使用など多様な手段を組み合わせた「ごった煮」的な戦法だ。いつから戦争が始まったのか、いつ終わったと言えるのか、すべてがあいまいなのも特徴だろう。

ロシアの狙いは何か。親欧米派が中心となったウクライナを揺さぶり続け、将来再びキエフに親露派政権を樹立すること。それがロシアの国益を守るための長期目標と考えられる。東部の親露派支配地域はロシアにとって、ウクライナにおける「橋頭堡（きょうとうほ）」だ。

では、なぜハイブリッド戦争という複雑な手法を用いているのか。もし、通常戦争という形をとっていたら、誰の目からもロシアによるウクライナへの侵略と認識されただろう。隠然とした手法によって「ロシアは戦争当事国ではない」と強弁し続け、国際社会における孤立をかなりの程度で避けられている。欧米からは経済制裁を課されたが、中国やトルコなどロシアが関係を強化した国もある。北方領土問題を抱える日本はロシアと経済協力を絡めた交渉を進めている。これも、ウクライナとの戦争があいまいな形で推移してきたからこそ可能といえる。ロシア産天然ガスの供給など資源を中心とした欧州との経済関係も維持されている。人口一億四六八〇万人、国内総生産は世界一一位の約一・六兆米ドル（二〇一七年）であるロシアにとって、ＥＵは最重要の経済パートナーだ。

正面切った戦争よりもロシアにとって経済、外交の両面において損失が少ないのがハイブリッド戦争なのである。ただ、欧州大陸で二国間の戦争が続いている事実は変わらない。これは内戦ではない。民間人を含む死者数は一万人を超えている。国連安保理常任理事国のロシアが戦争の当事国であり、ソ連の残した核兵器を放棄したウクライナを核大国が攻撃している。旧ソ連の国々を完全な独立国家として認めず、自国の勢力圏と見なし続けるロシアの国家思想が浮き彫りとなっている。

本書の構成

私は毎日新聞モスクワ特派員として二〇一三年一〇月に赴任し、一七年三月までロシアを現地で観察し続けた。私の報道姿勢を説明しておこう。図形の円をイメージしていただきたい。欧米メディアの情報を中心にニュースを判断する立ち位置を「〇度」とするならば、ロシア目線の情報を基に判断する立ち位置は「一八〇度」となる。さらに進んで、欧米発とロシア発の情報を両方吟味しつつ真実を模索するあり方は「二七〇度」となるはずだ。ごく簡単に言えば中庸である。私はこれを理想とする。加えて言えば、ウクライナに関しては当然、地元メディアの報道も見ておく必要がある。

そしてもう一つ、理想とするのは現場主義だ。ウクライナで戦争取材を続ける中、ベトナム戦争を従軍取材した開高健の小説『夏の闇』の一節が何度も頭をよぎった。戦況について主人公は言う。「推論はかさねるが断定はできないよ。この眼で見ていないのだから。この眼で見ても断定はむつかしいな」。どの戦争でも取材者は常に手探りに違いない。すべてを目撃することなどできないからだ。それでもなお、可能な限り現場に入って伝え続けることに意味があると私は信じる。たとえ断片であっても事実に近づき、記録し、伝えたい。だから、なんとしても書籍の形にまとめたかった。

キエフで政変が起きた一四年二月以降、私はウクライナ各地を飛び回った。日本へ帰任するまでにウクライナを一七回訪れ、合計九七日間滞在した。うちクリミア半島は三回（計二三日間）、戦火の東部では七回（計五〇日間）現地取材した。

＊　＊

〈好もうが好むまいが、私は今この「1Q84年」に身を置いている。私の知っていた1984年はもうどこにも存在しない。今は1Q84年だ。空気が変わり、風景が変わった〉。村上春樹の長編小説『1Q84』の序盤の一節である。ウクライナ東部の情勢が深刻化していった一四年五月ごろ、ふと思いついてモスクワの自宅で本棚から文庫本を取り出し、読みふけった。クリミアの中心都市シンフェロポリの書店でロシア語版を見かけたのがきっかけだ。

〈好もうが好むまいが、私は今この「2Q14年」に身を置いている。私の知っていた2014年はもうどこにも存在しない。今は2Q14年だ。空気が変わり、風景が変わった〉。一九八四年から三〇年を経て、冷戦後の世界の風景がぐにゃりと変わってしまった。これが私の実感だ。ソ連・ロシア史における一九八四年はアンドロポフ共産党書記長の死去と、ロサンゼルス五輪ボイコットが目立つぐらいの年だった。一方、二〇一四年は転機の年として記録されることになった。

＊　＊

本書ではクリミアと東部というウクライナ危機における二つの現場を通して、プーチン政権によるハイブリッド戦争の生の姿を報告する。立場が異なる当事者たちの大きな声、小さな声に耳を傾けてもらえたならば、取材者冥利に尽きる。以下、本書の構成を紹介する。

ウクライナ南部クリミア半島。二〇一四年二月二八日、小さな国際空港に覆面の兵士数十人が突然現れる。ロシアによる電撃作戦の始まりだった。かつてロシア領だったクリミアには親露的な住民が多い一方、先住民族のクリミア・タタール人はロシアを警戒していた。第一章では、プーチンの宣言によってクリミア半島がロシアに編入されるまでの激動を追う。

国際秩序を揺るがす事態はクリミアだけでは終わらなかった。一四年四月、ウクライナ東部のドネツク州、ルガンスク州が不安定化し始める。鉄パイプや火炎瓶で武装した活動家たちが州政府庁舎や警察署を次々に占拠し、ロシアへの編入を叫び始めた。過激な動きはすばやく広がり、銃器を手にした親露派勢力はウクライナからの一方的な独立を宣言する。五月下旬、ウクライナ政府軍は空爆に踏み切り、本格的な戦闘が始まった。第二章はウクライナ東部における戦争発生の経緯を記録する。

東部で始まった戦争は、無関係な国々の市民を巻き込んだ。一四年七月に起きたマレーシア航空機撃墜事件である。第三章ではこの国際的な事件に迫る。アムステルダム発クアラルンプール行きのマレーシア航空MH17便がドネツク州上空で撃墜され、二九八人の命が奪われた。すぐさま現場へ飛んだ私は、野原や麦畑に横たわる犠牲者の亡骸（なきがら）に言葉を失った。親露派武装勢力と政府軍の戦闘は激しさを増していき、政府軍有利の戦況が突然変わった。現地で起きていたのはロシア軍による秘密裏の侵攻だった。

第四章は、ロシアによるクリミア編入を先住民族のクリミア・タタール人の視点から描く。彼らの現代史は悲しみの色に染められている。一九四四年、ソ連の独裁者スターリンによって民族ごと故郷を追われ、中央アジアなどへ強制移住させられたのだ。私は老指導者、ムスタファ・ジェミレフにキエフで出会った。ソ連末期に半島帰還を実現するまで、当局の弾圧に耐えて同胞を導いたのが彼だった。ジェミレフの半生を通してクリミアの複雑な歴史と現在をたどる。

一五年二月、犠牲者が五〇〇〇人を超えた東部の戦争で停戦合意が結ばれた。第五章では、停戦一カ月後に取材した親露派支配地域の実情を報告する。戦争発生から一年近く経ち、国内屈指の工業地帯は荒れ果てていた。砲撃を恐れて地下防空壕で暮らす家族、クラスター爆弾で負傷した子供たち、人道支援物資が命綱の人々——。親露派は強権的な支配体制を確立していた。

戦闘の本格化から二年が経過した一六年四月、私は親露派武装勢力の幹部だったロシア人男性の単独インタビューを試みた。第六章では、彼やロシアの人権活動家の証言を通して、ロシアによる軍事侵攻の深い闇を探る。さらに親露派支配地域を再訪し、マレーシア機撃墜事件の謎や親露派支配のからくりに迫っていく。

終章ではプーチンの発言を基にウクライナでの戦争が日露関係に与えた影響を分析するほか、ウクライナ初代大統領やプーチン大統領元側近へのインタビューを通じて、ロシアの長期的な狙いを解き明かしたい。

※文中の年齢と通貨レートはいずれも取材当時。敬称は略した。主としてウクライナのロシア語圏で取材したため、地名はロシア語表記を基本とする。各章の写真は特に表記がない限り、筆者が撮影した。

第一章
謎の覆面部隊

制圧されたシンフェロポリ空港

鉛色の空の下、小さな空港に異様な光景が広がっていた。

二〇一四年二月二八日正午過ぎ、ウクライナ南部クリミア半島の中心都市シンフェロポリ。その中心部から車で約二〇分のシンフェロポリ空港に、自動小銃を下げた覆面の兵士たちが出現している。ざっと二、三〇人。深緑色を基調とした迷彩柄の戦闘服姿で、ヘルメットに防弾チョッキも着けている。所持しているのは現代的な細身の小銃だ。数人のグループごとに敷地内を巡回している。

首都キエフでの政変からはまだ一週間も経っていない。

これは一体何なのだ。

情報を得てタクシーで駆けつけた私は、少し緊張しながら彼らにロシア語で声をかけた。

――どこから来たのですか？　あなたたちはロシア人ですか？

クリミア半島の空港に出現した覆面部隊（シンフェロポリ、2014年2月28日）

返答はない。兵士たちはこちらを一瞥して通り過ぎるのみで、威嚇するそぶりも見せない。覆面で口元が隠され、表情は読み取れない。周りの各国記者たちは遠慮なく写真を撮っている。私も「撮って良いですか」と話しかけつつシャッターを切ったが、やはり動じる様子はない。統率の取れた動きから練度の高い兵士たちと容易に想像できた。彼らはロシア軍人だろうか？

古ぼけ、がらんとした到着ロビー棟に入ると、携帯電話の販売スタンドに中年の女性販売員がぽつんと立っている。話しかけると、リュボフ・クラフチュクと名乗った。年齢は四一歳。

「ここは平穏ですよ。彼らは治安を守っているだけ。ロシア兵かって？　私には分からないけれど、そうだとしても問題ない。クリミアの私たちは中央政治にうんざりしているの。とにかく争いがないことだけを望んでいる。キエフの政変で起きたような暴力沙汰はまっぴら。もしキエフの暫定政権がクリミア半島の分離を阻止したいなら、税収の五割はこちらへ残すべきです。今は二割しか残らないの。それができないなら、私はロシア編入を望む。住民投票が待ち遠しいわ」

どこの国でもありそうな地方から中央への不満だが、現在のクリミアの親露派住民にとっては「国の選択」という話に直結する。危うい土壌の半島に謎の兵士たちが展開している。

再び外へ出ると、ターミナル中央棟へレンズを向けるテレビ・クルーが数組いた。ソ連時代の面影を残す中央棟は円柱が正面に並び、どこか神殿風の建物だ。親露派住民とみられる平服の男女三〇人余が建物前に等間隔で立ち、後ろに覆面兵数人が控えている。内部には彼らの前線本部があるのだろう。住民たちは腕に黒とオレンジの二色ストライプの布片をつけている。第二次大戦における対独戦勝利のシンボル「ゲオルギーのリボン」だ。ここでは親露派を示す目印になっている。

半島の重要施設である空港は彼らに完全に制圧されている。待合ホールには不安そうな顔をした多くの旅客の姿があった。ただ、トルコ便などを除いて離着陸は止まっていない。日常と非日常が交錯している。

「あれは間違いなくロシア軍の特殊部隊員ですよ」。取材の手を休めていた若いテレビ・カメラマンがきっぱりと言った。黒い瞳が見つめる先には、所属記章が一切ない無言の覆面兵士たち。カメラマンはダミル・ヤクボフと名乗った。半島の先住民族クリミア・タタール人で、タタールのテレビ局「ＡＴＲ」の所属という。祖父母がスターリン時代の一九四四年に中央アジアに強制移住させられ、ソ連末期に故郷へ帰還した両親の下で生まれ育った。ソ連当時のクリミアを知らない世代だ。声を潜め、「ロシアは不法にクリミアを分離させようとしている」と訴えた。

覆面兵士は半島への侵略者なのか、それとも守護者なのか。立場によって見方は大きく異なっている。クリミア分離を望む多数派のロシア系住民と、それに反対する少数派のタタール人。元々複雑な両者の関係はこれからどうなるのだろうか――。

「親露派」のウクライナ大統領ヤヌコビッチ

ここでいったん時間をさかのぼりたい。序章で触れたように、クリミアの異変の前にはキエフでの政変があった。政変に至る反政権デモが始まったのは二〇一三年一一月のことだ。だが、それ以前からウクライナを巡って不穏な動きはあった。ロシアと旧ソ連のリトアニアとの間で起きた摩擦がその一つ。私は一三年一〇月一七日付の毎日新聞朝刊で、ＥＵを担当するブリュッセル特派員と連名で次のような記事を書いた。

〈【モスクワ真野森作、ブリュッセル斎藤義彦】ロシアが今月上旬、欧州連合の現議長国リトアニアからの乳製品輸入を禁止し、波紋が広がっている。リトアニアは、ウクライナなど旧ソ連三カ国のＥＵ接近を具体化させる一一月下旬の「東方パートナーシップ首脳会議」の開催国で、「ロシア離れ」を促す旗振り役。ＥＵ側では今回の動きについて、ロシアの圧力策との見方が強い。旧ソ連諸国への影響力拡大を巡る両者間の確執が浮き彫りとなった格好だ。……

「ロシア国民に奉仕します」とのセリフでヤヌコビッチ大統領を批判する張り紙（キエフ、2013年12月20日）

つばぜり合いの背景にあるのが、一一月二八、二九日に開かれるＥＵの東方パートナー首脳会議だ。二〇〇九年以来三回目で、ロシアと中央アジア諸国を除く旧ソ連の六カ国が参加する。議題はＥＵとの関係強化や各国の民主化。今回は、ウクライナが、ＥＵ加盟への第一歩とされる「連合協定」を締結する見通しだ。……

自らの勢力圏とみなす旧ソ連諸国の相次ぐＥＵ接近に、ロシアは内心穏やかではない。プーチン大統領は八日、記者会見で「ウクライナ政府が決定前に我々と協議することを希望する」と強調した。……〉

ウクライナ大統領のヤヌコビッチは一一月下旬になって、この連合協定の署名見送りを決定する。これに抗議して、欧米志向の市民たちがキエフで大規模デモに踏み切った。翻意の裏にはロシアの巻き返しがあった。一二月中旬、プーチンはモスクワでヤヌコビッチと会談し、ウクライナに対する一五〇億ドルの金融支援とロシア産天然ガスの価格を三割引き下げることで合意した。ＥＵ接近をストップしたことへの露骨な「ご褒美」だ。ロシアにとって重要な外貨獲得手段である天然ガスの相当部分はウクライナ領を通過するパイプラインで欧州諸国へ送られており、ウクライナに対する販売価格やその代金滞納、さらにはガスの抜き取りがたびたび外交問題となっていた。小柄なプーチンと並ぶと、身長が二メートル近いヤヌコビッチの巨体が目立った。

東部ドネツク州出身のビクトル・ヤヌコビッチは貧しい機関士の家に生まれ、電気工から身を起こした。企業の管理職などを経て地元の実力者として台頭していく。少年時代に強盗で服役した経験があり、地元マフィアとの関係も指摘される。二代目大統領のレオニード・クチマから一九九七年に州知事、二〇〇二年には首相に任命された。クチマ後継として出馬した〇四年大統領選ではいったん勝利宣言するも、改革派野党勢力が「不正選挙だ」と大規模な抗議デモを繰り広げ、再選挙に突入。野党候補だった親欧米派のビクトル・ユーシェンコ元首相に敗れた。「オレンジ革命」である。

しかし、ユーシェンコ政権は内部対立が続き、〇六年の議会選で野党「地域党」を率いて勝利したヤヌコビッチは首相に返り咲く。そして、一〇年の大統領選で女性政治家ユリヤ・ティモシェンコ元首相を破って当選を果たした。ヤヌコビッチの大統領就任翌年、ティモシェンコは首相時代の対露ガス取引を巡って「職権乱用罪」で禁錮七年の実刑判決を受け、収監される。米欧からは、あからさまな政敵の排除と受け止められた。

デモ中心地の独立広場

デモ発生から一カ月後の一二月下旬、私はキエフに入った。朝から小雪がちらつき、外気温は氷点下三度まで冷え込んでいる。市中心部の独立広場を歩くと、簡素なテント村が広がり、たき

独立広場のバリケードで見張りをするデモ隊の男性（キエフ、2013年12月20日）

火で暖を取りながら政治談義する人々の姿があった。広場のことをウクライナ語では「マイダン」と呼ぶ。独立広場は「マイダン・ネザレージュノスチ」だ。中央には仮設のステージが組まれ、野党政治家の演説やコンサートが雰囲気を活気づける。パンやスープも配られ、一つの共同体のようだ。各地からのデモ参加者が集会を続け、自分たちの「解放区」をバリケードで守っている。デモ隊は広場近くのキエフ市庁舎や労働組合センターを占拠し、厳寒の中での食事や休息の拠点として使っていた。

「八歳の息子がより良い暮らしを送れるようにここに来た。最後まで残るよ」。中部チェルニーゴフ州で農業を営むアレクサンドル・ザハルチェンコ（三二）は既に一八日間、広場で過ごしている。「欧州の人々のように暮らしたい。ヤヌコビッチ大統領は我が国をロシアに売ろうとしている」と語気を強めた。キエフに住む、二十代のビタリ・ルデニキとエフゲニヤの夫妻も「社会のメカニズムを変えなければいけない。変えたいから、毎日通っている」と口々に言う。首都の大部分は平静を取り戻していたが、広場周辺は別世界のようだ。

「ここでは自由を感じられる」そんな声も聞いた。

一方、約一キロ離れた最高会議（国会）前の広場には、政権支持派の市民がこぢんまりと拠点を築いている。途中、警官隊が並んで警戒線を設けていたが、若い警官からは笑顔もこぼれ、緊張感は薄い。ヤヌコビッチ政権は一一月末に治安部隊によるデモ隊の強制排除に踏み切り、多数の負傷者を出した。欧米諸国から強い批判を受けており、更なる衝突は避けるとみられる。デモは越年必至だ。

私は与野党の政治家に短いインタビューを試みた。論客として知られる与党・地域党議員のウラジスラフ・ルキヤノフは「デモは、政府が国民の声に耳を傾け、対話することの大切さを示した。ヤヌコビッチ大統領もよく理解しており、誤りは直していく」と政権を擁護した。

対する最大野党「祖国」議員のアンドレイ・パルビーに今後の方向性を問うた。「デモ隊の司令官」とも呼ばれており、政権批判の舌鋒は鋭い。

「まずは内閣総辞職を求める。強制排除の責任を取らせなければならない。大統領への辞任要求も続ける。政府はデモ隊を蹴散らすことは困難と悟り、内側から崩壊させようと試みている。全国からヤクザ者を集めて広場を緊張させ、カオス状態にしようという狙いだ。だが、我々はそんなことはさせない」

実際のところ、野党側は政治的には手詰まりとなっており、二〇一五年に予定される大統領選へ向けた長期戦を展望している様子だった。

デモ中心地の独立広場では温かい食べ物が無料で配られ、たき火用の薪もふんだんにある。自

反政権デモに参加したウクライナ・コサック（キエフ、2013年12月21日）

家発電機がうなり、夜も明るい。デモが継続する背景には身銭を切って運動を支える人々の存在があった。その中心は若手の中小企業家たちだ。ＥＵ諸国の現状をよく知り、自国の経済環境に不満を持つ中間層である。ソ連崩壊後に育ち、「国の仕組みを変えたい」と意気込む新世代。彼らがカンパや現物支援によってデモを下支えしている。

「このデモはウクライナの歴史に残る出来事になる」。キエフで計測機器メーカーなど二社を営むエフゲニー・ソロベイ（二九）は言い切った。デモ隊の強制排除に衝撃を受け、支援活動を始めた。週二回はカンパを届けている。「近年のウクライナは汚職がひどい。役人からはいつも賄賂を要求される。欧州諸国のような国家を目指さなければダメだ」。

ウクライナは人口約四五〇〇万人と十分に大きな国だが、ＥＵに加盟した旧東欧圏の諸国や旧ソ連のバルト三国と比べ、経済面で大きく水をあけられていた。人口約三八〇〇万人の隣国ポーランドとは、一九九〇年代前半までは同程度の経済規模だった。だが、二〇一二年には、国内総生産で三倍近い差をつけられている。そうした事情をよく知るウクライナの若いビジネスマンたちは「追い付きたい」との意欲が強く、反政権デモ継続の原動力となっていた。

キエフのデモでは伝統勢力も存在感を発揮している。その一つがウクライナ・コサックだ。かつて騎馬で平原を駆け回った人々。広場の一角にはコサックのテント村もある。口ひげを伸ばし、一房だけ毛を残してそり上げた古風な髪形の男たちが談笑していた。「コサックにとって何よりも大事なのは自由！　不穏な事態が起きたとき、我々は誰の指示もなく全国から集まる」。東部ハリコフ州から来たユーリ・カトリッチ（五〇）は分厚い胸を張った。コサックが抑圧されていたソ連時代も家族内でひそかに伝統を守ってきたという。いま約三〇〇人の末裔が広場の警備役を担い、騒動が起きないよう目を光らせている。

もう一つは正教会だ。独立広場に近い聖ミハイル黄金ドーム修道院は、強制排除に追われた学生たちをかくまった。以来、敷地内にはデモ参加者約二〇〇人の寝られるテントが張られ、炊事場も設けられた。修道士の一人は言う。「教会の役割は人々を助けること。市民には平和的にデモをする権利がある」。広場のステージでも聖職者たちが登壇して参加者を祝福する姿があった。

現地で案内役を務めてくれた三十代の男性ワロージャは経済記者だったが、今は求職中の身という。勤めていた経済誌の体制批判的な記事が問題となり、政権寄りのオリガルヒが発行元を買収。社内検閲が始まったため、彼を含む記者たちは退職に踏み切った。暖を取るためのカフェでの小休止や徒歩での移動中、様々に意見を交わした。

ワロージャが尋ねる。

――日本ではこういうデモはある？

「例えば半世紀前に日米安全保障条約の改定を巡って、学生たちが国会議事堂を取り囲んだことがある」私は考えながら答えた。

――そのとき、今回のキエフのように強制排除はあったのだろうか？

「警官隊との衝突で多数の負傷者が出たほか、女子学生が一人亡くなった」

独立広場のデモが勢いを増したのは、一一月三〇日未明に治安特殊部隊「ベルクト（イヌワシ）」がデモ隊を急襲して数十人の負傷者が出てからだった。反政権派市民の怒りに火が付いたのだ。ワロージャは「普通の治安部隊員は兵役の若者たち中心で市民と感覚が近いが、ベルクトの要員はまったく違って凶暴だ」と強調した。東部やクリミア半島の出身者が多いという。

日本で一九六〇年六月に安保闘争が激化した際、岸信介政権内の一部では「血の日曜日」事件の悲劇が想起されていたとされる。一九〇五年一月、ロシア帝国の首都サンクトペテルブルクの宮殿前広場で請願に訪れた群衆へ軍隊が発砲して多くの死傷者を出し、一二年後の革命の起点となった事件だ。そのため、自衛隊の治安出動でデモ隊を鎮圧しようとした岸首相に赤城宗徳防衛庁長官らが反対し、思いとどめた。もし六〇年安保で自衛隊の実力行使による多数の死者が出ていたら、日本の現代史はどう変わっていたことか。ちなみに血の日曜日事件で群衆を先導していた聖職者ガポンはウクライナ出身者だった。

ウクライナの歴史について触れておく必要があるだろう。九世紀終わりごろ、ドニエプル川のほとりに成立したキエフ・ルーシがその起源といえる。

交易で栄えたキエフ・ルーシでは一〇世紀後半、ヴォロディーミル聖公（ロシア語ではウラジーミル聖公）がキリスト教の東方正教を受け入れ、国教化した。一二世紀に入るとキエフ・ルーシは十数の公国の連合体のような形に崩れ、勢力争いが激しくなる。一三世紀、モンゴル軍の襲来によってキエフは陥落し、スラブ人の大地はキプチャク・ハン国の支配下に入った。ルーシの民はロシア人、ウクライナ人、ベラルーシ人へと分かれていった。

ウクライナ・コサックの指導者フメリニツキーの像（キエフ、2012年5月11日）

そのキプチャク・ハン国も一四世紀末には衰退し、やがてクリミア・ハン国などに分裂した。一方、辺境のステップ地帯では自由の民コサックが出現し、ドニエプル川下流に拠点を設けていった。一大勢力となったコサックはポーランド王に従ったが、たびたび反乱を起こす。一六四八年、指導者フメリニツキー率いるコサック軍がポーランド軍を破り、協定で権利を拡大してコサック国家を確立した。さらにポーランドへ対抗するため、フメリニツキーはロマノフ家のツァーリが治めるロシアの保護下に入ることを決意する。一六五四年、両者の間でペレヤスラフ協定が結ばれた。

だが、一六六七年になるとロシアとポーランドは、ドニエプル川の右岸（西側）はポーランド、左岸（東側）はロシアが支配すると決め、ウクライナは分割されてしまった。東西に分かれた後も、「ヘトマン」と呼ばれるコサックの頭領を中心とした自治がロシア領の左岸では続いた。しかし、ロシアが帝国として拡大していく中で自治は廃止され、一七八二年には直轄支配へ移行、「小ロシア」と呼ばれるようになった。

ポーランドは次第に弱体化していき、一八世紀末にはロシア、プロイセン、オーストリアによって三分割されて消滅する。ドニエプル川右岸などウクライナの大部分はロシア領となり、西ウクライナの一部はオーストリアに入った。ロシアはまた、トルコとの戦いで得た黒海北岸（南ウクライナ）に「新ロシア（ノヴォロシア）県」を置き、開拓に力を注いだ。一九世紀後半、ウクライナ東部のドンバス地方では石炭採掘産業が急発展し、製鉄も盛んとなった。ロシア帝国屈指の重工業地帯となり、ロシア本国から多くの労働者が送り込まれた。

第一次大戦中の一九一七年三月（ロシア暦二月）、ロシア全土でのデモの拡大によって皇帝ニコライ二世が退位し、帝政が倒れた。二月革命（ロシア革命）である。キエフではウクライナの自治を目指す「中央ラーダ（評議会）」が組織される。続く十月革命でレーニン率いるボリシェビキがロシアにソビエト政府を樹立。一方の中央ラーダは事実上の独立となる「ウクライナ人民共和国」の創設を宣言した。ウクライナ掌握を目指すボリシェビキはキエフへと進攻していく。

翌一八年二月、ウクライナ側は旧ロシア帝国が戦っていたドイツ、オーストリア・ハンガリー帝国などと独自に講和条約を結び、穀物の提供と引き換えに両国からの支援を獲得。ボリシェビキの軍勢はいったん退却した。ドイツ、オーストリア両軍はウクライナを牛耳ったが、この年の一一月には大戦に敗北して撤退。ボリシェビキ軍は再び攻め込み、二〇年秋にはウクライナの大部分を支配下に収めた。二二年一二月にソビエト連邦が成立。一方、オーストリア・ハンガリー帝国の解体などにより、西ウクライナはポーランド、ルーマニア、チェコ・スロバキアの三カ国に分割された。

やがてナチス・ドイツが台頭する。一九三九年八月に締結された独ソ不可侵条約の秘密議定書に基づき、その年九月にソ連はポーランドの東半分を占領。そこに含まれていたウクライナ人居住地域はウクライナ・ソビエト社会主義共和国に編入された。四一年六月、ドイツはソ連を奇襲し、ついに独ソ戦が始まる。ウクライナは侵攻したドイツ軍の占領下に入った。西ウクライナではソ連からの独立を目指す民族主義勢力がドイツ軍を歓迎したが、指導者ステパン・バンデラが収容所送りにされて期待は裏切られる。

民族主義勢力「ウクライナ蜂起軍」はパルチザンとなってドイツ、ソ連の双方と戦った。ソ連軍は四四年一〇月、ウクライナ全土を奪還した。大戦後、ポーランドなどの領土だった西ウクライナの各地域もすべてソ連に編入されたが、五〇年代まで民族主義勢力の反ソ武力闘争が続いた。

五三年のスターリンの死後、ソ連指導者に上り詰めたフルシチョフは、若い頃からウクライナで過ごしたロシア人だった。ウクライナ人がソ連中央で重用されるケースも増えていく。さらにフルシチョフは翌五四年、ウクライナがロシア保護下に入って三〇〇年の節目にクリミア半島の管轄をロシアからウクライナへ移した。八〇年代後半のゴルバチョフ時代、ソ連各地で民族主義が台頭し、ウクライナでも独立の機運が高まっていく。九一年一二月、ウクライナは独立を果たし、ソ連は崩壊した――。以上が駆け足でたどる一一〇〇年の歴史だ。

独立後もウクライナ民族主義が根強い西部と、ロシア系住民が多い東部やクリミア半島の間にしこりが残った。宗教面では国の西側はポーランドの影響を受けた東方帰一教会（カトリックと東方正教を合わせた独特の教派）やウクライナ正教・キエフ総主教系が有力で、ロシアとのつながりが深いウクライナ正教・モスクワ総主教系が優勢な東側と異なる。ロシア語話者も西へ行くほど少なくなり、ウクライナ語話者が増えるという構図。二つの言語は似て非なる言葉だ。宗教や文化の違いは政治意識の違いにもつながっている。

ソ連崩壊で冷戦に「勝利」した米欧は民主化を促す目的で、ウクライナなど旧ソ連各国で現地の非政府組織（NGO）に多額の資金を提供していった。ロシアから見れば我慢ならない侵食だ。その一つの帰結がウクライナの「オレンジ革命」だった。二〇〇四年の大統領選で、東部出身のヤヌコビッチの勝利を「不正投票だ」と訴える親欧米派のデモが盛り上がり、再選挙で欧米寄りのユーシェンコが逆転勝利したのである。

不穏な空気

北大西洋条約機構（NATO）の動きについても触れておこう。ウクライナに関して言えば、山場は二〇〇八年だった。この年の四月、ブッシュ米大統領はキエフでユーシェンコ大統領と会談し、「ウクライナとジョージア（グルジア）のNATO加盟を支持する」と表明。直後にルーマニアで開かれたＮＡＴＯ首脳会議では推進派の米国と、ロシアの反発を危惧する慎重派のドイツ、フランスとが対立する。結果、ウクライナなどの加盟候補国入り問題は一二月のＮＡＴＯ外相会議へ持ち越しとなった。

八月、ジョージア領の南オセチアを巡ってロシアとジョージアの軍事衝突（ジョージア紛争）が勃発。独仏は「旧ソ連二カ国の加盟を急げばロシアとＮＡＴＯの緊張を高め、地域が不安定化する」と懸念を強める。最終的に一二月のＮＡＴＯ外相会議では米国も独仏の慎重論に理解を示し、ウクライナとジョージアについて「将来の加盟」までは確認しつつ「加盟候補国入りは時期尚早」との認識で一致した。事実上の棚上げとなり、ＮＡＴＯはロシアへの配慮を見せた。

見送りの背景として、ＮＡＴＯ条約第五条の存在も指摘された。「締約国への攻撃は全締約国に対する攻撃とみなし、個別的または集団的自衛権を行使する」と定めている。ロシアと軍事的に対立するジョージアを加盟させれば、ＮＡＴＯもロシアとの緊張が一気に高まるおそれがあった。

＊　＊

オレンジ革命から一〇年足らずで再び反政権デモに揺れるウクライナ。キエフ出張初日の夜、政治評論家のヴォロディーミル・フェセンコは私のインタビューに「現在のデモはコサックの伝統を思い起こさせる」と切り出した。略史の通り、ロシアやポーランドに挟まれたウクライナには一七世紀ごろ、コサック国家と呼ぶべきものがあった。ことにあたっては全体会議を開いていたという。フェセンコは指摘する。「今回のデモ参加者は高学歴の中間層が中心で、政権の非民主的な姿勢に抗議を強めている。〇四年のオレンジ革命に比べて、市民が主体となった意味は大きい」。自律、自由、市民といった特徴がコサックを連想させるようだ。

取材した限り、開始から一カ月たったキエフのデモは「ウクライナを欧州のような国にしたい」と望む人々を中心とするものだった。だが、年を越して二〇一四年一月に入るとデモ隊に如実な変化が現れた。極右連合「右派セクター」の台頭だ。治安部隊との衝突に際してデモ隊側の中心となり、武闘派として存在感を発揮し始めた。デモの穏健な雰囲気を一変させ、ヤヌコビッチ政権と交渉を重ねる野党指導者をも批判する。

右派セクターは複数の極右団体の連合体として一三年末に誕生したばかりだった。九〇年代にできた古参組織と、近年結成された若者組織とで構成され、反ユダヤ主義者や暴力的なフーリガンも加わっている。極右政党「自由」と密接な関係にあり、欧州的価値観を理想とする他の野党勢力や市民とは異なる自民族中心主義的な価値観を持つ。寒空の下、独立広場は不穏な気配に包まれていった。

五輪さなかの「キエフの政変」

「国民があなたたちの活躍を期待している。満足のいく結果が得られるよう祈っている！」プーチン大統領が黒のダウンコート姿でステージに立ち、晴れやかな表情であいさつした。二〇一四年二月五日、ロシア南部ソチ。国家の威信を賭けた冬季オリンピックの開幕が二日後に迫るなか、ロシア選手団の選手村入村式が開かれた。上機嫌のプーチンはステージを降りた後、私たち記者のすぐそばを進み、記念碑にサインした。

キエフでデモが続く中、私は五輪取材班の一員としてソチへ長期出張していた。二月七日、五輪は始まる。ロシア国旗をイメージした白、青、赤のライトが観客席で光る中、胸を張って進むロシア選手団。地下通路から姿を見せた瞬間、「うおーー！」という大歓声が五輪スタジアムにとどろいた。世界約四〇カ国の首脳が来賓として開会式を見守ったが、米国、フランス、ドイツなど米欧主要国首脳の姿はなかった。ロシアにおける同性愛者の人権状況を問題視したためだ。首脳が参加した主要国は中国と日本ぐらいだった。

冬季オリンピックの選手村を歩くプーチン大統領（ソチ、2014年2月5日）

氷上、雪上の華やかな戦いが続く。だが、ソチから北西約一〇〇〇キロ、モスクワよりも近いキエフでは事態が悪化の一途をたどってゆく。デモ隊と治安部隊の対立が先鋭化し、衝突が繰り返された。バリケードから黒煙が立ち上り、美しい古都は戦場のような姿に。死者数は二〇人、五〇人と増えていった。

五輪を取材する私たちもウクライナ情勢から目

バイアスロンのリレーで金メダルを獲得したウクライナ選手（ソチ、2014年2月22日）

が離せなくなった。ウクライナの選手団には怒りと悲しみが混在している。ヤヌコビッチ政権への抗議を示すため、アルペンスキー女子のボグダナ・マツォツカ（二四）は回転競技を棄権した。「キエフのデモには私の友達が参加している。人々が死んでいくときに、私はスタートラインに立つことはできない」。選手村宿舎のバルコニーには黒いリボンをつけた青と黄色の国旗が風に揺れていた。

五輪が終盤に入った二月二一日、キエフではヤヌコビッチ大統領と野党三党の代表が危機打開へ向けた合意文書に署名した。一五年に予定されていた大統領選の年内実施や大統領権限の制限などが盛り込まれている。衝突による死者は一〇〇人超となり、正体不明の狙撃手の暗躍も伝えられていた。両者の合意には仲介役として仏、独とポーランドの外相も署名し、ロシア特使も同席した。事態が収束に向かう可能性も見えてきた。

ウクライナは滅びず、運命は我らにほほ笑むだろう――。翌二二日、ソチの五輪公園にウクライナ国歌が響いた。バイアスロンの女子二四キロリレーで金メダルに輝いた選手四人の表彰式だ。

ウクライナとしては二〇年ぶりの冬季五輪の金メダルとなった。集まった十数人の同胞から「マラッツィ（よくやった）！」と歓声が飛ぶ。

この日、彼らの祖国では大きく事態が動いた。ヤヌコビッチが東部ハリコフへと首都を逃れ、デモ隊側は大統領府を占拠する。最高会議（国会）は与党から離脱する議員が相次ぎ、野党主導で大統領の罷免と次期大統領選の五月実施を議決した。親露路線を選んだ政権が最後はあっけなく崩壊した。独立広場（マイダン・ネザレージュノスチ）を舞台とし、親欧米派が勝利した「キエフの政変」は、「ユーロ（欧州）・マイダン」「マイダン革命」などと呼ばれる。

キエフで政変が起きた翌日、ソチでは一七日間の五輪の熱戦が幕を閉じた。プーチン政権が巨額の費用と労力を投じた一大事業であり、復活を遂げたロシアを印象づける試みだった。大会期間中、プーチンは閣僚を引き連れて会場のあちこちに姿を見せた。負傷した自国選手のお見舞いに行き、オランダ国王とはビールで乾杯、対立する米国の代表団を訪ねて談笑する余裕も見せた。ソフトなイメージを海外へ発信し、国内では五輪を成功させた「国父」としての印象づけを狙ったのだろう。

だが、ロシアにとって重要な隣国ウクライナでは、「平和の祭典」のさなかに治安部隊とデモ隊の衝突で多くの犠牲を出し、ロシア寄りの大統領ヤヌコビッチは失脚した。反露かつ親欧米の野党勢力が権力を奪取してしまった。ウクライナを巡って冷戦当時にも似た「米欧vs.ロシア」という構図が浮かび上がっている。五輪閉会式の翌朝、私は急いでモスクワへ戻った。

クリミアの異変

モスクワに帰って三日後の二月二七日、私は一人、ウクライナ南部クリミア半島行きの直行便に飛び乗った。二時間半ほどのフライトで、昼過ぎにはクリミア自治共和国の首都シンフェロポリの空港に到着する。入国審査を滞りなく通過し、米ドル札をウクライナ・フリブナに両替した私はタクシーで市中心部へ向かった。

車窓から見える景色は旧ソ連の地方都市そのものだ。くたびれた共同住宅が並び、大型スーパーには買い物客の姿。ソ連が誇った世界初の宇宙飛行士ガガーリンの名を冠した商業施設もある。程なく中心部の老舗ウクライナ・ホテルに到着した。情勢の推移をにらみながら、しばらくここで過ごす。部屋に荷物を入れ、ほっとため息をついた。

前日はニュースが多かった。ヤヌコビッチ政権が崩壊したウクライナで、野党勢力が暫定政権の閣僚候補を発表。野党第一党「祖国」幹部のアルセニー・ヤツェニュクが首相候補となった。大統領代行に就任したアレクサンドル・トゥルチノフと並んで、女性政治家ティモシェンコ元首相の側近とされる。ティモシェンコ本人は政変当日に釈放されており、五月の大統領選出馬を目指す構えだ。閣僚候補の多くは祖国所属だが、極右政党「自由」からも候補が選ばれた。

同じ二六日、クリミアではロシア系住民とイスラム教徒の少数民族クリミア・タタール人がそれぞれシンフェロポリでデモを行い、議会前で衝突した。キエフの政変に抗議するロシア系住民に対し、タタール側は野党勢力を支持する。クリミアはソ連時代の一九五四年、当時のフルシチヨフ政権がロシア共和国からウクライナ共和国へ帰属を変更した経緯もあり、人口の約六割はロシア系である。ウクライナの権力を掌握した野党勢力の反露姿勢に対し、恐れと嫌悪感を抱く住民が多いという。

ロシア政府にとってもクリミアは軍事戦略上、極めて重要だ。半島南部の特別市セバストポリには帝政時代からの伝統を誇るロシア黒海艦隊の基地がある。プーチン政権はヤヌコビッチ前政権との間で二〇四二年までの駐留継続で合意していた。

＊　＊

急速に不安定化していくクリミアでこれから何が起きるのだろう？　前もって取材協力を頼んでおいた地元紙記者に早速、ホテルへ来てもらった。「クリムスカヤ・プラウダ（クリミアの真実）」紙のベテラン政治記者ニコライ・フィリッポフと若手記者のサーシャ。ロビー隅のソファでレクチャーが始まった。しゃべるのはもっぱらニコライで、興奮気味の早口にメモが追いつかない。

「クリミアの自治共和国議会と行政府は現在、正体不明の武装勢力に占拠されている。二つのグループで各五〇人ぐらい。カラシニコフ小銃などで武装している。どこから来たのかは分からない。今は警備チームのように振る舞っている。記者や警官は入れないが議員だけは中に通しており、議会が開かれている。確かにクリミアの将来をどうするか決める必要がある」

正体不明の武装勢力？　デモ隊同士の衝突に始まったクリミアの異変はさらに進んでいた。ニコライの解説は続く。

「昨日、議会前の衝突現場にいた大多数は普通の市民だ。タタール側は石やボトルを投げていた。極右勢力の右派セクターも少数紛れ込んでいたようだ。一方、親露派グループの側は地元やセバストポリから集まったロシア系だ。クリミアの住民のほとんどはロシア語を話す。以前からウクライナの中央政府に対する不信感があり、今回の政変後はキエフの暫定政権が民族主義的ではないかと恐れ、反発している。ヤヌコビッチは好きではないが、政変は正しくないと考えている。大統領選挙が来年に予定されていたのに、なぜいま追放しなければならなかったのか」

なぜ大統領選を待てなかったのかという主張には一理あった。キエフで極右勢力がデモ隊に加わらなかったならば、衝突による多数の死者も出なかったかもしれない。

「クリミアの住民は反ＥＵではないが、ウクライナが反露国家になってはならないと考えている。ロシアとの関係を壊さないことが第一だ。選ぶしかなくなればロシアへ向かう。クリミアの住民の多くは半島ごとロシアへ戻りたいと思っているからだ。クリミアがウクライナ領へと帰属変更されて今年でちょうど六〇年になる。ただ、現在のロシアにはクリミアに関する領土要求はない」

クリミアで親ロシア感情が強いことはよく分かった。では、クリミア・タタール人は何を思っているのだろうか？

「タタールは反ロシアであり、親ウクライナだ。自分たちの国家を持ちたいという理想もあり、一部は独立を求めている。ソ連のスターリン時代に中央アジアなどへ強制移住させられた歴史があり、いまも多くが劣悪な環境で暮らしている。ただ、タタールの民族組織『メジュリス』の幹部は良い暮らしをしているようだ」

ニコライの概説を手帳に書き込みながら、クリミアの複雑な事情を頭に叩き込んだ。話が一段落したところで、地元記者の二人と歩いてすぐの議会へ向かった。

クリミアの議会ビル前

日が傾いてきたが、上から見ると八角形の議会ビル前にはざっと一〇〇〇人の住民が集まっている。若者から中高年まで年齢層はさまざまだ。ロシア国旗の旗竿が何本も振られ、親露派集会とすぐに分かる。「ロシア！」と連呼する声が聞こえ、ロシアをたたえるポップソングやロック調のロシア国歌がスピーカーから流れている。寒さをしのぐため、アルコールを口にしている人もいた。

一人の中年女性が上気した表情でいきなり話しかけてくる。「私たちは戦争を欲しません。キエフにはファシストがいる。大祖国戦争でソ連はドイツのファシストに勝ちました。ファシストはクリミアには入れさせない！　この集会にはさまざまな民

クリミアの議会前に集まる親露派住民たち（シンフェロポリ、2014年2月27日）

族が来ていますが、みんな『クリミア人』なのです。なぜロシアと叫ぶかですって？　ロシアは偉大な兄だからですよ」

ニコライが政治評論家のナタリヤ・キセリョワを見つけ、紹介してくれた。地元タブリダ国立大学の准教授だ。彼女の見方を聞く。

「キエフの政変を受けて、クリミアのロシア語話者には不満と怒りがあります。自分たちの母語の権利を訴えているのです。ネオナチがウクライナの暫定政権へ入閣しようとしており、ネオナチズム台頭の現実的脅威があります。クリミアは多民族地域でクリミア・タタール人、ウクライナ系、ギリシャ系、ドイツ系などが暮らしていますが、ネオナチ支配下で生きたいと願う者はいません」

——この集会ではロシア国歌が流れ、ロシアと叫ぶ人もいる。なぜでしょう?

「ロシア系住民はロシア政府による心理的な支援を願っています。ロシアが何か支えになる声明を出してくれたら、と。戦争は誰も求めてはいません。ウクライナが全国民の権利を守る民主的な国家であるよう求めているのです」

——住民投票を要求する声も聞こえたが、投票を実施したらどうなるでしょう。

「どんな設問かによります」

——独立、ロシア入り、現状維持の三通りの選択肢だったら?

「平時の人々の気持ちを考えれば、大部分はウクライナ国内での自治拡大を欲しています。中高年の一部にはロシア入りを望む声もあります。一方、若年層にはクリミア独立を求める声が増えている。昨日、若者の会話を聞いていたら、『ロシアへの編入は市民の自由が損なわれるので良くない。でも、ファシストの下で生きるのも嫌だ』と。そんな考えもあるのです」

——しかし、独立は非現実的では？

「そうですね。夢として語っているのでしょう」

入り口に簡素なバリケードが積まれた議会の中では地元議員の審議が続いているという。正体不明の武装勢力も内部にいるようで、外からは分からなかった。周囲を固める警官隊に緊張感は薄い。

「ウラー（万歳）！」と叫ぶ声が突然響いた。親露派勢力が求めていた住民投票の実施が議会で決まったという。キエフの暫定政権承認の可否やクリミアの将来像を問う投票になるだろうと、ニコライは説明した。

タタール人の危機感

翌朝、クリミア・タタール人の話を聞くため、私はホテルを徒歩で出発した。彼らは親露派勢力の動きをどう見ているのか。ところで、クリミアでは地元記者に取材の案内役を務めてもらう当ては外れた。この異変のさなか、ニコライたちも本業で忙しい。やや心細いが一人で行くしかない。

「ここは政治を語る場所ではないのだよ……」。シンフェロポリ中心部にある小さなイスラム教礼拝所を訪ねて信者に声をかけると、けげんそうな顔をした老人に諭された。民族的にトルコ人

クリミア・タタール人の民族組織「メジュリス」本部（シンフェロポリ、2014年2月28日）

に近いタタールの人々は顔の彫りが深く、髪は黒くてどこかアジア的な雰囲気がある。近くにあるタタールの民族組織「メジュリス」の本部を教えてもらう。小川近くに立つミント色の洋館がそれだった。ウクライナ国旗と、「T」の字を図案化したタタールの旗が掲げてある。一階の窓にはすべてシャッターが下ろされ、人の気配は感じられない。

薄暗い玄関ホールで用件を伝えてしばらく待つと、若い女性がやって来た。広報担当のレイラ・ムスリモワはタタール側から見たクリミア情勢を簡潔に語った。

「私たちクリミア・タタール人にはクリミア半島以外に故郷はありません。住民投票の実施を決めた昨日の議会は不法です。武力を背景としたうえ、可決に必要な過半数の議員数を満たしていなかった。クリミアでタタールは人口の一三％です。このまま住民投票が行われれば、クリミアはロシア領になってしまうでしょう。私たちはウクライナの中での自治を望んでおり、受け入れられません。ヤヌコビッチ政権当時、タタールは政府から無視されていました。だから私たちの仲間もキエフのデモに参加したのです。今度の政権は私たちの声を聴いてくれることを願っています」

タタールは事態の推移に強い危機感を抱いていた。ムスリモワは私の去り際、「アジア系の顔つきのあなたは親露派活動家に襲われる可能性もあるから気をつけて」と注意を促した。確かにシンフェロポリ中心部で気勢を上げるデモ隊の一部にはロシア民族主義的な言動がうかがえた。更なる民族衝突の可能性も否めない。クリミア・タタール人はソ連の独裁者スターリンによって強制移住させられた後、八〇年代後半以降に故郷へ戻ってきた。先住民族として政治的地位の確保など独自の要求を掲げており、ロシア系住民の一部は白眼視（はくがんし）している。

セバストポリ住民の声

この日の正午過ぎ、シンフェロポリ空港で目撃した異様な光景は本章冒頭に詳述した通りだ。覆面部隊と親露派活動家によって、空の玄関口である空港は完全に制圧されていた。声をかけても物言わぬ兵士たちの姿に私は練度の高さを感じた。「あれはロシア軍の特殊部隊員ですよ」とささやいたタタール人カメラマンの言葉には説得力があった。広い半島の他の地域はどんな状況にあるのだろう。私はクリミア第二の都市セバストポリへ向かった。帝政時代からロシア黒海艦隊の基地がある軍都だ。

シンフェロポリから南へとタクシーを飛ばして約三〇分、セバストポリへの中間地点を過ぎると装甲車や軍用トラックが四、五台ずつ路肩に駐車し、兵士たちがたむろしていた。ロシア国旗のマーク付きだ。黒海艦隊所属の部隊だろうか。さらに進むと、ロシア国旗の立った検問が現れた。迷彩服姿の男たちに車を一旦止められたが、特段の検査はなかった。夕暮れ後、セバストポリに到着した。

市中心部には第二次大戦の巨大な記念モニュメントがあり、ソ連時代の雰囲気が色濃く残る。市庁舎前に数百人が集まり、キエフの暫定政権に抗議する集会が始まっていた。広場のポールにはロシア国旗が翻る。ロシア軍兵士の姿は見えない。

集会参加者に話を聞いた。地元生まれの男性エフゲニー・レベンコ（五四）は「二度目の『オレンジ革命』政権はいらない」と一〇年前の政変を引き合いに出した。「彼らはウクライナ語を押しつけてくるが、ロシア系住民にはロシア語が必要。現地語が話せないと二級市民扱いされる ラトビアのようなことは起きてほしくない」と語気を強めた。カザフスタン出身の元軍人ウラジーミル・カナクバエフ（五五）は「クリミアには多様な民族が暮らしているが、法と秩序が守られている。キエフとは違う」と話す。

市庁舎の壁には詩のようなアピール文が張ってあった。「我々はロシアを誇りに思う。法にのっとってその国民となりたい。今の奈落から救い出してほしい。心の底からロシア国旗と国章の双頭のワシを見たい」

同じ日、クリミアから五〇〇キロ北東のロシア南部ロストフナドヌーでは、ウクライナ大統領を解任されたヤヌコビッチが政変後初めて公の場へ姿を現した。記者会見で「私は民主的に選出された大統領だ。私と家族の安全が確保されるのであれば帰国し、ウクライナの将来のために闘い続ける」と息巻いた。所在不明だった前大統領がロシア政府の保護下にあることが確認された。一方、キエフでは二七日にヤツェニュク新首相率いる暫定政権が発足。野党第一党だった「祖国」を中心に、極右政党「自由」からも入閣した。

後にプーチン大統領が公の場で語ったところによれば、ヤヌコビッチのロシア亡命に至る経緯は次の通りだ。ヤヌコビッチは二月二一日に野党側と危機打開の合意文書へ署名し、ウクライナ東部ハリコフ州での会合へ出席するため首都キエフを離れた（身の危険を感じて逃亡したとの見方が有力だ）。プーチンは電話で「いま首都から移動すべきではない」と忠告していた。この機に乗じたデモ隊側が大統領府を占拠するなどし、一気に政変となる。ソチ冬季五輪が続く中で、プーチンは軍特殊部隊のトップらを招集してヤヌコビッチ救出を指示。ウクライナ東部からヘリコプターでクリミア半島へ移動させ、さらにロシアまで護送したという。

シンフェロポリの親露派

明くる三月一日、私は朝から原稿執筆に追われ、正午になってようやくホテルから外へ出た。快晴の土曜日とあってシンフェロポリ中心部を歩く人は多く、表面的には平穏と感じられる。

タクシーで空港へ行ってみた。駐車場では目出し帽の兵士二人が警戒に当たり、古びた中央棟前には兵士五、六人と普段着姿の親露派活動家が立つ。制圧状態に変化はない。国際線ターミナルへ入ると、カウンターには灰色のカバーがかけられている。カフェや売店も閉じており、閑散とした雰囲気だ。

市中心部へ戻って議会前を歩くと、石段の片隅に男女二人の肖像写真が飾ってあった。二月二六日、タタールと親露派のデモ隊同士の衝突で死亡したロシア系住民二人だ。追悼のため、ピンクのカーネーションやロウソクが手向けられていた。議会の方へ目を移すと、空港同様に迷彩柄の戦闘服とヘルメット、目出し帽の兵士たちが要所に陣取り、小銃を構えて警戒している。

やがて近くの大通りを数百人の集団がこちらへ向かってきた。親露派の活動家と市民によるデモ行進だ。巨大なロシア国旗を十数人で頭上に掲げ、「ロシア！　ロシア！」「ベルクトに栄光あれ」とシュプレヒコールをあげている。「ベルクト」はキエフで反政権のデモ隊とにらみ合った治安特殊部隊である。

目の前をゆく行進の参加者は胸にゲオルギーのリボンを付け、表情は明るい。ほおにロシア国旗をペイントした若い女性もいる。自分たちの望む将来は近いと感じているのだろう。プラカードには「ナチズムは入れない！」「ロシア人は決して屈しない」などと書いてあった。

行進が一段落したところで参加者に声をかけた。母親がロシア系、父親はウクライナ系という四三歳の女性は「平和に暮らしたい私たちをロシアだけが助けてくれる。タタールは攻撃的な民族ですよ」と断じた。弁護士のヒョードル・マニューヒン（四〇）は「クリミアは水と電気の供給を本土に依存している。ロシア編入も選択肢だが、最も展望があるのは東部と南部で親ロシアの新国家を形成することだ。キエフは汚職の首都だよ」と力説した。

この日、シンフェロポリ中心部には覆面なしの民兵が多数出現していた。これまでは見かけなかった集団だ。迷彩柄の戦闘服は覆面組とほぼ同じで、自動小銃も手にしているが、明らかに緊張感が欠けている。地元住民の記念撮影に応じたり、雑談したりと緩い雰囲気だ。これは「クリミアにいるのは地元の民兵だけ」と見せかける演出なのだろうか。遠くから一発の銃声が聞こえた。顔をさらした民兵は統制が取れていないため、かえって危険な存在と感じられた。

いったんホテルに戻ると、ロシア側の新しい動きがニュース速報で伝えられた。プーチン大統領が議会上院にウクライナへの軍部隊派遣を提案し、上院本会議は全会一致で承認したのだ。クリミア側からこの日、自治共和国首相のセルゲイ・アクショーノフ（四一）が治安維持の名目でロシアに支援を要請していた。派遣目的はクリミアに駐留するロシア軍部隊やロシア系住民の保護という。だが、現実には半島の軍事的制圧は覆面部隊によって既に着々と進んでいる。その事実を塗りつぶすためだけの決定のように感じられた。

再び議会前へ向かい、住民の反応を確かめる。親露派自警団のグループに話しかけると、まだこの情報は届いていなかった。「ウラー！」歓声が上がり、拍手が起こる。建設業を営むビクトル・ブジカエフ（四六）は「とにかくうれしい。ロシア軍は我々の兄弟だ。伝統にのっとってパンと塩で出迎える」と手放しで喜ぶ。仲間のビタリ・セメンコ（六五）も言う。「我々の求めに応じてくれたプーチン大統領に感謝する。クリミアは元々ロシアだったのだ」

夜、ホテルのレストランに地元紙記者ニコライ・フィリッポフを招き、再び情勢解説を頼んだ。隣の広間では誰かの誕生パーティが開かれ、ダンス音楽が鳴り響いている。親露派の住民にとって、クリミアで現在起きていることは異常事態というよりも歓迎すべき出来事なのだ。クリミア自治共和国のアクショーノフ首相はこの日、「五月実施予定」としていた住民投票を三月三〇日へ繰り上げると表明した。情勢変化のスピードはさらに増している。

名物の魚料理をつつきながら、ニコライへの質問を始めた。彼も親ロシアの立場だ。

――クリミアを制圧している覆面部隊の正体はロシア軍ではないのか？

「武装勢力の中にはロシア兵もいると思う。ウクライナのシロビキ（治安機関員）もいるかもしれない。ロシア軍はセバストポリに基地があるので、このようなことは可能だ。民兵もたくさん現れている。これもクリミアには退役軍人が多いから不思議ではない。首相のアクショーノフは半島内のすべての治安機関と軍に対して指揮下に入るよう指示を出した。可能だと思う。治安部隊の要員の大多数は地元出身者だ」

――欧米が軍事介入する可能性についてはどう見ている？

「米国やＮＡＴＯが侵攻してくる可能性は低いと思う。トルコが反対するだろう。黒海はトルコの利益圏でもあり、トルコ系企業はクリミアで多くのビジネスを展開している。仮に米国が介入すれば第三次世界大戦になってしまう」

――改めてクリミア・タタール人については？

「クリミアで特異な要素は彼らの存在だ。タタール人の半分は反ロシアと言えるだろう。残り半分は政治的ではない人々、自身の生活が第一の人々だ。第二次大戦時、ナチス・ドイツの側に寝返って武器を取ったタタール人もいれば、ソ連軍の英雄となったタタールの軍人もいる。ただ、寝返ったタタール人に関する記憶がクリミアの多くの住民に刻まれている。

最大のタタール人組織はメジュリス。組織力が強く、高い要求を出してくる。法律的には公認されていない組織だ。トルコの支援を受けている。彼らは武器を秘匿し、トルコなどで軍事訓練を行っているとも聞く。二月二六日の議会前の衝突では、タタール側の最前列に立つ二〇〇人ぐらいが攻撃的だった。示威が目的だったのだろう。治安面ではメジュリスだけが懸念だが、政治的に立ち回ると思う。テロを起こせばタタール社会からの支持も失う」

隣の広間のパーティはいよいよ盛り上がっている様子だ。音楽と歓声が遠慮なく流れてくる。声のトーンを上げて質問を続ける。

――来たる住民投票の設問はどんなものになるだろう？

「一九九二年に制定された旧・自治共和国憲法がベースとなるはずだ。当時はクリミアにも大統領制があり、現在より自治権が強かった。つまり、今度の住民投票の要点は自治の拡大だろう。観光産業中心のクリミアでは税収の多くが中央政府に吸い上げられ、多くの住民が不満を持っている。それでも分離や独立に関する投票ではないはずだ」

最後にニコライは「クリミア人」の気質を強調した。「クリミアの住民はロシアとの関係が切られることを望まない。半島には二〇以上の民族が暮らし、かつてのソ連に似ていると言ってもよい。観光産業に依存しているため、住民の気質は穏やかだ。決して攻撃的な人々が暮らす地域ではない」

同日、プーチン大統領は米国のオバマ大統領と緊急で電話協議し「ウクライナ東部とクリミアで暴力が拡大した場合、ロシアの権益とロシア語を話す住民を保護する権利を持つ」と通告した。

セバストポリのロシア軍基地

三月二日、クリミア四日目――。半島南部セバストポリに駐留するロシア黒海艦隊の様子を取材することにした。午前八時半、前日と同じく地元のタクシー運転手ディーマのワンボックス車で出発だ。彼はウクライナの治安特殊部隊ベルクトの元隊員。「クリミアに駐屯するウクライナ軍は弱体化していて軍とも呼べない集団だ」と鼻で笑った。

別のホテルに寄ってポーランドとチェコのテレビ・クルーを拾い、一緒に行動することになった。中年のチェコ人男性記者が「ミーロだ。よろしく」と肉厚の手を差し出す。彼らもモスクワに駐在している。東欧諸国にとってロシアの動きは国の安全保障を大きく左右する。ある意味、日本にとっての中国のような存在かもしれない。

午前一〇時前、片側一車線の幹線道路を行く私たちの車は中間地点のバフチサライに近づいていた。対向車線に黒っぽい車列が現れる。すべて軍用車だ。ライトをつけた装甲車や兵員輸送トラックなど約二〇台が猛スピードで北上している。おそらくロシア軍の車両だろう。その意味するところを深く考えることもなく、私たち三カ国混成チームはこのまま南へ向かうことにした。少し先に進むと、親露派活動家が勝手に設置した検問だ。古タイヤや治安部隊の大盾が並べられ、ロシア国旗も複数掲げてある。迷彩服の上に黄色いベストを着た男たちが行き交う車と人をチェックしていた。

程なくセバストポリ特別市のバラクラバ地区に入った。基地の町の雰囲気がある。黒海艦隊基地を海側から観察するため、小さな港からボートに乗り込んだ。ボートを操縦する地元男性は「昨日は軍艦一隻を見かけた。バラクラバでは二、三日前からロシア兵が治安維持のために展開している。我々にとっては異常なことではない」と語った。

ロシア黒海艦隊の基地。艦船の多くは出払っていた（セバストポリ、2014年3月2日）

ウクライナにおいてクリミアの特殊性の一つはロシア黒海艦隊基地の存在だ。今回のように両国が敵対する事態になったとき、半島内に基地があることはロシア側にとっては大きなプラスとなる。力で勝り、足場もあるロシア軍にとって、クリミア制圧はたやすいことだろう。曇り空の下、ボートは潜水艦基地の前をゆっくり横切り、小さな湾を進む。陸を眺めると岩と草ばかりの丘が連なり、海沿いだけ小ぎれいな建物が並ぶ。やがて黒々とした海へ出たが、私たちが求める艦船の姿はなかった。不気味なほどに静かだ。

港へ戻った私たちは、セバストポリ中心部へと車で進んだ。黒海艦隊基地の一部を見下ろせる場所がある。陸側へ深く入り込んだ港には古い艦船約二〇隻と潜水艦二隻が残っているのみだった。普段は現役艦船が何隻も停泊しているが、出払っているらしい。岸壁の大型クレーンはロシア国旗と同じ白青赤の三色に塗られ、まるでロシアの飛び地のようだ。

湾に面したナヒモフ広場へ出る。今日は冬を送る伝統の「マースレニッツァ（バター祭り）」最終日。大勢の人でにぎわい、目下のクリミア情勢について論じ合う人の輪もある。「ロシアは我々を忘れはしない！」一人の女性が声を張り上げた。「我々が勝つ！」と誰かが応じる。やがて正教の神父一行が到着し、お祈りが始まった。

ウクライナ軍を包囲する覆面兵士の部隊

ディーマの車に戻ると新しい情報が入っていた。シンフェロポリから東南約二〇キロにあるペレバリノエ村のウクライナ軍駐屯地が覆面部隊に包囲されているという。私たちは行きとは反対のヤルタ回りで現場へ急いだ。村に着いたのは午後四時過ぎ。幹線道路から細い道に入り、寂れた村を奥に進むと息をのむような光景が広がっていた。

ウクライナ国旗が門柱に翻る駐屯地の周りを、身元不詳の重武装の兵士たちが取り巻いている。一〇〇人はいるだろうか。ロシア軍所属とみてまず間違いないだろう。ただ、数十台の軍用車両にも兵士たちの深緑の戦闘服にも所属表示は一切ない。自動小銃を下げて駐屯地外側に数メートル間隔で警戒に立つ兵士たち。塀の内側にいるウクライナ軍兵士が不安げに立ち尽くす一方、付近に集まるロシア系住民は包囲を歓迎していた。住民らの話によると、覆面の兵士たちは正午ごろ現れ、駐屯地一帯を掌握したという。この日の午前、猛スピードで北上していった軍用車の列は、この村へ向かっていたのかもしれない。

　各国の報道陣と住民とで基地の正門周辺がごった返す中、ロシア系住民とクリミア・タタール人との間で小競り合いが始まった。門の前でタタールの一〇人ほどが腕を組んで「人間の鎖」を作ると、ロシア系の一部が「ロシア！」と連呼して威圧する。激しい言い争いで殴り合いになりかけた双方を周囲がなだめた。

ウクライナ軍の駐屯地を包囲した覆面部隊（ペレバリノエ、2014年3月2日）

　ロシア系のニコライ・ペトホフ（六六）はロシア国旗を手に「住民の大多数は今回の動きを支持している。クリミアはロシアだ」と語気を強めた。一方、タタール人男性の一人は「ロシアは我々を挑発すべきではない。ここでは多民族が共存してきたのに」と悔しそうに言う。
　夕方、シンフェロポリへ戻ると、議会周辺から覆面兵士の姿が消えていた。半島にいるウクライナ軍を封じ込んだというロシア側の自信の表れに感じられた。クリミアに駐在するウクライナ海軍司令官が親露派側に忠誠を誓ったことも報じられている。

＊　　＊

三月三日、クリミア五日目――。朝、シンフェロポリ中心部を歩く。議会正面のポールにはロシア国旗がはためいている。情勢変化をまとめた記事を書くよう東京の本社から求められている。ホテルへ戻り、パソコンに向かった。首都キエフでのヤヌコビッチ大統領罷免(ひめん)と暫定政権の発足を端緒に、クリミア情勢は政治と軍事が連動して激変してきた。

始まりは二月二二日だった。野党勢力主導となったウクライナ最高会議(国会)が首都を離れたヤヌコビッチの罷免を議決する。翌二三日、ロシア語話者の割合が高い地方でロシア語の公用語扱いを認めてきた法律の破棄が決定された。クリミアでは一連の動きを「違法なクーデター」と認識したロシア系住民の反発が高まる。二五日、「ロシア系住民の支援」を名目にロシア議会代表団がシンフェロポリに入り、ロシア系の代表者と面会。同じ日、ロシア系住民一〇〇〇人以上によるデモが行われ、自治拡大を要求し始めた。

二六日、クリミア情勢は一気に不穏になる。キエフの暫定政権への不支持、支持を巡って対立するロシア系住民とクリミア・タタール人のデモ隊同士がシンフェロポリで衝突し、数人の死者も出た。二七日には行政府や議会に覆面姿の武装集団が出現。親ロシアの議員だけで議会が開かれ、自治権拡大を問う住民投票を五月に実施すると決めた。議会は自治共和国の内閣不信任も議決し、新首相にモルドバ出身のロシア系議員セルゲイ・アクショーノフを選出した。議会審議から排除されたタタール側は「許せない暴挙」と訴えた。

二八日、覆面部隊の動きはさらに拡大し、空港など重要施設を次々制圧した。新首相アクショーノフは「半島内のウクライナ軍と治安部隊を指揮下に置く」と宣言し、住民投票は三月三〇日に繰り上げると表明。クリミア分離の姿勢を強くした。三月二日、半島各地のウクライナ軍基地をロシア軍とみられる武装勢力が次々と包囲していった……。

原稿を出し終えてほっとしたのも束の間、夜になってロシアの通信社が電撃的な一報を流した。ロシア黒海艦隊が半島内のウクライナ軍に対して「明朝、午前五時までに降伏しなければ攻撃する」と最後通告を出したというのだ。いよいよ戦闘が始まるかもしれない。夕食に入った近場のカフェで、チェコのテレビ局チームとばったり遭遇した。最後通告の話をもちかけると記者のミーロは言った。「戦闘になればシンフェロポリは封鎖されるかもしれない。我々は二日間くらいここで様子を見る。君もよく考えて行動すべきだ」。明日午前五時に何が起きるか、だ。

＊　＊

三月四日、クリミア六日目――。前夜の最後通告のニュースは誤報だった。当の黒海艦隊が「まったくのでたらめ」と否定するコメントを出した。「期限」の午前五時を過ぎたが、戦闘が起きたとの情報はない。私は状況を確かめに行くことにした。

午前八時過ぎ、情報通の運転手ディーマの車で出発。彼は「ガソリンが少しずつ値上がりしている」とぼやいた。冬枯れで灰色の田園地帯を南へ。薄茶色のタンブルウィードが風を受けて転がっていく。シンフェロポリから西南約三〇キロ、目指すバフチサライには三〇分足らずで着いた。ウクライナ軍の駐屯地がある。

「写真を撮るなら道路の反対側からにしろ！」ロシア軍らしき武装勢力数十人が包囲する、こぢんまりとした駐屯地。近付こうとすると、小銃を持った一人に阻まれた。門にはウクライナ国旗が翻り、小銃を肩から下げた二人のウクライナ兵の姿が塀の内側に見える。門へ続く道には大型の軍用トラックが止められ、片側を封鎖している。武装勢力のメンバーは黒い覆面をつけているほかは、最新の装備一式を身につけた正規軍の兵士にしか見えない。

地元住民に聞くと包囲は二日前に始まり、両者の協議が続いているという。前日に現地取材した米メディアの報道によると、駐屯地司令官は「武装解除には応じない。攻撃されたら最後の一人まで戦う」と抵抗姿勢を示している。

覆面部隊のほか、赤い腕章をつけた地元の自警団十数人も周辺にいる。食料配達のトラックや清掃作業員の出入りは許されているようだ。しばらく動きを観察していると、ウクライナ兵が届いたばかりのパンと牛乳を塀越しに覆面兵士へ分け与える姿が見えた。包囲する側と立てこもる側。奇妙な均衡状態が保たれている。

自警団の一人で地区議員というセルゲイ・ユルチェンコ（三八）は言う。「我々に戦争は必要ない。ここで子供を育てているんだ。暫定政権は違法な存在だ。ヤヌコビッチは不人気な大統領だったが、平和的に追い出すこともできたはず。私はウクライナ系の出自だが、ロシアは半島の平和の維持を助けてくれていると思う」

バフチサライは中世、半島にクリミア・タタール人のイスラム国家があった当時は都だった。今もタタールの住民が多い。覆面兵士がたむろする辺りへ近づいてきたタタールの老人が叫んだ。

「なぜロシア兵がやって来た。なんの必要があるのだ！」

＊　＊

シンフェロポリに戻り、夕方、地元紙記者のニコライ・フィリッポフにホテルまで来てもらった。彼はハンチング帽を脱いでロビーのソファに座るなり、早口で最新情勢を語り始めた。

「地元議員の代表団が今週、モスクワへ行ってロシアの下院議員たちと面会する。連邦制や自治について学ぶためだ。タタール組織のメジュリスと親露派サイドの交渉も続いており、衝突の危険性は少なくなっている。クリミアの基地にいるウクライナ軍兵士は地元出身のロシア系が多い。我々の側につく者が多いだろう。ウクライナ海軍の艦船も封鎖されている。一部の士官はクリミア側に忠誠を誓った。扇動さえなければ事態は平穏に推移するはずだ。

ウクライナ本土から数百人の極右メンバーが半島に侵入しているが、こちらには自警団がいる。何か起きても治安を維持できる。キエフのテレビ局は『クリミアで戦争が起きている』と報じているが、これこそ情報戦争だ。来たる住民投票では自治権の拡大を問うことになり、みんなが賛成するだろう。もし中央政府が結果を認めなければ、次の住民投票ではクリミアの分離を問うことになる。一番大事なのはクリミアの安定だ。現在、住民の大多数はアクショーノフが率いる地元政府を支持している」

ここまで話して、ようやくニコライはコーヒーに口をつけた。質問のチャンスだ。

――クリミア自治共和国首相だったアナトリー・モギリョフはなぜ親露派のアクショーノフと交代することになったのだろう?

「キエフでの危機が起きて以降、モギリョフは弱腰で積極的に動かなかった。そもそもヤヌコビッチ政権下では、大統領の地元ドネツク州の関係者がクリミアの行政府に送り込まれていた。このたびやっと交代が進んで地元出身者が中心になったのさ」

プーチンの見解

この日、モスクワ郊外ノボオガリョボの公邸ではプーチン大統領がキエフでの政変後初めて記者会見し、ウクライナやクリミアに関する自身の考えを披露した。少人数の記者団との興味深いやりとりを抜粋する。まずは政変から。

——キエフで起きたことをどう評価していますか?

「あれは憲法違反のクーデターであり、武力による政権奪取だ。ヤヌコビッチ大統領は野党側の要求をすべて受け入れ、合意に署名していた。なぜクーデターが必要だったのか? 旧ソ連圏の国々はいまだに政治構造が堅固ではなく経済も弱い。それゆえ、必ず憲法にのっとって国を動かす必要がある。現在のウクライナの暫定政権や大統領代行に政治的正統性はない。法律的にはヤヌコビッチ氏以外に大統領は存在しない。

ロシア軍のウクライナ派兵については今のところ必要ないが、実施の可能性はある。我々は、正規の大統領であるヤヌコビッチ氏から『国民保護のために軍を派遣してほしい』と直接の要請を受けており、派兵に関する法的妥当性を有している」

——クーデター首謀者たちの背後には誰かがいたと思いますか?

「すべては非常によく準備されていた。キエフの武装グループがいかに効率的に行動したか、我々は目撃した。そのために西側の教官が骨を折ったのだ。だが、もし強固な政権であったならば、どんな民族主義勢力であろうと現在の結果を得ることはなかっただろう。

歴代のウクライナの政治家たちは国民を失望させ、彼らがまったく新しい政権を望むようにしてしまった。これが今回起きたことの土壌だ。ウクライナにとって政権交代は確かに必要だったが、憲法を順守して実現しなければならなかった」

事態が動いているクリミアについての質疑もあった。

――ロシア系住民にとって危険な状態は続いているのでしょうか？

「現地では住民たちが集まってウクライナ軍部隊を封じ込め、『軍は地元市民の意思と要求に従うべし』ということで話をつけた。従ってクリミアでは軍事介入の必要はなくなった。我々が実施した唯一のことは駐留ロシア軍基地の守備強化だ。これはウクライナ極右組織の武装メンバーがクリミアへ集結する恐れがあったからだ。

クリミア自治共和国議会は防衛委員会を組織し、半島におけるすべての軍事力を掌握した。あそこには「S三〇〇」と「ブク」（両方とも対空ミサイルシステム）が数十基など多種多様な兵器があり、二万二〇〇〇人の軍人がいる。幸い、すべてが無血でクリミア住民の手に収まった」

――ウクライナ軍基地を封鎖した人々の戦闘服はロシア軍のそれと非常に似ていました。あれはロシア軍兵士だったのではありませんか？

「旧ソ連圏を見てみたまえ。似たような軍服だらけで、それを店で買うこともできる」

――ですが、あれがロシア軍兵士だったのか違うのかはどうなのです？

「あれは地元の自衛部隊だ」

クリミア情勢を注視する誰もが抱く疑念に対して、プーチンは真っ向から否定した。

――クリミア編入案は検討していますか？

「いいや、検討していない。地元住民だけが自分たちの将来を決める権利がある」

港町ケルチ住民の本音

三月五日、クリミア七日目――。きょうは半島最東端のケルチ市へ向かう。対岸ロシア側の軍の動きを探り、半島東部のウクライナ軍基地の様子も知りたい。クリミアは日本列島の四国の一・四倍の広さを持つ。シンフェロポリからケルチまでは約二〇〇キロあり、車で片道三時間近くかかる。単独行のリスクと車のチャーター代とを考え、ＴＢＳモスクワ特派員の豊島歩と一緒に行くことにした。午前一〇時半、出発。市街地を抜けると春を待つ田園や荒れ野が広がる。ひたすら東へ進む。もし尖閣諸島に国籍不明の覆面部隊が現れたら、どうなるだろうか……。車に揺られながら空想を膨らませているうちに、私は眠りに落ちていた。

午後一時過ぎ、ケルチに入った。市名を表示した大看板には船のいかりの実物が添えられ、港町らしい。そのまま港へ向かう。対岸のロシアとはフェリーがつないでいる。霧が出始めていたが、海峡を挟んで約五キロ先のロシア領は想像以上にはっきりと見えた。見晴らした範囲では対岸にロシア軍勢の姿はなく、艦船も見当たらなかった。

港にはガラス張りの現代的な旅客ターミナルがあり、フェリーは平常通り運航している。港付近には通信車両など軍用車が数台並び、何かの荷物を運ぶ兵士十数人の姿があった。ターミナル前にも自動小銃を下げた迷彩服姿の若い兵士が三人。近付くと、ロシア軍の所属かは口を濁しつつ、「お前はロシアの味方か?」と話しかけてくる。「この辺りは平穏だろ」と言って、半島の他地域の情勢に関心を示した。

客待ちする観光業者もおり、確かに情勢は安定しているようだ。その一人、中年女性のマリーナ・オレゴブナは「兵士たちが平穏を守ってくれている。クリミアには良い海水浴場があるから、夏になったら友達と遊びに来てくださいな」と笑顔で話した。フェリーを待つ元炭鉱労働者のロシア系男性、アレクサンドル・レジネフ(五五)は「ロシアに渡ってロシア国籍のパスポートを作ろうと思っている。私はロシアが好きだ。プーチンはすばらしい」と言って海峡のほうへ目をやった。

港から少し離れ、丘の上から海峡を眺めた。冷たい海風が吹きつけ、国境の地の寂しさを感じる。住民によると、ソ連時代のケルチは対岸との自由な物流によって工業を中心に栄えていたという。しかし、ソ連崩壊後に国境ができた。物資には関税がかけられ、食料品の持ち込みは禁止となる。二〇年余が過ぎた現在、港周辺には廃虚と化したホテルや文化施設、工場が取り残されている。

「ケルチの海峡に橋は必要だ」。地元紙記者のニコライ・フィリッポフは前夜、私に強調した。「現在はウクライナ本土から引いている電気、水、ガスをすべてロシア側から供給できるようになる。クリミアの政治と経済に大きなプラスになる……」

橋の建設計画は過去にも現れては立ち消えになってきた。だが、クリミアに対するプーチン政権の強い意思を背景として、今回は現実味を帯び始めている。ロシアのメドベージェフ首相は二日前、両岸をつなぐ橋や海底トンネルの建設プランを発表し、現地では期待が広がっていた。地元女性のアンナ（六〇）は「フェリーは時間がかかり過ぎる。橋ができたら便利になるはず」とうなずいた。

実際、クリミアがウクライナ本土から切り離されてロシアに編入された場合、地理的にロシアに最も近いケルチが死活的な意味を持つことになるだろう。荒れ野に灰色の民家が点在するばかりの荒涼とした景色を丘から眺めながら、クリミアの急展開を思った。半島ではロシア側による軍事制圧がほぼ完了している。制圧がスムーズにいった背景には、地元住民がかねて抱いてきた中央政府への不信感と、政変後の暫定政権に対する強い警戒感がある。

「大事な薬の説明書も読めなくなる！」街頭で住民に話を聞くと、ロシア語使用制限を打ち出した暫定政権の言語政策への憤りを訴える人が多い。クリミアの住民の九割以上が日常、ロシア語を使っているからだ。前大統領ヤヌコビッチは二〇一二年、親欧米派の反対を押し切り、ウクライナの東部や南部でロシア語を地域の公用語扱いする法律に署名した。だが、今回の政変後、最高会議は二月下旬にこの法律の廃止を決定（後に撤回）。ウクライナ民族主義を掲げる反露政治家の政権入りも相まって、クリミアでは「文化を破壊される」という恐怖心が広がった。

復路、荒野の一本道を西へと飛ばす。日が傾き、空は黄金色だ。中間地点の町フェオドシアでウクライナ軍の駐屯地に寄り道した。駐屯地前には十数のロシア国旗が風にはためく。ロシア軍のものとみられる装甲車が門の前に駐車され、覆面なしでヘルメットをかぶった若い兵士たちが警戒している。ここでもウクライナ軍側は完全に包囲されていた。

親露派の住民が大勢たむろし、兵士と談笑する姿もあった。街路樹には「テレビで洗脳が行われている」などと書かれたビラ。私たちが写真を撮ったり、テレビカメラを回したりしていると、周囲の住民たちがにらみつけてくる。「撮影するな。帰れ！」と騒ぎ出す者も現れた。トラブルを避けるため、急いでその場を立ち去った。

クリミアの民意？

三月六日、クリミア八日目――。この日の午後、親露派が主導するクリミア自治共和国議会はロシアへの編入を求める決議を可決した。そして、三月末に実施予定だった住民投票を一六日に繰り上げ、編入かウクライナでの自治継続かを問うという。人口の六割を占めるロシア系住民を中心に「編入賛成」が過半数となる可能性は高い。風雲は急を告げている。人々の受け止めを聞くため、私はホテルを出て議会前へ走った。

迷彩服姿の親露派自警団約三〇人が目を光らせる中、市民一〇〇人以上が様子を見に集まっている。手当たり次第に声をかけた。

ロシア系の大学講師アレクサンドル・ミキティネツ（三二）は「クリミアは歴史的にロシア系住民が多く、ロシア文化圏にある。ウクライナの中央政府にはずっとないがしろにされてきたので、ロシア連邦内の自治共和国となった方が良い」と歯切れ良く語る。半島内に約二〇〇〇人が暮らす少数民族カライム人のセルゲイ・マチリスキー（三七）も「クーデターで成立したキエフの暫定政権はとても認められない。できるだけ早く住民投票でクリミアの地位を決めることが大切だ。大多数はロシア編入に賛成するだろう」と話す。一方、母親がウクライナ系、父親がロシア系という六〇歳の男性は声を潜めて言った。「議会に武装勢力が現れるなんて、どこが民主的なのか。今度の住民投票は違法だ」。ウクライナ系のエンジニア、セルゲイ・クリロフ(二五)は慎重な見方を示す。「ロシアには親戚が暮らしているが、クリミアがロシア入りして生活が良くなるとは思えない。投票結果は真っ二つに割れるのではないか」

親露派の牙城となった議会前に集まる人々の間でも、賛成一色ではなかったことが少し意外だった。見回せば、住民同士で議論する姿も。クリミア・タタール人の民族組織メジュリスは「住民投票は認めない」との声明を発表し、半島の全住民にボイコットを呼びかけている。

＊　＊

三月七日、クリミア九日目——。昼過ぎまで記事執筆と翌日の取材調整に追われた。「クリミア、我が家へ帰る」。七日付の地元紙「クリムスカヤ・プラウダ」は一面見出しに早くもこう掲げた。一九五四年までロシア領だった歴史を背景に、親露派側は「ロシアへの復帰が最適」と強調する。ロシアの経済支援もちらつかせ、ロシア系住民ら多数派の心をつかむ。「復帰」の象徴として、ロシア通貨ルーブルとモスクワ時間の導入案が話題となっている。

住民投票の期日は当初、五月下旬に設定されていたが、三月三〇日、一六日と次々繰り上げられた。急ぐ背景にあるとみられるのが、ロシアに対する国際社会の非難だ。プーチンは「クリミアを制圧したのはロシア軍ではない」と強弁している。それゆえ、「クリミアの民意」は反論の武器として不可欠だ。

軍事情勢も影響しているのだろう。半島各地のウクライナ軍基地はロシア軍とみられる武装勢力に包囲され、投降する部隊も現れている。だが、今も両者がにらみ合う基地は複数ある。編入を求める民意を演出することで、出処を決めかねているウクライナ軍人を揺さぶり、半島制圧を完成させる狙いがうかがえる。

ホテル近くのカフェでパソコンのキーボードを叩いていると、若い男性店員が「本当のことを書いてよ」と声をかけてきた。そう努めているが、今のクリミアで何が本当かを見極めるのは容易ではない。

クリミアの議会前で警戒するロシア・コサック（シンフェロポリ、2014年3月7日）

午後三時過ぎ、議会前を通りかかると、ロシア・コサックの集団がたむろしていた。彼らはプーチン政権にとって都合良く動かせる愛国者グループだ。二月のソチ五輪の際にも警備に動員された。現在は続々とクリミア入りし、街頭で目を光らせている。コサックはロシアの軍人でも公務員でもないため、法的な問題にはなりにくいのだろう。人目につく場所に関して、覆面部隊から役目を引き継いだように見える。立派な口ひげを生やした年長の一人に話しかけると、「我々は対岸に位置するクバン地方のコサックだ。おかしなことが起きないように朝から晩まで見張るのが任務だ」とあけすけに言った。

議会前には記者やカメラマンも集まっていた。「住民投票実施委員会」のトップがこの場で会見するという。まもなく現れたミハイル・マリシェフ委員長は記者団を前に「投票区は一二五〇ほどに分け、投票用紙は約二二〇万枚用意される」と語った。準備は着々と進んでいるようだ。

その夜、再びタタールの民族組織メジュリス本部を訪ねた。渉外担当の幹部アブドゥラマン・エギスが応対した。英語も得意な若い男性だ。「いま起きていることは国際社会の危機です。ロシア政府は『クリミアでロシア系住民やロシア語話者の権利が侵されている』と主張していますが、空港でも村でもロシア語が話されている。どこにも迫害などありません。私たちは先住民族としてウクライナで暮らしたい。議会や空港に展開している武装勢力は直接的な脅威です。少数派の我々は国際社会の支援に期待するしかない……」

タタール女性のプラカード

三月八日、クリミア一〇日目――。朝九時、タクシーで南へと出発した。運転手の男性ユーラは道路の方をあごでしゃくって言う。「ウクライナが独立して二十数年たつが、道も住宅もソ連時代のままさ」。確かに路面にはひびが目立つ。「中央政府から見捨てられてきた」という感覚が半島内では根強い。それがロシアへの編入を期待するムードにつながったことは否定できない。

土曜日の朝の道路はすいており、あっという間にバフチサライのウクライナ軍駐屯地に到着した。

基地の正門前にはタタールの女性二〇人ほどが集まり、差し入れの食料を手渡しているところだった。門のそばには高々とウクライナ国旗が掲揚されている。毛皮帽をかぶった兵士たちからは「支えをありがとう！」「記念日おめでとう！」と返礼の声が上がった。三月八日は国際女性デー。旧ソ連各国では女性に花が贈られる習わしだ。女性デーだからこそ彼女たちは一斉に行動に出たのだろう。

門番に声をかけて取材に来た旨を伝えると、駐屯地副司令官のウラジーミル・ドクチャエフ大佐が出てきた。現下の情勢を尋ねる。

「今はまあまあ静かですな。三日前の三月五日午後一〇時ごろ、彼らはいなくなった。『さらば。我々は行く』と。あちらの指揮官は『上から指示を受けた』とだけ言っていた」

「彼ら」とはもちろん、ロシア軍とみられる覆面部隊のことだ。駐屯地は三月二日から包囲されていた。

――彼らは何を要求していたのですか？

「最初はロシア連邦への忠誠を求めてきた。その後は単に『武器を渡せ』と要求してきた。渡してロシア軍の管轄下に置くようにと」

ドクチャエフは「覆面部隊はロシア軍だ」と断言する。「彼らがなぜ姿を消したのかは分からない。半島内の他の駐屯地では、まだ彼らに包囲されているところもある」

住民投票や編入の動きについて、将校の彼はどう思っているのだろう。

「クリミアに平和を」と訴えるタタールの女性たち（バフチサライ、2014年3月8日）

「私は国家機関の一員として話すが、こうした動きはもちろん正しくない。違法だ」

――ではキエフの暫定政権はどう評価する？

「なんと言うべきか……」。謹直そうな副司令官は苦笑いした後、「軍は政治とは別。我々の指揮系統は変わっていない」と強調した。

「ここでも衝突の危険はあった。武装した彼らの目的はよく分からないし、我々にも武器がある。何度も交渉したが要求はもちろん断った。私たちは地元市民から多大な支援を受けている。ウクライナ各地からの応援の電話も入っている」

　副司令官に礼を言って別れ、駐屯地横の幹線道路へと目をやると、タタール女性たち数百人が沿道に集まり始めていた。横断幕やプラカードに手書きのアピールを掲げている。「クリミアに平和を」「私たちは平和と安定に賛成」「クリミアは私たちのふるさと」……。白髪のお年寄りから小さな子供まで女性ばかりが歩道に並び、行き交う車に向けてメッセージを示す。ウクライナ国旗カラーの青と黄色の風船を持ったメンバーもおり、曇天の下の行動に花を添えた。「ムィ・ザ・ミール！

（私たちは平和に賛成）」とシュプレヒコールも始まる。「ロシア兵は家へ帰りなさい！」と声が上がった。その様子を眺める者は私のほか、何人もいない。通りかかったタクシー運転手のロシア系男性は「こうして意見表明できることが何より大切だ」とつぶやいた。

クリミアのイスラム

タタール女性のアピールを見届けた後、私はバフチサライの宮殿へ向かった。近くの小さなトルコ風カフェで、ある人物と会う約束をしていた。がらんとした店の扉を開くと、先方は席に座っていた。国際イスラム主義組織「ヒズブット・タフリル（イスラム解放党）」ウクライナ支部の広報担当者、ファジル・アムザエフ（三二）。ロシアでは危険視され、活動を禁止されている団体だ。クリミア・タタール人の間で近年勢力を伸ばしていると言われる。小ぶりのコーヒーカップを手に、淡々と語り始めた。

イスラム解放党広報担当のファジル・アムザエフ（バフチサライ、2014年3月8日）

「我々は政治、経済、教育の課題をイスラムがどう解決できるか訴えてきた。現在のウクライナの危機は、歴史的に国内の各地域がバラバラであることが原因だ。それぞれロシア、オスマン・トルコ、ポーランドなどの影響を受けてきた。政治家は親欧米派と親露派が互いに批判し合う。我々はどちらにもくみしない。そして戦う手段も持っていない」

アムザエフによると、クリミアには数千人のメンバーがいるという。「タタールの文化に合致している証拠だ。過激なセクトならば誰も加入しない」

――では、タタールの民族組織メジュリスをどう評価する？

「ソ連時代に前身を持ち、クリミアへの同胞の帰還を支援してきた。帰還後も多くの課題があったため、民族の権利を守るために改めて組織された。宗教的な団体ではない。メジュリスは選挙に参加しているが、我々は参加しない。クリミアの人口に占めるタタールの比率は一割強に過ぎず、選挙を通じての問題解決は不可能だ。我々もクリミア半島にイスラム国家を再び建設することが可能などとは考えていない」

達観したような静かな口調だ。

――ロシア編入へ向かう流れにあらがう気持ちはないのか？

「このプロセスは止められない。タタールは小さなコミュニティーだ。影響を与えることはできない。ロシアに編入されれば、権利の侵害が進むだろう。我々は同胞のためクリミアで非暴力的な政治活動を続ける」

＊　＊

ロシア帝国による併合まで三〇〇年余り、タタールが支配するクリミア・ハン国の都だったバフチサライ。その中心部は人影も少なく、静まりかえっていた。昼の礼拝を呼びかけるイスラム教の「アザーン」が流れ出す。「アッラー、アクバル（神は偉大なり）……」の声に誘われるようにチュルクス川の谷間につくられた王宮の門をくぐった。

中世のクリミア半島は、キプチャク・ハン国から一四三〇年ごろに分離したクリミア・ハン国（クリム・ハン国）が支配していた。モンゴル帝国の流れをひくイスラム王朝だ。一五世紀後半、同じチュルク系の強国オスマン・トルコの保護下に入り、一時は近隣のロシアやポーランドに脅威を与えるほどの勢力を誇った。黒海の交易で栄え、スラブ人を捕らえて奴隷貿易を行っていた史実もある。

一八世紀後半、女帝エカテリーナ二世率いるロシア帝国は黒海を手中に収めようと南下していく。一七六八年に始まった露土戦争は六年続き、ロシアが勝利を収める。講和のため、一七七四年にクチュク・カイナルジ条約が結ばれた。敗れたトルコは黒海の制海権を事実上手放し、クリミア・ハン国に対する宗主権も放棄。トルコにとっては屈辱だった。ロシアはアゾフ海沿岸など黒海への出口を確保し、クリミア進出を始める。条約から九年後の一七八三年、クリミア・ハン国はロシアに滅ぼされた。クリミアを併合したロシアは、半島内の良好な土地を次々と自国の貴族に与えていった。スラブ系の移民も大挙して入植する。土地を奪われたクリミア・タタール人はトルコへ多数が脱出し、半島では少数民族となった。一九世紀末のタタール人口は総人口の三割まで落ち込んでしまった――。

タタールの古都バフチサライとその中心となる王宮は一五世紀に創建された。一七世紀から一八世紀にかけての増改築ではフランスやロシア様式の影響も受けている。かつて軍隊のパレードも行われた石敷きの中庭に向かって、二本の尖塔を持つ王族用礼拝所がある。オレンジ色の瓦屋根で、白塗りの外壁にはイランの職人が施したというアラビア語の飾り文字が残る。

すぐ裏手には墓所があり、王宮のあるじであった九人のハンとその家族、幾人もの高官が葬られている。墓石は頂点がターバンのような形で、アラビア文字が彫り込まれた独特なものだ。この土地がイスラム文化圏にあったことが強く感じられる。敷地西側に位置する二階建ての宮殿へ入る。シャンデリアやステンドグラスなど西欧文化を取り入れつつ、壁や天井の装飾はイスラム風。壁際に沿って低い長いすが据えられた部屋はオスマン・トルコのトプカプ宮殿に似ている。トルコの保護下にあった歴史を想起させられた。木材が多用され、アジア的な建物とも感じられる。一巡りして宮殿から中庭へ出ると、子犬四匹と母犬がくつろいでいた。

「この一週間、子供を学校に通わせていません。武装集団が現れたので、みんな戦争が始まるのを恐れている。もしクリミアがロシアに編入されたら、一体どうなってしまうのでしょう」。宮殿の中庭で土産物を商う女性（三七）に声をかけると、不安な思いがあふれた。スターリンによって祖父母はウズベキスタンでの生活を強いられ、父親の代にクリミアへ一家で戻ったという。

「タタール人のテレビ局ができ、学校ができ、自分たちの家も建てました。父祖の土地で落ち着いた暮らしをしてきたのに……。いま、民族同士でお互いへの不信感も芽生えています」。暗い表情を見せながら、最後に顔を上げて言った。「ここは私たちの故郷。どこにも行きたくないのです」

近くのタタール人集落ハンチャイル村へ脚を延ばした。村の中心には質素だがこぎれいなミント色のイスラム教礼拝所がある。一九九六年にトルコの支援を受けて建設されたという。祈りの時間から外れたため、じゅうたんが敷かれた内部には数人しかいない。

ムスリム独特のつばなし帽をかぶり、口ひげを生やした男性（五七）がぽつりぽつりと思いを語る。「この村にも兵士たちがやってきた……。プーチンは『クリミアにロシア軍部隊は展開していない』と言っているが、あれはウソだ。ロシア系住民には何の問題も起きていないのに、ロシア軍が出ている。プーチンは国民にクリミア編入を支持させるため、ロシア系住民をカードとして使っている……。もしクリミアがロシア領にされれば、私たちの生活は厳しくなるだろう」

薄暗い礼拝所の中で男性は重いため息をつく。「軍隊が半島を制圧する中で行われる住民投票は違法だ。だが、私たちには何もできない。タタールは二十数年にわたってロシア系住民と仲良くやってきたのだが……」。名前を尋ねたが、首を左右に振った。名前を明かすことで、何らかの害が及ぶことを恐れている。

自衛部隊の創設式典

重苦しい曇り空の下、私はシンフェロポリへの帰路に就いた。空腹を感じ、道ばたの露店でタタールが商う「サムサ」を買った。タマネギと羊肉を具としたパイの一種。中央アジアのウズベキスタンなどが本場と言われる。これも民族強制移住の名残なのだろうか。ほかほかのサムサからあふれ出た肉汁が胃袋にしみいる。食べ終えてほっとした頃、治安部隊上がりの運転手ディーマから電話が入り、眠気が覚めた。「シンフェロポリのガガーリン公園で自衛部隊の宣誓式がこ

「クリミア共和国自衛部隊」の宣誓式（シンフェロポリ、2014年3月8日）

れからある。取材に来たらどうか」

ほどなくたどり着いた公園を歩いて進むと、戦没軍人慰霊碑前の広場に人だかりができている。その中心にはそろいの迷彩服を着て、胸に黒光りする小銃を下げた三〇人ほどの集団。年齢は二十代から五十代とみられ、体格もさまざまで軍人らしくみえる者は少ない。真新しい制服の左腕には、頭がワシで体がライオンの怪獣「グリフォン」をあしらったクリミア自治共和国章のワッペンがある。

隊員が整列したところで、自治共和国首相の地位にある親露派指導者セルゲイ・アクショーノフが現れた。「クリミア共和国自衛部隊の創設を祝す」。祝辞を切り出すと、「ウラー、ウラー、ウラー！」とかけ声があがる。「皆さんのお陰で扇動者の動きを阻止でき、クリミアは今のウクライナでは最も安全な地域となった。皆さんのお陰で我々は平穏に生活できる」

隊員代表が前へ進み出て、市民への忠誠を誓う。周囲の市民から「ブラボー！」と歓声と拍手が送られた。私の目からは一六日に迫った住民投票を前に「ロシアの軍事介入は存在しない」との体裁を整えているように見えた。半島を制圧しているのは地元住民による自衛部隊であり、ロシア軍ではないとの演出だ。

式典後、アクショーノフは歩きながら記者団の質疑に応じた。

――今度の住民投票はどんなものになる？

「公正でなければならない。欧米諸国も結果を受け止める必要がある。今後のプロセスを公正に見てくれる人々のクリミア訪問は歓迎する」

――プーチン大統領とは話をしたのか？

「話していない。もちろん先々話すことはあるだろう」

――彼はあなたたちにとっても大統領か？

「精神的にはそうだ。法律的にはまず住民投票ということ」

――ロシア兵の存在は？

「クリミアにはロシア軍の基地がある。ロシア兵は常にこの土地に居続けてきた」

無愛想な親露派トップの隣には、地味なジャンパーの下に防弾チョッキを着た警護要員が立ち、周囲に鋭く目を光らせている。アクショーノフが黒いベンツで公園を離れるのを見届け、私もホテルへ帰った。

クリミアの住民投票

三月九日、クリミア一一日目――。午前、ホテルから近い議会前を歩く。ロシアから来たコサックとの記念撮影に興じる市民が何人もいる。街路樹には手書きのアピール文の数々が張ってある。「クリミアはロシアだ！」「米国は市民を殺すな」。第二次大戦の戦功記念碑として飾ってある戦車には、ロシア国旗とソ連国旗が掲げてあった。乳母車を押す家族連れの姿も見られ、表面上は穏やかな日曜日だ。

正午過ぎ、私は空港へ向かった。途中、道路沿いの大型看板には「ロシアと共に！　一六日は住民投票」との広告があった。ロシアへの編入へ向けた既成事実化が進んでいる。空港に覆面部隊の姿はなく、普段着姿の自警団とコサックたちが警戒していた。私はモスクワへ一度戻り、ロシア側の動きをウォッチすることにした。

＊　　＊

モスクワに戻った私はこんな想像をしてみた。クリミア半島を巡るロシアの位置づけを、日本に引き写してみたのだ。〈第二次世界大戦終結まで長らく日本に併合されていたA国。その南部B島では、歴史的な経緯から日本人が戦後も残り、日系A国人となって暮らしていた。自治州であるB島の人口の六割は日系住民が占め、A国系住民が二割強、先住民族も一割強。島では日常的に日本語が使われ、日本の本や音楽が流通し、テレビが放映されている。

ある日、A国で政変が起き、親日派大統領が追放された。過激な反日路線を掲げる民族派グループが暫定政権入りし、B島内で日本語を地域の公用語と認めてきた法律を廃止。対日関係を絶つ動きを始めた。B島の日系住民たちが恐れを感じ始めた矢先、自治州議会に謎の武装勢力が現れた。多数派の日系議員だけが出席を許され、州首相を更迭。日系議員のリーダー格が新首相に選ばれた。

日本は同胞である日系住民保護を名目として、A国への自衛隊出動を可能にする法案を可決。州議会はB島の日本領編入の是非を問う住民投票を行うと決めた。その間にも、島内のA国軍基地は次々と謎の武装勢力に包囲されていく。彼らの軍備は自衛隊のものと酷似していた。日系住民は日の丸を掲げて歓迎。このまま住民投票で編入賛成が過半数を占めたとき、日本は国際世論を無視してでもB島を編入するのか〉。日本人にとってはSF小説のようだが、ロシアでは現在進行形の出来事である。

日本近現代史に似た事例はあっただろうか、とも考えた。例えば、満州事変だ。ロシア系を中心に多民族が暮らすクリミアは「五族協和」をうたった満州国を思い出させる。当時の大日本帝国は「満蒙は日本の生命線」と強調した。現代ロシアにとって、黒海艦隊基地を置くクリミアや、自国と関係の深い軍需企業が多いウクライナ東部は生命線の一つであろう。日本は国際連盟を脱退し、孤立していった。ロシアはどこまで突き進むのか。

＊　＊

三月一一日、クリミア半島では見過ごせない政治的動きがあった。クリミア自治共和国とセバストポリ特別市の両議会が、来たる一六日の住民投票でロシアへの編入方針が決まった場合に「クリミアはいったん独立国家になる」との宣言を一方的に採択したのだ。

クリミア編入は領土の帰属変更に該当し、国際法上はロシアとウクライナの国家間合意が不可欠だ。プーチン政権はウクライナの暫定政権を承認せず、「クリミアの民意を尊重する」との立場をとるが、自治体に過ぎないクリミアと編入に合意しても「国際法違反」との批判は当然免れ得ない。今回の地元議会の宣言により、住民投票後にウクライナから「分離独立」したクリミアとロシアが「国家同士」で編入を協議するとの建前を一応整えた。ウクライナ政府の承認なき「独立」に正当性は乏しいが、それでもなるべく論拠を確保しておこうというロシア政府の狙いが感じられた。

そして、運命の三月一六日がやって来た。ロシアへの編入の賛否を問う住民投票がクリミアで行われる。「ロシア入りに賛成」か「ウクライナでの自治権拡大に賛成」か、の二者択一だ。即日開票により発表された結果は「ロシア入りに賛成が九割超」だった。投票率は「八割超」という。それらの数字が実情を反映しているのかは大いに疑問だが、ロシア国営テレビは歓喜する地元住民の姿を繰り返し映した。

米国のオバマ大統領は直ちにプーチン大統領へ電話をかけた。「クリミアの住民投票はロシア軍の介入の下で実施され、ウクライナ憲法と国際法に違反する。米国も国際社会も承認しない」と指摘し、警告を与える。「ロシアの行動はウクライナの主権と領土を侵害した。代償を科す準備はできている」

対するプーチンは「クリミアの住民は自由な意思決定の機会を保障された」と主張しつつ、編入を巡る今後の方針には触れなかった。翌日、クリミア自治共和国議会は「クリミア共和国」として独立を宣言し、ロシアに編入を求める決議を採択。プーチンはクリミアを主権国家として承認する大統領令に署名した。さらに編入まで踏み込むのか否か――。

プーチンがクリミア編入を宣言

一八日、世界が固唾を呑んで注目する中、プーチンがクレムリンで演説に立つ。私はモスクワの支局で国営テレビの生中継を凝視した。会場はクレムリン大宮殿の壮麗なゲオルギーの間。大統領が教書演説を行う特別な場所に上下両院議員や政府高官が集められている。

「親愛なるクリミア共和国とセバストポリの代表者の皆さん!」演説冒頭、プーチンはモスクワに駆けつけたアクショーノフらクリミアの親露派指導者に語りかけた。数百人の出席者は総立ちとなって数十秒の間、拍手を続けた。

以下、プーチン演説の要所を抜粋する(在日ロシア大使館が公表した邦訳に準拠した)。

〈……三月一六日、クリミアで住民投票が実施されました。有権者の八二%以上が投票へ行き、九六%以上がロシアへの復帰に賛成票を投じたのです。クリミアでは私たちの共通の歴史と誇りが息づいています。あそこにはウラジーミル聖公が洗礼を受けたケルソネソスがあります。彼の宗教的偉業(東方正教の受容)はロシア、ウクライナ、ベラルーシを結ぶ文明の基盤となりました。クリミアにはロシア兵士の墓地があります。一七八三年、彼らの勇敢な戦いによってクリミアはロシア帝国の下に入りました。セバストポリ市は黒海艦隊のふるさとです。一つ一つの場所が私たちにとって神聖であり、ロシアの軍事的栄誉の象徴なのです。

現在二二〇万人いるクリミアの人口のうち、約一五〇万人がロシア人であり、三五万人がロシア語を母語とするウクライナ人です。約三〇万人がクリミア・タタール人であり、住民投票の結果から分かる通り、その大部分がロシアを志向しています。

人々の心の中では、クリミアは常にロシアの不可分の一部だった。ロシア革命後、ボリシェビキは歴史的にロシア南部であった領土の大部分をウクライナ共和国に編入しました。この決定は住民の民族構成を考慮せずになされたものであり、それが現在のウクライナ南東部です。そして一九五四年、クリミア州とセバストポリ市をもロシアからウクライナに引き渡すという決定がなされました。これを思いついたのはソ連共産党トップだったフルシチョフです。

この決定は当時の憲法にも違反していた。内輪で勝手に決めたのです。ただ、当時はウクライナとロシアが別々の国家になることなど想像もできませんでした。しかし、ソ連は崩壊したのです。クリミアが突然、外国の領土になってしまったとき、ロシアは強奪されたと感じたのです。最近、クリミアの人々が「一九九一年のあのとき、自分たちは袋入りのジャガイモのように引き渡されたのだ」と話しているのを聞きました。同意せざるを得ません。あのとき、ロシアはうなだれて受け入れ、この屈辱を堪えたのです。我が国はひどい苦境にあり、自国の利益を守ることさえできない状態でした。

現在のウクライナには正統な政権がなく、対話する相手がいないことも明白です。クリミアの住民は自分たちの権利と生命の保護をロシアに求めました。私たちは彼らを見捨てることはできませんでした。自由な意思表示ができる環境を整備し、クリミアの住民が歴史上初めて自らの運命を自らで決定できるよう支援する必要がありました。

今日、私たちは欧米から国際法違反と言われています。まず、彼らが国際法の存在を思い出しただけまだ良いでしょう。次に、私たちが何に違反しているというのでしょう？　確かに、私はウクライナ派兵の権利を議会上院から取り付けました。だが、その権利はまだ行使されていない。我々は兵力を増強しましたが、クリミア駐留軍の定数である二万五〇〇〇人を超えてはいません。

クリミア議会は独立宣言するにあたり、民族自決権をうたった国連憲章を根拠としました。また有名なコソボの先例にも立脚しました。その先例は西側諸国がいわば自らの手で作り出したものであり、クリミアとまったく同じ状況でセルビアからのコソボの分離独立を合法と認め、一方的な独立宣言には中央政府側の許可は一切不要と知らしめたのです。なぜコソボのアルバニア人に許されたことが、クリミアで暮らすロシア人、ウクライナ人、クリミア・タタール人には許されないのでしょうか？

もし仮にクリミアの自衛部隊がタイミング良く状況を掌握していなかったなら、犠牲者が出ていたことでしょう。現地にはウクライナ政府軍の完全武装した兵員二万二〇〇〇人がいました。流血の惨事を避けてくれたウクライナ軍人たちには感謝したい。ロシアによるクリミア侵略などと言われていますが、奇妙な感じがします。一度も発砲せず、一人の犠牲者も出さずに行われた軍事介入など思い出すことができません。

ウクライナを巡る情勢には、この数十年にわたって世界で起きてきたことが反映されています。米国を筆頭とする西側諸国は力による支配を好み、自分たちが世界の運命を決めると信じ切っています。各地で主権国家に武力を行使し、「共にあらざる者は敵である」という原則で同盟を築いているのです。侵略を合法的に見せるために国際機関から必要な決議を引き出し、それがうまくいかない場合は国連安全保障理事会も国連もまったく無視する。ユーゴスラビアの時がそうでした。その後はアフガニスタン、イラク、リビア。飛行禁止区域を守るのではなく、空爆が始まったのです。

ロシアは西側諸国との信頼関係のレベルを向上させたいのです。しかし、彼らからの歩み寄りはなく、それどころか、私たちを次々と騙して一方的に決定事項を突きつけたのです。NATOの東方拡大やミサイル防衛システムの展開（＊イランの脅威を理由に東欧で配備）がそれです。一八世紀、一九世紀、二〇世紀に実施された対露抑止政策が今も続いている。しかし物事には限度があります。ウクライナのケースにおいて西側のパートナーたちは一線を越え、乱暴で無責任な振る舞いをしました。ロシアは後に退けない限界まで追い詰められたのです。ロシアにも他国同様に国益があり、それは尊重されなければなりません。

私たちはウクライナの分裂を望んではいない。クリミアはこれまでもこれからも、ロシアのものであり、ウクライナのものであり、クリミア・タタール人のものです。クリミアは私たちの共有財産であり、地域安定の重要なファクターです。このような戦略的領土は強く安定した統治の下にあるべきで、それにはロシアしかないのです。

でなければ、私たちロシア人とウクライナ人は遠くない将来にクリミアを完全に失うかもしれません。キエフではウクライナの早期のNATO加盟という方針が表明されています。この展望はクリミアとセバストポリ市にとって何を意味したでしょうか？　もしロシア軍の栄光の町にNATO艦隊が現れるようなことになれば、ロシア南部全域にとっての脅威となっていたでしょう。

クリミア住民の選択がなければ実際に起こりえたのです。私は彼らに感謝しています。
尊敬するクリミアとセバストポリ市の住民の皆さん！　全ロシアがあなたたちの大胆さと威厳と勇気に感動しました。あなたたちがクリミアの運命を決めたのです。強固なロシア外交を支える国民の愛国心にも感謝します。公正な住民投票でクリミアの人々は明確にロシア入りを望むと意思表明しました。そして最新の世論調査ではロシア国民の九二％が編入に賛成しています。本日、私はロシア連邦議会に対し、二つの新たな連邦構成体としてクリミア共和国とセバストポリ市を受け入れる法案を提出して審議を要請すると共に、編入条約の批准を要請します。皆さんの支持を確信しています！〉

こうしてプーチンはクリミア編入を宣言した。冷戦後の国際秩序が大きく揺らいだ瞬間だった。プーチンは米欧に対する怨嗟をここぞとばかりに連ねたが、中には手前勝手な主張も含まれている。ＮＡＴＯの東方拡大について言えば、既に触れたように二〇〇八年にウクライナとジョージア（グルジア）の加盟問題は棚上げされていた。プーチンが強調した民族自決権についても、単純比較はできないが、ロシアが武力で独立要求を押しつぶしたチェチェン共和国のケースはどうなのかという疑問が当然生じる。

演説三日後、ロシアは国内における編入手続きを完了する。一方、米欧と日本の主要七カ国（Ｇ７）はＧ８の枠組みからロシアを排除することを決めた。

プーチンの〝地政学的な戦い〟

「プーチンには、ロシアは米欧と地政学的な戦いを続けているとの思想がある。これまでに何度も公の場で語ってきた。米欧の側は『国内向けのプロパガンダだろう』と軽視してきたが、彼は本気だったのだ」。クリミア編入宣言について、ロシアの軍事評論家アレクサンドル・ゴルツは私にこう指摘したのだ。確かに、例えば二〇〇七年二月にはドイツのミュンヘン安保政策会議での発言があった。プーチンは「NATOの拡大は深刻な挑発行為だ」と米欧を批判し、「冷戦の再来か」と当時騒がれた。欧州大陸の西と東に位置する西欧諸国とロシア、両者がぶつかり合う最前線がウクライナだったのだ。

ゴルツは、〇三年のイラク戦争開始など米欧の「誤り」がプーチンの考え方に大きな影響を与えたと分析する。「当時のブッシュ米大統領は力があれば何でもできると行動で示した。今、プーチンには十分な力がある」。さらに重要なのは、プーチンの掲げる最大の目標が旧ソ連諸国と政治・経済の両面で統合を進める「ユーラシア連合」構想という点だ、と言う。「この構想はウクライナ抜きでは実現不可能。ヤヌコビッチに圧力をかけてEUへの接近をやめさせた昨年一二月時点ではプーチンの勝利だったが、政変で思惑は砕かれた。クリミア奪取は地政学的なリベンジだったのだろう」

そして、ロシア国民の大多数がクリミア編入に賛同している。プーチンの支持率は三月二〇日発表の世論調査では過去五年間（首相時代も含む）で最高の七五・七％に達した。カーネギー国際平和財団モスクワセンターのマリア・リップマンは言う。「プーチンにとって国民の支持率を上げることは非常に重要だった。以前は原油価格の高騰で潤った財政によって支持を『買う』ことができたが、今は難しい。今回は領土拡張という手段で国民の団結に成功した」

ロシアでも一一年一二月には各地の大都市で下院選のやり直しなどを求める数万人規模の反政府デモが起き、国が大きく揺れた。その翌年三月にプーチンは大統領選で勝利し、首相職から四年ぶりの復帰を果たしたのである。

地政学的戦いの最前線としてのウクライナ、ロシアにとっては「歴史的な誤り」を正す大義のあったクリミア半島、賛同する国民の圧倒的支持――。三つが重なり合って、プーチンは編入を決断したようにみえる。

編入直後のクリミアへ

プーチンによるクリミア編入宣言の五日後、私は再び現地へ向かった。編入直後の様子を探るためだ。反対の声を上げていた先住民族クリミア・タタール人の状況が気になる。そして、覆面部隊に包囲されていたウクライナ軍の駐屯地はどうなっただろうか。

三月二三日、モスクワからトルコのイスタンブールを経由してシンフェロポリへ飛ぶプランで出発したが、不安定な情勢に阻まれた。イスタンブールで空港職員から「クリミアへの飛行機は一切飛ばない」と告げられる。モスクワ発の直行便を急いで探し、九〇〇ドル近い高額なエコノミー・チケットがようやく見つかった。

ロシア国籍の身分証明書の申請に並ぶ住民（シンフェロポリ、2014年3月25日）

編入宣言を受けてモスクワからクリミアへと大勢のロシア政府関係者が移動し、飛行機の席が次々と埋まっていると考えられた。午前三時過ぎにトルコからモスクワ・ブヌコボ空港に戻り、北郊のシェレメチボ空港へタクシーで移動、ベンチで仮眠をとってからクリミア便に乗り込む。現状ではモスクワでもクリミア直行便は国際線扱いが続き、出国手続きも通常通りだった。

二四日の昼ごろ到着したシンフェロポリでは、編入前と同じくウクライナ当局の制服を着た職員による入国審査があり、パスポートにスタンプも押された。ホテルに荷物を置き、中央駅近くの市場へ向かう。クリミアではこの日から、ロシア通貨ルーブルの使用が開始されると報じられていた。ウクライナ通貨フリブナも当面は利用でき、ルーブルと二重価格表示を行うという。

駅前市場では既に二重表示を始めていた。酒屋の女性店員ナタリヤ・グロモワ（三九）は「ルーブルで買いに来たお客さんはまだ一人もいないけれど、準備はしている。商品の数が多いから値札をつけるだけでも大変」と肩をすくめる。編入については「クリミアがロシアになってうれしい。気持ちも切り替わって、我が家に帰った気分」と明るい。

昼下がり、クリミア・タタール人の民族組織「メジュリス」本部へ向かった。幹部へのインタビューを申し込むためだ。道すがら出会った、鍵職人というタタール男性ムラト・ガリモフ（五五）は訴える。「ロシアへの編入にはもちろん反対だ。タタールは人口の一%も住民投票へ行っていない。私はウクライナ国籍を失いたくない。ロシア国籍になるぐらいだったらトルコ国籍を取りたい」。冗談半分に言いながら、目は真剣だった。

メジュリス本部近くのレストランで外交部門トップのアリ・ハムジンを見つけた。髪を短く刈り込んだハムジンは「我々の運命は未知数だ」と厳しい表情で言う。翌日にインタビューする約束を取り付け、私はホテルに戻った。

メジュリスの外交部門を率いるアリ・ハムジン（シンフェロポリ、2014年3月25日）

＊　＊

翌二五日、「ロシア領への移行」の動きをさらに追う。快晴の朝一番に向かったのはシンフェロポリのパスポート事務所。ロシア国籍を示す身分証明書（国内パスポートと呼ばれる）の申請に市民が殺到しているらしい。現地通信社によると、ロシア連邦移民局は既に二万件を超える申請を受理したという。確かにたどり着いた事務所にも数百人の行列ができていた。

「私はロシアを愛している」。チェコ系で祖父母の代からクリミアに暮らすというエンジニアの女性、ナデジュダ・メルニチュク（五二）はきっぱりと言う。「ウクライナ政府は国民を食べさせることができなかった。パンがなければどうしようもない。ロシアは大国だから人々を助けてくれる」そう言って申請書類を誇らしげに示した。

ロシア系の元建設技師、フェリクス・シェンゲライ（七二）は笑顔で語る。「私が生まれた当時、クリミアはロシア領だった。再びロシアへ戻ってうれしい。キエフの暫定政権？ 連中はファシストだ。ウクライナ語以外は禁じるという。私はウクライナ語を話すことはできるが、読む方はダメ。クリミアでは住民の九割が編入を支持している。これまでは年金の半分は住居費と薬代に消えてしまい、暮らしは楽ではなかった。今後はロシアの水準の年金を受給できると聞いている」

ナイトクラブで働くビタリ・ミトロシェンコフ（三一）は冷静だった。「ロシア入りして暮らしが良くなるかは分からない」。キエフ郊外で生まれ育ったロシア系。父親は軍人で子供時代は各地を転々とし、クリミアに移り住んで一四年ほどになる。この土地の自然や気候が好きだという。「五月には観光シーズンが始まる。これまでほとんどウクライナ本土からのお客だったので、今年から変わるだろう。ロシアからたくさん来てくれれば良いが……」

昼過ぎ、私はタタール組織メジュリスの本部へ向かった。外交部門を率いるアリ・ハムジンが待っている。人口の一割強を占めるクリミア・タタール人の多くは今も編入反対とされる。早速インタビューを始めた。

スーツ姿のハムジンは硬い表情で口を開いた。「タタールはロシアの地政学的野心の犠牲になっている。クリミアの編入によって、我々の将来は不透明になった。ご存じだろうか？　ロシアは今回、ウクライナがソ連の残した核兵器を放棄する代わりに米英露が領土保全を約束した一九九四年のブダペスト覚書を破った。にもかかわらず、国際社会にはウクライナの領土を守る仕組みが何もない。これでは核兵器なしには国家の安全が保障されないことになってしまう」。ハムジンはそう言った後、「日本にとっても他人ごとではないはずだ」と付け加えた。

——今後、クリミアはどうなっていくのでしょう？

「とにかくロシアとウクライナ、米欧との戦争には反対だ。いったん始まってしまえば、容易には収拾がつかなくなる。外交的な解決を求めたい。編入後、クリミアのロシア化が進む中で不安や恐れもあるが、我々は現実的に対応している。希望する人はロシア国籍も取得する。個々人の選択だが、ここで働くためには必要だろう。クリミア・タタール人は小さな民族であって、ロシアに対抗することは困難だ。スターリン時代に強制移住させられた際、過酷な道中で大勢が命を落とした過去がある。安全が守られることが何よりも重要だ。我々の民族からテロリストが出るなどということは考えられない。そうした見方はイスラム恐怖症かタタール恐怖症だ。クリミアで民族間の対立を起こしてはならない」

タタール男性の拉致惨殺事件

ハムジンが「安全が何よりも重要」と強調したのは、最近起きた事件も頭にあったからに違いない。クリミアが極めて不安定な状態にあった三月初旬、タタール男性が親露派民兵とみられる男たちに拉致され、遺体で発見されたのだ。

私はメジュリスのつてをたどり、男性の遺族に会いに行くことにした。向かったのはシンフェロポリ近郊のウクラインカ村。道々、梅のような木に白い花が咲いている。村に入ると、未舗装の道路に沿ってやや不格好な戸建て住宅が並んでいた。

事件は三月三日午前に起きた。犠牲者は三九歳のレシャト・アメトフ。運転手や建設作業員として働く傍ら、地区の問題を行政当局に陳情に行くなど人権活動家としても近所で知られていた。愛国心も強かった。ロシアによるクリミア制圧が始まってからはウクライナ軍への入隊を志願したが、幼い子供たちがいるため断られていた。その日、アメトフはシンフェロポリ中心部のレーニン広場で編入反対を訴える小規模のデモに参加し、その直後に迷彩服姿の男三人に拉致された。変わり果てた姿で見つかったのは約二週間後。森に放置された遺体には拷問の痕があった。

レンガとコンクリートをつぎはぎしたアメトフの家を訪ねると、妻ザリナ（二八）が出迎えた。五歳の長男を筆頭に三人の子供がいる。乳母車では生後四カ月の次女ウスニエがぐっすりと眠っていた。「優しい彼があの日、初めて私にウソをついた。軍の募集事務所へ行くと言って、デモへ向かったのです……。本当のことを言えば私が止めると分かっていたのでしょう……」。ザリナは目を伏せ、ぽつりぽつりと語る。ふくよかな彼女は目の下にくまができ、最愛の夫を亡くした悲しみを感じさせた。うつむくたびに、両耳につけた金色の輪のピアスが小さく揺れた。

アメトフ夫妻は共にウズベキスタンの首都タシケントで生まれた。九〇年代、それぞれ家族でクリミアに移住し、若い二人は出会った。二〇〇六年に結婚し、翌年から自分たちの手で一軒家を建て始めたという。七年後の今、家はほぼ完成している。「生活は楽ではなかったけれど、クリミアは私たちにとって故郷だから二人で苦労を乗り越えてきたのです」

村にはロシア系も含めさまざまな民族が混住しているが、「もめごとが起きたことはない」とザリナは言う。写真を見せてもらった。結婚式での二人。アメトフは黒髪で目鼻立ちのくっきりとしたハンサムな男性だ。

「クリミアがどこの領土であっても私には関係ありません。大事なのは平和であること。それだけです」。ロシア系住民を中心に祝賀ムードが続くクリミアで、ザリナは深い悲しみの中にいた。

アメトフの事件について、国際人権団体「ヒューマン・ライツ・ウォッチ」はクリミアでの深刻な人権侵害の一例とみて「当局は徹底捜査し、犯人を処罰すべき」と訴えた。クリミアでは、ロシアが軍事的にはほぼ無血で制圧した一方、市民に数人の犠牲者が出ていた。二月下旬、シンフェロポリでロシア系とタタール人の双方のデモ隊が衝突した事件では、ロシア系の二人が死亡した。また、ウクライナの人権団体のまとめでは、三月下旬の時点でウクライナ軍将校七人と活動家二人が行方不明となり、ウクライナ人記者が拘束される事案も一〇件近く発生している。いずれも親露派民兵の関与が強く疑われている。一見平穏に見える半島の裏で、暴力が異論を封じているように思えた。

ウクライン力村を出た私は、寄り道してシンフェロポリの東南約二〇キロにあるペレバリノエ村へ向かった。覆面部隊の出現を目撃したウクライナ軍駐屯地がある。たどり着くと、正門にはロシア国旗が翻り、両脇の塀に描かれていた「三叉の矛と盾」をモチーフとしたウクライナの国章は灰色のペンキで塗りつぶされていた。兵士たちも全員、モスグリーンのロシアの軍服姿だ。

兵士の一人に「周りを取り囲んでいたロシア軍部隊はどこへ行ったのか?」と尋ねると、「今ここはロシア軍基地で、いるのはロシア兵だけだ」と短い答えが返ってきた。詳しく話を聞こうとすると「取材に応じることは禁止されている。写真も撮るな」と拒否された。

一緒に訪れたロシア系のタクシー運転手の男性が「ロシアに栄光を!」と叫ぶと、兵士たちは拳を上げて応じた。

ロシア軍に移行中のウクライナ軍基地へ

滞在三日目、この日から地元の退役軍人組織「将校連盟」代表イワン・ジトニュクが仕事を手伝ってくれる約束だ。モスクワ支局長の田中洋之が親露派住民の代表としてイワンに取材して意気投合し、現地助手兼ドライバー役を買って出たという。田中の紹介で私も案内役を頼んだ。

朝、ベンツの四駆車でホテル前に現れたイワンは元軍人らしい豪快な雰囲気だった。六三歳の今もたくましい肉体を誇り、声が大きい。父親はロシア南部・北カフカス地方のオセチア人、母親はウクライナ人という。カフカス諸民族は格闘技にたけていることで知られる。イワンも若いころはレスリング選手だった。「七〇年代にソ連代表選手になったが、オリンピック直前に病気になって惜しくも出場できなかった」と言って、大げさに悔しがって見せた。

ハンドルを握ってもおしゃべりの尽きないイワンを横目に、「ちょっと困ったな」と胸の内でつぶやいた。今のクリミア情勢を報じるには、親露派と編入反対派の双方を取材する必要がある。同行する助手が筋金入りの親露派では、反対派の取材が難しくなる。そんな私の心配をよそに、イワンは上機嫌で車を飛ばす。正午過ぎ、ベンツはタタールの古都バフチサライへ到着した。

　幹線道路沿いのウクライナ軍駐屯地へ近づくとロシア国旗もウクライナ国旗も掲揚されていなかった。正門にはウクライナの国章がそのまま残り、中をのぞくとウクライナ軍の制服を着た兵士たちがいる。守衛の兵士に状況を尋ねると「平穏だ」とだけ答えた。「ここは今もウクライナ軍の基地か？」と聞いてみたが、「何も言えない」と口をつぐんだ。門からは兵士とみられる普段着姿の男たちが頻繁に出入りしている。撤退へ向けた準備をしているのだろうと私はにらんだ。

　シンフェロポリへ戻る道すがら、私は車窓から景色を眺め続けた。青空の下に広がる緑の草の丘、路傍でくつろぐ牛たち、ポプラ並木――。クリミアを巡っていると、初任地だった北海道を思い出さずにはいられない。風景だけではない。今、クリミアでは軍用車両の列をよく見かけるが、ソ連の侵攻に備えて自衛隊が手厚く配置された北海道でも珍しくはない光景だった。さらに、ロシア語ともウクライナ語とも異なる響きのクリミアの地名。長い歴史の中でギリシャ人やクリミア・タタール人が名付けたものだ。ロシア人がギリシャ風に付けた地名もあるという。北海道におけるアイヌ語地名を連想する。

＊　＊

　ロシアが制圧を完了したクリミアでは、本土への送還を希望するウクライナ政府軍兵士の登録作業が続いている。滞在四日目、彼らの胸の内を取材するため、イワンの車で半島南部の軍都セバストポリへ向かった。

ロシア国旗が掲げられたウクライナ軍基地内に登録所が設けられ、快晴の朝から大勢が詰めかけている。兵士は革ジャンパーなど普段着姿。トラブルが起きている様子もなく、事務的な雰囲気だ。担当者に聞くと、ロシア軍への所属替え登録も受け付けており、地元出身者を中心に約七割はロシア軍兵士としての勤務継続を希望しているという。

残留か本土か、兵士の思いはそれぞれだ。海軍のミサイル艦に乗務していたウクライナ系のオレクサンドル・ボンダレフ（二五）は本土送還を選んだ。仲間七人も一緒だという。

「僕は生まれ故郷が南部ヘルソン州。セバストポリでは二年半を過ごした。キエフの政変が起きるまではもっと長く軍で働いても良いと思っていたけれど、今はあと半年間の徴兵任期を終えたら民間人として暮らしたい。消防とか警備とかそんな仕事かな」

乗務艦は一週間前、ロシア軍に急襲された。全員、武器を置いて下船したという。

「こんなことは予測していなかったし、正直落胆した。五月の大統領選挙後には事態が落ち着くことを期待している。ロシアとはかつてソ連という一つの国だったし、兄弟国同士での戦争だけはあってはならない」。髪を短く刈り上げたボンダレフは表情を引き締める。

契約兵になって四カ月というクリミア出身のロシア系男性ビャチェスラフ（二五）はロシア軍への転籍を決めた。「父親も軍人で、僕はセバストポリで生まれ育った。今も家族と暮らしている。大事なのは安定して生活できることで、政治に関心はありません」

門番の若い兵士にも声をかけた。民族はウクライナ系だが、ロシア軍に所属を移して残留するという。「両親がモスクワに住んでいるので、クリミアがロシアになるなら残った方がいいと判断しました。それに、母語がロシア語でウクライナ語はあまり話せないから……」

クリミア産ワイン工場

明くる日、薄曇りで肌寒い朝を迎えた。半島南部の保養地ヤルタへ向かう。薄手のダウンコートを羽織って、イワンの車で出発。幹線道路を南下していると、軍用トラックの車列とすれ違う。沿道には住民投票への参加を呼びかける看板が残ったままだ。温暖なクリミアとはいえ、春の気配は薄い。梅のような白い花を見かけるぐらいで、道路沿いの林は冬枯れのままだ。広大なブドウ畑も現れたが、ブドウ棚を支えるコンクリート製の白い柱の列だけが目立った。畑の先には緩やかな山が連なる。ウクライナ本土やモスクワ周辺では見られない風景だ。

ヤルタを目指した理由はブドウと関係がある。観光を主な産業とするクリミアにおいて、もう一つ重要な産業がワインの醸造。ロシアへの編入後、この名産品はどうなってしまうのか――。海沿いの道を走るうちに、ヤルタ郊外の大規模ワイナリー「マッサンドラ」にたどり着いた。ロシア皇帝の肝いりで一八九四年に創設された。その本館は重厚な城のような石造建築で小ぶりな時計台も備える。

クリミア半島は雨が少なく、なだらかな丘の続く地形でワイン醸造に向いている。帝政ロシア領だった一九世紀後半から本格的に生産が始まり、ロマノフ王家御用達となった。ロシア革命後もその流れは途切れず、ソ連の中でも指折りの産地として知られた。プロレタリア文学の大家である文豪ゴーリキーも愛飲したという。現在も半島各地にブドウ畑が広がり、二〇一三年にはウクライナ全体の二割に当たる約六万キロリットルを生産した。

私たちの前に白衣姿の大柄な男性が現れた。勤続一〇年になるデザートワイン醸造の副部門長、ドミトリー・サビチェフ（三二）。彼が内部を案内してくれる。本館から地下へ降りると、延々と続く酒蔵にワイン樽が積まれている。サビチェフによると、この場所がワイナリーの地に選ばれた理由は水の良さと、海の近くで輸送に適していたためという。さらに奥へ進むと貴重な年代物のワインを保管しているエリアだ。鉄格子の扉の鍵を開けてもらい、中に入る。石造りの棚もボトルも緑灰色のカビにびっしりと覆われ、そのお陰でワインの品質が守られているという。ボトルに記された製造年がロシア史の出来事を連想させる。日露戦争が終結した一九〇五年、第一次大戦が起きた一九一四年……。古くは一七七五年産のワインもあった。

工場の大部分は石造で歴史を感じさせる一方、製造部門では金属製の巨大な樽も使用し、現代化している様子がうかがえた。ソ連崩壊以降、マッサンドラはウクライナの国立工場だったが、編入を受けてロシアが国有化するという。

二〇一三年のロシアへのワイン輸出ではウクライナは国別で第四位を占め、そのうち七割強はクリミア産だった。そのため、クリミアのワイン業界ではロシアでの販売拡大に期待する声が広がっている。サビチェフも「ウクライナ市場へ売るのは難しくなったが、その分をロシアで売ればいい」とこともなげに言う。ロシア側でもモスクワなど大都市の行政当局がクリミア・ワインを支援する方針を打ち出し、「愛国キャンペーン」の様相だ。ワイナリー取材の最後にワインを数種類試飲した。ロシア人が好む甘口が多く、アルコールを足した酒精強化ワインもある。私は複雑な気分でグラスを傾けた。

タタール人の苦悩

シンフェロポリに戻った私たちは、とある古い共同住宅を訪ねた。クリミア・タタール人の古老に話を聞くためだ。慎ましい暮らしぶりを感じさせる居間に通されると、タタール風のお菓子がテーブルにぎっしりと並べられ、甘い香りが漂っていた。老人の名はナリマン・カゼンバシ、八四歳。第二次大戦当時、ナチス・ドイツ軍が侵攻したクリミア半島で抵抗活動を続けたパルチザンの一人だ。白髪で分厚いめがねをかけ、勲章二十数個をつけたジャケット姿。タタール人の退役軍人組織代表を務めており、かくしゃくとしている。

ソ連のパルチザンだったナリマン・カゼンバシ（シンフェロポリ、2014年3月28日）

ソ連の指導者スターリンはクリミア解放後の一九四四年五月、タタール人がドイツ軍に協力したと疑って約二〇万人の民族を丸ごと半島から追放した。実際にはドイツ軍によるクリミア占領当時、タタールの中にはドイツ側についた者もいれば、ソ連側パルチザンとして戦った者もいた。つまり大半のタタールにとって「対敵協力」は濡れ衣だった。カゼンバシはパルチザン活動と強制移住の双方を経験した数少ない生き証人だ。

「私は一九三〇年、シンフェロポリで生まれた。母は共産党地区委員会の職員、父は民警捜査官。ドイツ軍が攻めてきた四一年、私はまだ一一歳だった」老人は記憶をたぐって語り始めた。侵攻当時、一家はバフチサライに住み、父親は既にソ連軍へ出征していた。ドイツ軍部隊が迫り来る直前、カゼンバシと母親、五歳年上の姉は森へと逃げ込んだ。別の共産党職員の一家と行動を共にした。印刷機と大量の紙を携え、三年にわたる地下生活が始まる。

母親の指示を受けて、少年は抗戦ビラや地下新聞を半島各地へ運ぶ役割を担った。捕まれば射殺されかねない危険な任務。本の中身だけを破り捨て、間にビラを隠して運んだこともあった。「怖くなかったと言えばうそになるが、あのころはゲームのように感じていた」。パルチザンの中では「ナリク」の活動名で呼ばれ、ドイツ軍駐屯地の偵察にもあたった。味方の砲撃の後で現場に入り、遺体が散乱している様子も目の当たりにした。

長い地下生活の間には、半島西部エフパトリヤ近郊のタタール村に潜伏したこともあった。ある日、ドイツ軍のトラック二台がやってきた。先頭車の荷台にはドイツ兵が乗り、もう一台は空っぽだ。到着すると間髪を入れずに、機関銃兵が村を包囲した。さらに軍用サイドカーが続々と到着する。「文字通り、ネズミのはい出るすきもなかった……」

ドイツ軍将兵は各戸から男性だけを集め、健康チェックを始めた。病弱な者を除いてトラックの荷台へ詰め込まれ、エフパトリヤに護送されていく。タタールの男たちは古いドイツ軍服に着替えさせられ、およそ一カ月後にはパルチザンとの戦闘に投入されていった。カゼンバシは「人狩り」の一部始終を目撃した。

「分かるかい？　そんな彼らがドイツ軍の志願兵部隊と呼ばれたんだ。強制による志願だよ。戦闘では先頭に立たされ、次がルーマニア人部隊、そして最後がドイツ兵だ。タタールの『志願兵』は真っ先に攻撃に遭う。そうした事情が我々パルチザン側に分かってからは、こちらの最初の一斉射撃は空へ向け、『志願兵』たちが伏せたら後ろのルーマニア兵とドイツ兵を撃つという作戦もとられた」

一九四四年四月中旬、ソ連軍の反撃でドイツ軍は敗退し、クリミアは奪還された。だが、タタールを待っていたのは強制移住という更なる苦難だ。パルチザンに参加したカゼンバシ一家も例外ではなかった。運命の五月一八日、旧知の将校は笑みを浮かべて言った。「命令により、すべてのタタールはクリミアを離れなければならない」

当時、一四歳だった。「家畜用の鉄道貨車に詰め込まれ、一九日間かけてウズベク共和国（現ウズベキスタン）へ送られた」

欠かさずつけていた日記は途中で没収されたが、地下生活で鍛えた記憶力で後に復元したという。過酷な道中、パンが二回、おかゆが一回配給されただけだった。出発三日後には早くも死者が出た。極東のソ連軍部隊にいた父親もやがて強制移住先に合流する。戦功で得た少佐の地位も勲章もすべて没収されてしまった。「向こうでの暮らしは厳しかった」老人は乾いた声で言う。

一家が再びクリミアに戻れたのは、ソ連崩壊直前の九〇年。名誉回復にも長い時間を要した。

＊　＊

クリミア・タタール人の間には、パルチザン活動以外でも対独戦で活躍した軍人がいる。最も有名なのはソ連軍パイロットのアメトハン・スルタン中佐（一九二〇年~七一年）。ソ連政府から「英雄」の称号を二回受け、シンフェロポリ中心部には名前を冠した広場もある。ロシアがクリミアの実効支配を進める中、タタールの苦難の現代史を描いた二〇一三年制作のウクライナ映画が改めて脚光を浴びていた。その主人公こそスルタンだ。

ロシアによる編入を「新たな苦難」と受け止めるタタール人は少なくない。そんな事態の到来を予想せず撮影されたのが、この映画『ハイタルマ』だ。タイトルはクリミア・タタール語で「帰還」を意味する。地元のタタール系テレビ局「ATR」の制作で、タタール人のアフテム・セイタブラエフ（四一）がメガホンをとって主演も兼ねた。

スルタンはヤルタ近郊のアルプカで生まれ育ち、若き日には鉄道工員として働く傍ら航空クラブで操縦の腕を磨いた。才能を認められて飛行学校へ送り込まれ、ソ連軍に入る。ナチス・ドイツ軍を相手取った空中戦では四九機を撃墜し、伝説的な存在となった。映画では、英雄として短期休暇で帰郷したスルタンの目の前で、祖国ソ連から貨物列車に追い立てられる同胞の悲劇が描かれた。バフチサライの鉄道駅で行われたロケには、地元の子供から老人まで一〇〇〇人以上がエキストラとして参加している。

一三年五月、映画が公開されるとクリミア駐在のロシア総領事は「タタール人の対敵協力の歴史を正しく反映していない」と言及し、物議を醸した。それでも、映画はクリミア編入直後という時期に、ロシア版アカデミー賞「ニカ賞」の旧ソ連諸国部門で受賞を果たす。監督のセイタブラエフはウクライナ紙の取材に「私のテーマは希望の発見。トンネルの先には光があると信じている」と語った。

スルタンについてカゼンバシに尋ねると「直接の知り合いではないが、たくさんの逸話を聞いている」と目を細めた。「エース・パイロットだったが、クリミア・タタール人ゆえの差別も受けている。三回目に『ソ連英雄』に選ばれた際には民族的出自を理由に取り消されたという史実がある」

私は最後に政治的な話題に踏み込んだ。

――クリミアのロシア入りをどのように考えていますか？

元少年パルチザンは眉間にしわを寄せ、重苦しい声で切り出した。

「それは説明が難しい。私はクリミアの退役軍人組織の幹部会メンバーであり、そこからも同じ質問を受けた。私が書いて送った返答はこうだ。『席について落ち着いて話し合うべきだ』。そして『兄弟のようにこの問題を解決すべきだ』と。だが、見ての通り、そうはならなかった。私が編入についてどう感じているか、説明しがたい。我が民族の者すべてが良い方向へ向かうことを願っている」

編入万歳のイワンが皮肉っぽく口を挟む。「少年パルチザンとして故郷を守った賢い人のおっしゃることだ！」

カゼンバシの眉間のしわは一層深くなった。私は質問を続けた。

――住民投票には行きましたか？

「いいや。私の家族は誰も行かなかった。各人が自分で決めなければならないことだ。私はどんな考えも尊重するし、私の考えも尊重してほしい。我々は非常に多くのことを体験してきた。それゆえ、現状では極めて慎重に行動すべきと思う。よく考えることだ」

シンフェロポリ中心部に戻った私は、イワンと別れ、一人で町を歩いた。交差点では交通警察官の隣に、自動小銃を持った目出し帽姿の軍人が立っている。特異な光景はそれぐらいで、表面上は日常が戻ったかに見える。大型スーパーに入ればモスクワ同様のにぎわいだ。今のクリミアでは目をこらして見なければ、ロシア編入に反対する人々は見えてこない。マクドナルドでコーヒーを飲みながら、元パルチザンの古老カゼンバシが語った言葉を反芻した。

＊　＊

滞在六日目の三月二九日、私は取材メモを整理しつつ新聞原稿を書き進め、夕方までホテル周辺で過ごした。クリミアではこの日の夜、これまで使ってきたキエフ時間から時計の針を二時間進め、モスクワ時間へ移行するという。ロシアへの編入を象徴する一つの出来事だ。生活の基準となる「時間」を変えてしまう。それによって半島のロシア化を一層進める狙いなのだろう。クリミアではソ連時代にもモスクワ時間が使われていた。

午後八時過ぎ、私は一人、シンフェロポリの駅前広場へ向かった。気温一度と冷え込む中、時間変更を記念するコンサートが始まっており、一〇〇〇人近い市民が集まっている。ロシア国旗を振る子供たちや音楽に合わせて踊る中高年のカップル。彼らにとってはお祭りなのだ。

やがて音楽が一段落し、クリミア共和国首相を務める親露派指導者アクショーノフが登壇した。

坊主頭の彼が「本当の時間への移行です。我々にとってはお祝いだ」とあいさつし、時計台へと観衆の注意を促した。見る見るうちに午後一〇時前を指していた時計の針が二時間進められ、「二〇日午前〇時」へと変更される。次いでロシア国歌が演奏され、「ウラー!」と歓声。新年を迎えたような盛り上がりだ。

「クリミアがロシアになって本当にうれしい。今日は歴史的瞬間だ。これから生活水準も倍は良くなるはず」ロシア系の男性(二八)は白い歯を見せる。元内務省職員というアナトリー・フェジュコフ(六九)は「最高だ。ソ連という我が家に帰った気分だ。ロシア政府に感謝している」と顔をくしゃくしゃにした。

喜ぶ人々の写真を撮りながら広場を歩き回っているうちに、私は駅舎の壁に小さな記念石板を見つけた。タタールの戦争英雄アメトハン・スルタンの顕彰碑だ。彼はパイロットになる前、シンフェロポリの機関車庫で働いていた。石板に彫り込まれた軍服姿の肖像は静かにほほ笑んでいる。この日、編入に反対の立場をとるタタールの指導層は民族大会「クリルタイ」を開き、クリミアでの民族自治を求める方針を決めた。国連などに支持を呼びかけている。私は明くる日、直行便でモスクワへ戻った。

覆面部隊の正体

クリミア編入宣言から約一カ月後の四月一七日、プーチン大統領はロシアの軍事介入があったことを認める。毎年恒例で生中継される国民とのテレビ対話番組で、視聴者から寄せられた質問に答えたのだ。

――あの若者たちは結局のところ誰だったのか教えてください。我が国の者たち（ロシア軍人）にとても似ていましたが。

「我々の課題は、クリミア住民が自由に意思表示できるための環境を保障することだった。戦車だとか、民族主義者の武装集団が出現しないように。それゆえ、クリミア自衛部隊の背後には当然、我が国の軍人たちがいた。彼らは非常に礼儀正しく、かつプロとして毅然と行動した。それ以外の方法では、公正で開かれた住民投票を実施するのは不可能だった。クリミアには二万人を超える（ウクライナ軍の）軍人たちが駐留し、武器や弾薬も保管されていた。こうした兵器が使用される危険から市民を守る必要があった」

　ロシア国内では、クリミアに出現した覆面部隊について「ヴェージリヴィエ・リュージ（礼儀正しい人々）」「ゼリョーヌエ・チェラベチキ（緑の小人たち）」と愛称が付けられ、編入を実現させた象徴的存在として人気を集めていた。彼らはやはりロシア軍人だった。

　後日、ロシア情勢に詳しい陸上自衛隊のある佐官が私の質問に答えて言った。「クリミアに現れたのは近接戦闘の特定訓練を受けたとすぐに分かる人たちだった。伝統的には兵士は半身で小銃を構えてきたが、今は正面立ちで構える。防弾チョッキの性能が上がったのでチョッキを前面にしたほうが安全だからだ。自衛隊もイラク派遣のころからこの訓練を取り入れている」

　軍事専門家の目からは、覆面部隊の正体は当初からほとんど明白だったのだ。あえてロシア軍の投入を認める発言をしたプーチンの冗舌さが印象に残った。

ウクライナ情勢を巡って米欧や日本から制裁を課されるなか、ロシアでは愛国的な風潮が高まっていく。「欧米のTシャツを無料で交換しよう!」若者受けを狙った草の根の反・制裁キャンペーンがモスクワで始まり、ちょっとした話題となった。英語のロゴ付きなど「西側」のTシャツを持ってきた人に、「制裁なんて怖くない」などとロシア語で書かれたTシャツを無料で渡す運動だ。発案者の女性クセニヤ・メリニコワ(二八)は「市民が自分の考えをTシャツで手軽に表明できるようにするのが目的です」と笑顔で語った。

プーチン政権に批判的な歌手や作家が糾弾されるといった社会の不寛容さも目立ってきた。ロシアのウクライナ政策に疑義を示し、反戦デモにも参加した人気ロック歌手、アンドレイ・マカレビッチ(六〇)は国内各地でコンサートが中止に追い込まれた。

国際人権NGO「ヒューマン・ライツ・ウォッチ」ロシア支部のタチヤナ・ロクシナ代表は指摘する。「対敵協力者を意味する『第五列』や『国家反逆者』という言葉が普通に使われている。政権批判のリスクはより高まっている」

第二章

親露派の武装占拠

ウクライナ東部の暗雲

古タイヤ、車のバンパー、鉄条網、土嚢（どのう）、机。そんなものが手当たり次第に積み上げられ、大人の背丈ほどのバリケードが出現している。二〇一四年四月九日、ウクライナ東部の工業都市ドネツク市。親ロシア派勢力が占拠するドネツク州政府庁舎は、雑然とした手作りの要塞と化していた。一一階建ての庁舎屋上にはロシア国旗が翻る。

灰色の壁のような武骨な庁舎の周辺は異様な雰囲気だ。目出し帽や防塵マスク姿の男たちが鉄パイプを持って歩き回り、警戒している。頭には工事用や炭鉱用のヘルメットをかぶり、服装は

親露派勢力が占拠したドネツク州政府庁舎（ドネツク、2014年4月9日）

ばらばらだ。彼らを支持する住民数百人も庁舎前の十月広場に集まっている。広場には演説が響き、「ロシア！」と連呼する声も聞こえる。キエフの暫定政権に入ったウクライナ民族主義者を意識し、「ファシズムを入れるな！」とのスローガンが叫ばれた。

庁舎の正面玄関上には、黒地に黄色の朝日を描いたドネツク州旗、正体不明の「コサック軍」の旗、地元の親露組織「ドネツク共和国」の黒青赤の旗。時々流れる音楽は革命歌「インターナショナル」やソ連国歌（ロシア国歌と同メロディー）、ソ連時代の人気歌手ウラジーミル・ビソツキーやビクトル・ツォイのヒット曲だ。地元の中高年にとっては懐かしのメロディーに違いない。キエフで政権を握った親欧米派を拒絶し、ロシアとの一体化やソ連への回帰を求めているようだ。

案内役を頼んだ地元紙の女性記者ヤナ・トカチェンコによると、庁舎を占拠する親露派活動家は数百人おり、警察官は遠巻きに見守っているだけという。覆面の男たちがうろつく横で、多くの市民は普段通りの暮らしを続けている。親露派の示威行動は市内中心部のごく一部にとどまっており、どこか非現実的でテーマパークのような光景に見えた。彼らを支持しない市民たちは好奇心を目に浮かべて通り過ぎていく。親露派が求めるのは「州の将来像を問う住民投票」の実施。クリミア半島での異変時との類似性を感じる――。

＊　＊

ロシアによるクリミア半島の一方的な編入が完了した後、今度はウクライナ東部の情勢が不穏になっていた。ドネツク州では四月六日に親露派勢力が州政府庁舎の占拠を始め、翌七日には「ドネツク人民共和国」の設立を宣言。その将来の地位に関して「五月一一日までに住民投票を実施する」と表明した。隣のルガンスク州でも親露派が「ルガンスク人民共和国」の創設を宣言する。クリミア同様、ロシアの編入強行まで行き着くのだろうか？

黒海に突き出たクリミア半島と違って、ウクライナ本土にあるドネツク、ルガンスク両州はロシアと地続きだ。既にウクライナ東部国境付近では数万人規模のロシア軍部隊が展開しており、事態の進展によっては両国の戦争になる可能性をはらむ。親露派による占拠開始から三日後の四月九日、私はドネツク市へ飛んだ。

モスクワからの直行便で到着したドネツク国際空港は旅客も少なく、がらんとしていた。真新しいガラス張りのターミナルビルは二〇一二年に、サッカー欧州選手権のウクライナ開催に合わせて建設された。市中心部へ向かうタクシーで、男性運転手に揺れる東部の将来について尋ねた。

「かつてのクリミアのような自治共和国になったらよいと思う。ウクライナでは西部の人間はろくに働かず、東部の製造業が国を支えている……」

車窓を流れる風景は個性に乏しいソ連的な街並みだ。カーキ色の古びた共同住宅が並び、トロリーバスが行き交う。ただ、国内有数の鉱工業都市とあって鉄鋼工場や石炭のボタ山が目に付く。そして中心部に入ると、巨大宇宙船のようなガラス張りの建築物が現れた。欧州でも有数の規模と設備を誇るサッカースタジアム「ドンバス・アリーナ」だ。こちらも〇九年オープンと新しい。

ドンバスとは、ドネツ炭田の略称だ。ウクライナ東部のドネツク、ルガンスク、ドニエプロペトロフスクの三州とロシアのロストフ州にまたがる巨大な炭田地帯を指し、ソ連では全国の石炭産出量の三分の一を占めたという。石炭を基盤に重工業が発達したエリアであり、ウクライナ東部の人々は誇りを込めて地元を「ドンバス」と呼ぶ。失脚した前大統領のヤヌコビッチもドネツク州の出身だ。

ドンバス・アリーナを本拠地とする地元チームは「シャフタール」といい、ウクライナ語で炭鉱労働者を意味する。だが、地元ファンは誰もがロシア語の発音で「シャフチョール」と呼ぶ。ウクライナにあって東部や南部はロシア語圏だ。そこがこの国の難しさにつながっている。空港とスタジアムは東部の百万人都市の経済力をアピールする。市中心部へ入ると、現代的な高層ビルもいくつか目に付いた。

占拠されたドネツク州政府庁舎

親露派が陣取るドネツク州政府庁舎。バリケードの内側にいるヘルメット姿の若い男性に質問を投げた。二三歳で無職という。

——あなたたちは何を求めているのか?

「僕らはより良い生活、より良い将来を求めている。みんなに仕事があって、まともな給料が払われ、物価もまともな将来だ。クリミア半島のようにロシアの一部になってほしい。そうなればうまくいく。僕の両親はロシア系だ。僕はウクライナ語も話せるが、ロシア語の方が楽。調理師の教育を受けていたが、体が悪くて退学した」

——経済状況が悪いから無職なのか?

「もちろんだ。現状を変えなければ。工場も炭鉱も次々閉鎖され、仕事を見つけるのは難しい。

人々はどこにも行き場がない」

　警備にあたるマスク姿の中年男性にも話を聞く。

――ドネツクの状況は？

「キエフで混乱が起きたとき、極右勢力の右派セクターは武装して建物を占拠した。我々も同じことをしている。この地域の自主性や、ロシア語を話す権利を守り通したい。ドンバスには製鋼や炭鉱といった産業があり、ウクライナ全土を養っている。我々は自治権を求めているが与えられない。キエフの暫定政権は絶対に認めないだろう」

――何を望む？

「経済的な自立だ。自分たちの税金がキエフに流れず、ここで活用されるようにしたい。ロシア編入も選択肢の一つだが、あまりそうしたくはない。ドネツクの炭鉱は設備が古く、ロシアにすればお荷物となってしまうだろう。ウクライナの人口は四千数百万人おり、そのうちドネツク州には五〇〇万人近くが住む。意見を無視して良いような数ではない。西部の人間は海外で働いて税金を払っていない。我々の税金が彼らを養っている」

　中央集権と税制に対する不満が強い。男性は次第に語気を荒らげた。

「我々について『州庁舎にいるだけで五〇〇フリブナずつ支給されている』などとウソ八百が吹聴されている。一コペイカだってもらっていない。それから、ここにいるのはウクライナ人だけでロシア人はいない！」

　私は質問を変えた。

——崩壊したヤヌコビッチ前政権下での暮らしは？

「彼には投票していない。ただ、ヤヌコビッチの下での生活は安定していた。今のウクライナはカオスだ。私の母語はロシア語。ウクライナ語を押しつけられるのはごめんだ」

——あなたたちが求める住民投票は行われるだろうか？

「そうあってほしい。ウクライナからの分離は求めないが、中央集権を改めてほしい」

——政府側が庁舎奪還に動く可能性も指摘されている。

「恐れていないし、抵抗するつもりだ。こちらには武器がない。あるのは水、食物、鉄パイプだけだ。銃撃されればロシアが介入するだろう」

庁舎占拠者たちの間でも意見の違いがあり、住民投票を求めている点では一致しているようだ。「武器はない」と語る足元には準備された火炎瓶。庁舎前広場の敷石は一部はがされ、投石用に積んである。地元記者のヤナは「銃器は秘匿され、一定数のロシア人活動家も混ざっている」とささやいた。

夕方五時を過ぎると庁舎周辺に酔っ払いが増えてきた。「ロシア！　ロシア！」「レフェレンドゥム（住民投票）！」興奮した人々の連呼が響く。バリケードには手書きの横断幕。「アメリカ、EU！　ウクライナから手を引け！」「母なるロシアよ、自らの子なるドンバスを救いたまえ」。ドラム缶のたき火から煙と焦げ臭いにおいが流れ、無料でビスケットを配る女性がいそいそと歩き回る。

やがて庁舎正面にドネツクの親露派リーダーの一人、デニス・プシリンが現れた。黒髪、垂れ目で口の周りに短いひげを生やした三二歳の男性だ。彼ら一派は「ドネツク人民共和国」を自称している。ワイシャツにノーネクタイという姿でマイクを握り、群衆をあおるように語り始めた。「インターネット上には大勢の扇動者がいる。『人民共和国は崩壊した、市民はいない』といった偽情報が流されている。信じてはいけない。我々は共和国を守り通す。事態は緊迫している。夜にかけてなるべく大勢で集まろう。我々が多数派であり、真実を守り通す覚悟があることを知らしめよう。ドネツク人民共和国、万歳！」

手慣れた調子のアジ演説に、集まった人々から「その通りだ！」と声が上がり、拍手も起きる。「ドンバス！　ドンバス！　ドンバス！」連呼で広場は熱気に包まれた。

バリケードの内側に入る

プシリンが引っ込んで興奮が落ち着いたころ、私たち海外メディアの記者とカメラマンはバリケードの内側、庁舎内へと案内された。親露派が建物内部の様子と幹部会議を公開するという。国際社会に自分たちの主張をアピールしたいのだろう。玄関を通る際、横の銘板を見ると「ウクライナ」と「州」の文字が青ペンキで消され、「ドネツク政府」と読めるようにしてあった。キエフの暫定政権はこの日、「四八時間以内の事態打開」を宣言している。急襲に備え、親露派側は庁舎各階の入り口にも机を積み上げていた。廊下には座って休む活動家たち。

二階に仮設された調理場で写真撮影を許された。十数人の女性たちがスープを煮込んでおり、床には缶詰、瓶詰めが山積みだ。住民からの差し入れという。「さあ、できあがったから運んでちょうだい！」女性の指示で男たちが動く。どこか解放区のような雰囲気もある。「前に見た光景だな」と記憶を探ると、前年の一二月、反ヤヌコビッチ政権のデモ隊が占拠したキエフ市庁舎の様子と似ていた。

二階のテラスへ出ると、庁舎の周囲をよく見渡せる。バリケードの内側はヘルメット姿の男たちがたむろし、外側には親露派を支持する住民たちがいる。合わせてざっと数百人。双眼鏡を手にテラスで見張り役を務めるのは大柄で坊主頭の中年男性だ。顔を隠していない。声をかけるとざっくばらんに語り始めた。

「私の役目は狙撃や急襲がないよう目を光らせること。もし庁舎が襲撃されたら、ここには大量の火炎瓶と爆薬があるから大勢の犠牲者が出るだろう。政権側もこのことは知っている。平和な話し合いが必要だ」。五二歳のワレリーと名乗るこの男性は、他の活動家たちが否定した武器の存在をあっけらかんと明かした。南に約一〇〇キロ離れた港湾都市マリウポリから駆けつけた。

「奴隷であり続けたくないから、権利を守るためにここへ来た。この庁舎内で役人たちがどれだけ税金を盗んできたことか……。盗人が解雇されても、また別の盗人がやってくる。奴らはぬくぬくとした場所で高給を得る。もうたくさん。ここは我々の土地だ。住民投票で市民がすべてを決めるべきだ」

政治家や官僚に対する強い不満。その点においては、キエフで政変を起こした市民と重なる。ただ、親欧米か親ロシアかという点で大きく異なる。

ワレリーは言う。「ロシアと一緒になるのが良い。ロシア人とウクライナ人は一つの民だ。一緒に戦い、暮らしていた。一つ、あなたに言っておきたい。米国人を信じてはいけない。ウクライナは独立後の二十数年にわたって米欧の言うことに従ってきた。まるで自分に脳みそがないかのように。その結果、国は混乱に陥ってしまった」

こわもての彼は、どこか浮かれた他の活動家とは違う雰囲気がある。「私は平凡な労働者だ。戦争はいらない。誰をも恐れはしない。だから名前を名乗るし、顔も隠さない」。今のところ、ドネツクの親露派勢力は必ずしも内部で考えが統一されていない混成部隊とみえた。

ドネツクの親露派幹部

午後六時過ぎ、庁舎最上階の会議室で親露派幹部約三〇人による会議が公開された。会議室の壁には黒青赤三色の「ドネツク共和国旗」が張ってある。旗の中央には双頭のワシ。ロシアの国章と一緒だ。長テーブルに年齢も服装もばらばらな幹部たちが座った。約三〇人の報道陣が入ると部屋はもういっぱいだ。

旗を背にリーダー格のプシリンが切り出す。「庁舎への襲撃は今夜あるかもしれない。我々の運動は保持しなければならない」。幹部たちも思い思いにしゃべる。「キエフの暫定政権に正統性はない……」「最良の道は平和的な分離だ……」

会議終了後、各国記者がプシリンを取り囲み、質問を投げた。

――ロシアとの関係は?

「我々はロシアへの編入の可能性も排除しない。兄弟民族だからだ」

――あなたたちはロシア政府の操り人形だと言われているが。

「ウクライナのテレビ局は、この庁舎にいるのはカネで雇われた人々やロシア人と報じている。直接尋ねてみればいい。カネなど一コペイカも払われていない。私は地元の人間だ。身分証を見せてもいい」

――計画している住民投票は？

「五月一一日までに実施する。隣のルガンスク州、ハリコフ州とも日程を調整することになるだろう。投票の質問項目はシンプルだ。この地域が国家主権を確立することに賛成か反対か」

――五月下旬のウクライナ大統領選挙はドネツクでは実施されないのか？

「市民はボイコットするつもりでいる。ウクライナの大統領はもはや我々とは関係ない」

続けて、ロシア人記者が尋ねた。

――なぜロシア政府の代表者がここにはいないのか？

「我々はクリミアと同じ道筋を進んでいる。ただ、国境のあり方や歴史、経済的つながりなど、クリミアとは異なる。ロシア政府の立場はまだ聞いていない」

――キエフの政権は「四八時間」の最後通告を出した。受け止めは？

「防御の準備はできている。襲撃の一報があれば市民は庁舎を取り巻き、友人、知人を電話で呼び出すだろう。ここに武器はあるかって？　あなたはどこで何を見たというのか。私はそんな話は知らない」

プシリンは「地元住民による自発的な分離独立運動」と強調する。だが、率直に言ってどこかうさんくさい。

地元記者ヤナ・トカチェンコがその理由を端的に明かした。「プシリンは以前、ネズミ講組織の役員だった。それから、さっきの会議に議員は一人もいない」

ヤナの情勢解説に耳を傾ける。「地元住民の大多数にとって一番大事なのは給料と年金がきちんと支払われること。だから、キエフの暫定政権はまず経済政策に取り組むべきでしょう。ヤヌコビッチは国を捨てて逃げたけれど、ここでは今も彼の政権の方がましだったと考える人が多い。ドンバスはロシアと経済的にも文化的にも関係が深く、ウクライナの他の地域とは異なるという住民の認識がある。ただ、ソ連時代を記憶する高齢者の多くが強い親ロシア感情を抱いている一方で、若者には親欧米派が少なくない」

――親露派による庁舎占拠は今後、どう発展するだろう？

「騒ぎはもうすぐ収束し、住民投票も実施されないと私は思う。クリミア半島では急速に事態が進展したけれど、こちらはそうでもない。ロシア軍が介入することはないと思う。介入の理由がないから……。ドネツクには非公式の『オーナー』がいる。それはタタール人のオリガルヒ（新興財閥）、リナト・アフメトフ。彼は数多くの鉱山、工場を所有し、富豪のランキングにも載っている。今回の騒ぎはビジネス上の利害対立との見方もある。アフメトフはウクライナの暫定政権を支持し、交渉を呼びかけている。ただ、親露派ともつながりがあると言われている」

現代のウクライナでは新興財閥の数々が政財界で重要な位置を占めている。それぞれがメディアを傘下に収め、政治に対する大きな影響力を有する。エリツィン時代のロシアとやや似た状況であり、プーチン周辺に権力が集中する現在のロシアとはまったく異なる。炭鉱労働者の一家に生まれたアフメトフは国内トップの大富豪で、ヤヌコビッチの後援者でもあった。

ヤナは地域の言語状況についても語った。ウクライナではヤヌコビッチ政権下の二〇一二年、ロシア語話者の多い地方でロシア語を地域の公用語とする法律が制定された。ところが政変後の暫定政権は当初、この法律を廃止する動きを見せ、東部やクリミア半島で大きな反発を招いた。

「ドンバスでは九割がロシア語話者なので、住民の怒りを呼んだ」と彼女は言う。

「公的な言語はウクライナ語だけれど、たとえば映画館に行けばロシア語で上映されている。裁判はウクライナ語で進むけれど、裁判長はロシア語で質問する。公務員もロシア語ベースで働き、公的な場面でのみウクライナ語を使う。学校はロシア語とウクライナ語のクラスを選べる。ロシア語を選ぶ子供が多い」

日が暮れた後も、親露派が占拠する庁舎前の広場には一〇〇〇人近い住民が集まっていた。広場に据えられたテレビはロシアのニュース番組を流し続けている。食料を差し入れる女性など人の出入りは多く、棍棒を持った男たちが目を光らせている。

難しいのは統一リーダーがいないこと

ドネツク二日目の四月一〇日――。ヤナと私は朝からドネツク市役所へ向かった。セルゲイ・ボガチェフ副市長がインタビューに応じるという。市役所は親露派に占拠されておらず、通常通りの様子だ。執務室に私たちを迎え入れたボガチェフはスーツ姿で、左の襟にはウクライナ国旗のバッジをつけている。彼は親露派との交渉メンバーの一人だ。

「日曜日だった六日に州政府庁舎が占拠されてしまった。月曜には保安庁も占拠され、武器が一部流出した。私たちは対応に動き出し、占拠者たちと折衝もしてきた。彼らはキエフの暫定政権に対する不満を語り、財政面での要求もあった。こちらからは武器を戻し、庁舎を明け渡すよう求めている。難しいのは彼らに統一リーダーがいないことだ。考えもばらばら。まずは対話が必要だ。現在、州庁舎内には約二〇〇〇人がいる」

めがねをかけ、能吏といった印象のボガチェフは淡々と語る。政権が設定した明け渡し期限は明日午前に迫っている。

――強制排除は実施されるのだろうか？

「ウクライナの統一性を保ち、紛争を回避するには強制排除をしてはならない。彼らは『最後まで占拠を続ける』と言っており、強制排除では解決しない。もし彼らの求める住民投票が問題解決に資するなら、実施する意味はある。五月二五日には大統領選挙が予定されている。同日に実施すれば良いのではないか」

――住民投票の質問項目はどんなものになるだろうか？

「彼らの中でも色々言われている。地方分権や連邦化という案もあれば、分離独立を問うとの案もある。対話を続ければ一致点を見いだせるだろう。社会学者の調査によると、ドネツクでロシアへの編入を望む住民は一八～二五％程度にとどまる」

――北隣のハリコフ州では二日前、州政府庁舎を占拠した親露派活動家が強制排除された。

「ハリコフでは占拠者の人数が少なかった。こちらは数日経ったために内部に大勢の人がいる。火炎瓶も用意され、徹底抗戦ムードだ。女性や高齢者も多く、排除すれば犠牲は避けられない」

浮かない表情の副市長と別れ、カフェで情勢記事を書き上げた後、州庁舎の様子を見に行った。広場には今日も一〇〇〇人近い人々が集まり、興奮した雰囲気だ。ヤナはすかさず「写真は撮らないほうがいい」と耳打ちした。そのまま近くのドネツク国立大学へ足を進めた。学生数約一万人の総合大学だ。校舎前にたむろする男子学生の一人に話を聞いた。政治学科二年生のアンドレイ・ベズグルイ（一九）。歯切れ良く自身の考えを語る。

「僕の個人的意見ですが、ドネツク州はウクライナ領でありつづけるべきです。状況を悪化させる分離主義的な呼びかけは排除されなければ。住民投票も連邦化も実施されれば国の分裂を招く。いま大事なことは五月の大統領選まで国をしっかりと支えることだと思います」

——連邦化に反対する理由は？

「各州がばらばらになり、東西の分断がいっそう進むでしょう。経済的にも利点はないと思います」

——では、ウクライナは欧州とロシアのどちらと接近すべき？

「欧州ですね。私たちは新しいものを必要としている。ロシアはウクライナと変わりませんから。ただ、隣国であるロシアとの友好や経済関係は維持したら良いと思います」

周りで様子を見守る数人の仲間も異論はない様子で、アンドレイの話に時折うなずいていた。ヤナが語った欧米志向の若者たちの存在を確認し、いったんホテルに戻った。

プーチンの永続不安定化策

午後三時、ドネツク大教授のイーゴリ・トドロフが約束通りホテルのロビーに現れた。白髪、スーツ姿で研究者らしい雰囲気がある。専門は国際関係。ロシアに編入されたクリミア半島とドンバスとの違いや、国境沿いに大量の軍部隊を展開しているというロシアの狙いについて、地元専門家の見解を聞きたい。

トドロフはソファに浅く腰掛け、語り始めた。

「クリミアで起きたことと、ドネツクなど東部で起きていることは、外見上似ているが実態は異なる。クリミアでは多くの住民が強い親露感情を抱いていた。だが、東部では分離独立やロシア編入まで求めていた勢力はほんの少数派に過ぎず、彼らは選挙にも参加してこなかった。クリミアでは武装勢力の存在を背景にしながらも、議会の多数派が住民投票の実施を決定して一応の正統性を与えた。ドネツクで同じことは起こしようがない。そこで、州議員でもない親露派活動家が州政府庁舎を占拠し、何の正統性もない『ドネツク人民共和国』なるものを創設したのだ」

ドネツク大教授のイーゴリ・トドロフ（ドネツク、2014年4月10日）

険しい表情の教授は続けて重要な指摘をした。

「今起きていることはロシアの特殊工作とみて間違いない。プロの扇動家や組織活動家が大勢入り込み、地域の非主流層を動かしている」

――扇動家がロシアから?

私は思わず声を上げた。トドロフはうなずく。

「もちろんだ。ヤヌコビッチ政権下でこの国は段階的にロシアに侵食されてきた。ウクライナ東部の治安機関幹部は、ロシア連邦保安庁(FSB)の強い影響を受けるようになり、彼らはロシアのエージェントと言っても良いほどだ。親露派が早い段階で治安機関の庁舎から銃器を強奪できたのは、当の幹部たちがそれを許したからとしか考えられない。占拠された庁舎内にドネツク州の住民はいるが、ドネツク市民はほとんどいない。経済的に不遇な近郊の炭鉱町の住民や、ソ連時代への郷愁を抱く年金生活者ばかりだ。彼らは現代のロシアにソ連を重ね合わせている。州庁舎から一〇〇メートルも離れれば、普段通りの市民生活が続いていると分かるだろう」

確かに、教授の指摘は私も自ら確認したことだ。レクチャーはさらに続く。

「私の大学の同僚が今年三月末にドネツク市で実施した社会意識調査によると、分離主義への支持率は約一〇%だった。二月の調査では親露感情を抱く人々の割合は三三%で、全体の三分の二は統一されたウクライナを支持している。ちなみにクリミアでは四二%が親ロシアで、やはり過半数ではなかった。ドネツクの住民の大半は大きな変化を望んでいない。もしロシアへの編入が広く支持されているならば、もっと大勢が州庁舎に集まっているだろう。現実には庁舎の周辺以外には分離主義の支持者は存在しない。

別の同僚が昨夏に実施した調査では、五五歳以上のドネツク市民の六割は『自分はロシア系だ』と認識している。一方、一八歳から二五歳の若年層では七五%が『自分はウクライナ人』と認識している。私も民族的にはロシア系だが、ウクライナ人と自己認識している。複雑だがそういう実態がある」

トドロフの説によれば、経済状態や年齢層の違いが親露か親欧米かという志向の違いにつながっているようだ。話は今後の展開に向かった。

「ロシアは来るウクライナ大統領選を意識している。ドネツクなどで選挙が実施できなければ、新大統領の権威が損なわれるからだ。そして、プーチン政権の狙いは東部の編入ではなく不安定化だと私は見ている。編入を支えるだけの財政的余裕がロシアにはないし、編入を強行すれば欧米によるエネルギー分野への経済制裁など大きな代償が伴う可能性が高い。ロシアはウクライナを不安定な状態に保つことで、圧力をかけ続けられる。プーチンの意図はウクライナを事実上の属国にすることだ。欧米や日本など各国政府には、ウクライナを守ることは自分たちを守ることだと理解してほしい」

トドロフに礼を言って送り出した後、ホテルのレストランで早い夕食にボルシチを食べ、疲れて午後八時過ぎまで眠ってしまった。案内役のヤナから電話があり、目を覚ました。「明日は午前九時にヤツェニュク首相がドネツクに来る。記者登録しておく」と告げられた。

経済的不満

ドネツク三日目の四月一一日――。曇り空で朝から冷たい風が吹いている。ホテルにヤナたちが迎えに来た。彼女の仕事仲間、アレクサンドル・フドチョープリが車を運転してくれる。通称、サーシャ。フランス通信（ＡＦＰ）の特約カメラマンだ。目指す産業会館に着くと二〇〇人近い報道陣が集まっている。緊迫した事態を打開するため、首相のヤツェニュクら暫定政権側と東部の各州知事、市長らによる緊急会議が開かれる。午前一〇時過ぎ、人でいっぱいの大広間で会議が始まった。

ドネツク州知事のタルタは「人々はより良い生活を求めている。最大の課題は貧困だ」と強調する。ドネツク市長ルキヤンチェンコは地方分権の必要性を語り、五月の大統領選と同時の住民投票実施を提案した。副市長が話していた解決案だ。

対するヤツェニュク首相は国内におけるロシア語の準公用語扱いを守ると約束し、「地方の住民投票に関する法律を国会で可決する必要がある」とやや踏み込んだ。政権側はこの一一日午前中を期限に州庁舎からの強制排除実施も辞さない構えだったが、交渉継続へと方針転換した。治安部隊による強制排除が行われれば大規模な衝突となることが予想される。一カ月半後に大統領選挙を控える中、犠牲者が出ればロシアに介入の口実を与えるとの危惧があるのだろう。

産業会館を出た私たちは今日も州政府庁舎へ向かった。強制排除に備えて増強されたバリケードをくぐって庁舎内に入ると、出入りの際の身元チェックが厳しくなっている。

庁舎一階の廊下で座り込んでいる女性に話しかけた。年金生活者のエカテリーナ（六八）。「私は四七年間も炭鉱で働いてきたのにウクライナの年金はスズメの涙ほど。家賃や光熱費、食費のほかに一切手元に残らない。食事はパン一かけとお茶だけよ。私たちは分離主義者でも過激派でもない。私の親族はみんなロシアに住んでいる。兄弟国家のロシア、ウクライナ、ベラルーシが一緒になったらいい。欧州なんて必要ないのよ」

――ソ連時代はいかがでしたか？

「あのころの方がずっと良かった。パンも牛乳もソーセージもみんな安くておいしかった。今や私たちには何もないの。だからここにいるのよ。私たちが稼いだお金の七割はキエフに行ってしまう。これを変えなきゃ。将来的にはロシアへの編入を希望するわ」

東部の知事、市長らとの会議に臨んだヤツェニュク首相（ドネツク、2014年4月11日）

隣町マケエフカから来た炭鉱労働者という四十代男性も息巻いた。「ここにいるみんなの思いは一つだ。ロシア編入しかない。今より悪くなることは絶対にない。勝利を得るまで占拠を続ける」。何人かに話を聞いて外へ出た後、同行したヤナの上司マクシムは私にささやいた。「庁舎内では、ロシア人とみられるアクセントの人間が多い」。私にはそこまで区別はつかなかったが、ドネツク市内で平均以上の暮らしをしている市民はほとんど加わっていないと見えた。経済的不満を抱える近郊の炭鉱労働者や年金生活者が続々と集まっている。

広場では相変わらずテレビが大音量でロシアのニュースを流していた。親露派はこの日の幹部会議で「キエフの暫定政権は正統性を欠く」と交渉拒否の方針を決めた。政権側の譲歩姿勢を拒絶する裏には何があるのか。ウクライナ東部の不安定な状況は当面終わらないと私は悟った。

分離反対派のシュプレヒコール

ドネツク四日目の四月一二日——。目を覚ますと早朝から親露派の動きが活発化していた。ドネツク市内では午前六時ごろ、約四〇人が検察庁舎になだれ込み、扉や家具を破壊し、警官隊が駆けつける前に逃走したという。一一時ごろに私たちが現場を訪れると、大盾を構えた治安部隊約五〇人が正面玄関前に並んで再度の襲撃を警戒していた。ドネツク市の北方約一〇〇キロの町スラビャンスクでも新たに市庁舎や警察庁舎、治安機関庁舎が占拠されたという。前日に妥協案を示した暫定政権の働きかけを歯牙にもかけないようだ。

一方で、この日、親露派や分離主義に反対するドネツク市民が目に見える行動に出た。午後二時過ぎ、中心部のショッピングモール前にウクライナ国旗を手にした数百人が集まった。見たところ若者が多い。花輪を頭に飾った女性たちもおり、明るい雰囲気にしようと努めている。国旗カラーの横断幕を手に一列になって幹線道路沿いを練り歩き、シュプレヒコールを上げた。「ドネックはウクライナ!」「東と西は一つ!」「ウクライナに栄光を!」黄と青の横断幕が風に膨らんだ。ウクライナ国旗を掲げた車が数台通りかかり、連帯の意志を込めたクラクションを鳴らしていった。

行動に参加した三四歳の女性ガリーナは言う。「ウクライナは一つであるべきです。ロシア国旗は州庁舎に掲げるものではない。住民投票も必要ありません。暫定政権は市民の声を聞き、事態を収束させてほしい」

今度はロシア国旗を掲げた車が次々やって来る。車中の人々はデモ隊へ中指を突き立て、敵意をあらわにした。道路の向かい側には覆面の男たちが監視するように立っている。歩道の傍らでは両者の口論も起きた。それでもシュプレヒコールは続く。「ドネツクはウクライナ!」ウクライナ国歌の合唱も始まった。

「親ウクライナ派」と称される市民の行進は、親露派との衝突を避けるため三〇分ほどでお開きとなった。分離主義にはっきりと「ノー」を唱えたデモの光景は強い印象を残した。

この日は親露派側の動きがさらに続く。午後三時過ぎ、地元記者のヤナがつかんだ情報を元に私たちは州警察本部へ急いだ。本部庁舎前には覆面の男たちや親露派住民が一〇〇〇人近く集結していた。旧ソ連の赤い国旗を掲げる者もいる。州警察トップの辞任を要求しているという。庁舎内で交渉が続く中、外では正体不明の活動家によるアジ演説が群衆をあおる。「警察は市民の側へ!」と声が上がった。親露派側は「明け渡しに応じなければ、住民をなだれ込ませる」と警察側を揺さぶっているという。

緊迫した現場に突然、治安特殊部隊ベルクトの小隊がバス一台で到着した。ベルクトはキエフで反政権デモの鎮圧に動いた精鋭だ。青みがかった迷彩服とベレー帽をかぶった大男たちが続々と降りてくる。リーダー格が拡声機を手にした。「我々はキエフの指示には従わないと決めた。市民に立ち向かうことはない。パニックを起こさないように」。親露派への同調宣言だ。集まった人々は「ウラー、ベルクト！」と拍手喝采。私は、ドネツク大教授のトドロフが「東部の治安機関幹部はロシア連邦保安庁の強い影響下にある」と言っていたのを思い出した。

やがて玄関に警察トップが現れて辞意を表明した。ヘルメットをかぶり、大盾を持った警官たちが硬い表情で次々と出てくる。「ロシア！」「警察は人民と共に！」群衆が叫ぶ。庁舎玄関に「ドネツク人民共和国」の旗が掲げられた。警察本部までもが占拠された瞬間だった。庁舎前を埋める人々は勝ち誇った表情だ。そのはるか上空をウクライナ空軍機とみられるスホイ戦闘機が飛び去っていく。この日、北部スラビャンスクをはじめとする州内の複数の都市で行政や警察の庁舎が占拠されていった。親露派の勢いは増している。

内戦の恐れ

ドネツク五日目の四月一三日――。日曜を迎えた。まずは市内中心部の様子を見に行く。ハンドルを握ったカメラマンのサーシャは「まるで十月革命の再現だ」とぼやいた。キエフの政変が帝政を倒した一九一七年の二月革命ならば、ドネツクの異変はボリシェビキによる十月革命という見立てだろうか？

中心部を移動すると、親露派の影響圏が州庁舎から周辺へじわじわ拡大している様子が感じられた。レーニン広場や目抜き通りの広告パネルがどれも「ドネツク人民共和国」のポスターに変わっている。黒青赤の三色旗カラーがいやでも目に入る。市民の反応はさまざまだ。ポスター前に立って笑顔で記念撮影する男性もいれば、関心なさそうに通り過ぎる家族連れも。広場には子供用の貸し遊具が並べられ、のどかな休日の雰囲気もある。旗竿を担いだ親露派活動家はサーシャの注文で何度も歩道を行き来させられ、格好の被写体となった。

正午過ぎ、州庁舎前で集会が始まる。小雨の中でも一〇〇〇人ほどが集まっており、中高年の姿が目立つ。ロシア国旗を手にした人々もいる。バリケード内側の演台には正教の聖職者も登壇し、群衆を鼓舞した。続いて意気盛んなアジ演説とシュプレヒコール。「ここに立つ炭鉱労働者、女性、すべての労働者に栄光を！」「ドンバスに栄光を！」

＊　＊

ウクライナ東部は炭鉱を中心とした工業地帯だ。世界有数のドネツ炭田があり、炭鉱労働者はざっと二〇万人に上るという。彼らの考えを知りたい。私はヤナに頼んで労働組合幹部へのインタビューを取り付けた。

一万二〇〇〇人が所属する「ドンバス鉱山労働者独立労組」委員長のニコライ・ボリンコ。レーニン広場からほど近い事務所を訪れると、黒ジャケット姿のボリンコがへの字口で私たちを迎えた。がっちりとした体格で白髪を短く刈り込んでいる。執務机の片隅には小さな労組旗とウク

ドンバス鉱山労働者独立労組委員長のニコライ・ボリンコ（ドネツク、2014年4月13日）

ライナ国旗。親露派の動きに賛同していないのは明らかだ。太い指でペンをいじりながら、状況を語り始めた。

「採炭業をはじめとする東部の重工業が我が国にとって重要なことは言うまでもない。仮にウクライナ東部がロシアに編入された場合、炭鉱は閉鎖されていくだろう。ロシアは既に一部の国内炭鉱を閉じている。ウクライナの炭鉱はロシアのものと比べると、採炭原価が三倍かかるなど効率面で大きく劣るからだ。だが、ウクライナにとってドンバスは重要だ。三〇〇年間、石炭の香りが絶えたことはない。いま炭鉱を止めてはならない。止めたら終わりだ」

親露派は炭鉱労働者の大半が自陣営に加わったとアピールしている。その点はどうなのか？

「炭鉱労働者は特別な人々ではない。他のみんなと同じように日々、ロシアのテレビ局によるプロパガンダにさらされている。よその労組のトップはヤヌコビッチ与党の地域党幹部で、もともと親露的だった。残念ながら親露派についた組合や労働者もいる。だが、占拠された庁舎周辺にいるのは鉱山用ヘルメットをかぶった偽者がほとんどだ」

最後にボリンコは重々しく言った。

「現在、とても危険なときを迎えている。ヤヌコビッチが国政をゆがめてしまったせいで警察は市民を守ろうとしない。暫定政権が東部全域で親露派を制圧できなければ、分離運動に反対する我々市民は自ら戦うしかなくなる」

ホテルに戻り、私はウクライナとロシアの報道をチェックした。この日、政権側はドネツク州北部スラビャンスクで治安部隊による親露派の強制排除に着手。両者間の戦闘で二人が死亡、九人が負傷した。東部の衝突で初めての死者だ。キエフのトゥルチノフ大統領代行は大規模な「対テロ作戦」の開始を表明し、「明日、一四日午前九時までに占拠した庁舎を明け渡した場合は処罰しない」との指令を出した。だが、親露派側に応じる気配はない。

住民を巻き込んだ内戦の恐れが高まってきた。政権側は、親露派勢力が保有する自動小銃などの装備を基にロシア工作員の関与を断定している。トゥルチノフは「ロシアにクリミア半島のシナリオを繰り返させはしない」と宣言した。

通告期限

ドネツク六日目の四月一四日——。月曜日は朝から霧だった。午前九時、政権側が庁舎明け渡しと投降を求めた「最後通告」の期限が到来したが、強制排除は見送られたようだ。私たちは中心部にそびえる灰色の州政府庁舎へ向かった。

十月広場ではソ連時代の軍歌やロシア国歌が大音量で流され、炭鉱労働者用のオレンジ色のヘルメットをかぶった集団など親露派住民約三〇〇人が集まっていた。普段よりはずっと少ない。各人の胸には、ロシアで愛国主義を象徴する黒とオレンジの横縞の「ゲオルギーのリボン」があ

会議に臨む指導者のデニス・プシリン（中央）ら親露派幹部（ドネツク、2014年4月14日）

った。このリボンは帝政ロシア時代から戦功勲章に添えられ、旧ソ連諸国では第二次大戦における「ファシズムに対する勝利」の象徴として知られる。だが、ウクライナではキエフでの政変以降、クリミアや東部で親露派側がシンボルとして使っている。これに対抗する市民が身につけるのは、ウクライナ国旗と同じ黄と青のリボンだ。

　親露派が再び幹部会議を公開するというので、庁舎内へ入った。一階には「欧米はウクライナから手を引け！」と大きな張り紙があり、ガソリンなど必要物資の寄付を呼びかけるポスターも目立つ。治安部隊の急襲に備え、庁舎内外に医務室や救急用テントが新設されていた。ここでの活動家たちは表向き銃器を持たず、金属バットや鉄パイプを手にしている。

　一〇時過ぎ、最上階に幹部五〇人ほどが集まり、会議が始まった。「平和な市民への軍事攻撃が行われた。これは犯罪だ」。前日にスラビャンスクの衝突で二人死亡したことを受けて幹部会議は政権への非難で始まり、次いで最近の戦果が誇示された。「電気、水道などインフラ施設や空港、駅も管理下に置いた」「複数の軍駐屯地や警察から帰順を誓う電話もかかってきている」。引き続き州内全域の行政機関に寝返りを求めていくとの方針が打ち出された。

リーダー格のプシリンは遅れて会議に参加し、「敵方による扇動が行われている。情報戦が拡大している」と訴えた。会議後、記者団の質問に応じた。

――午前九時にキエフ側の最後通告の期限が切れた。政府軍が侵攻してきたらどうする？

「まあ様子をみてみよう」

――ロシア政府の動きは？

「支援を求めているが、まだ回答はない」

――ウクライナ大統領選はどうなる？

「大統領選はドネツクでは存在しえない」

――住民投票は？

「日程はまだ決まっていない。いくつか案があり、いずれにしても五月一一日までに実施する。ルガンスク州やハリコフ州でも実施されるだろう。すべては住民が決める」

＊　　＊

夕暮れどき、州庁舎から一キロほど南に位置する貯水池を訪ねた。遊歩道が整備され、市民の憩いの場だ。橋のたもとの広場に数十人が集まっている。平和を祈る宗派を超えた集会という。中心メンバーであるキリスト教プロテスタントの牧師セルゲイ・コシャク（三八）に趣旨を尋ねた。「私たちは平和のためにウクライナ国旗を掲げ、四〇日以上、毎夕の集会を続けています。

カトリック、プロテスタント、正教、イスラムもみんな加わっている。神は一つです。目的は平和と統一ウクライナの保持。状況は危うくなってきている。だが、市民が希望を抱き続けられるよう、ここに立ち続ける」

広場の片隅にはテントが設営され、集会への参加を呼びかける大判のポスターが掲げてある。ウクライナの地図が描かれ、「平和と愛と国家統一のために」とある。親露派にとっては至って目障りなのだろう。この日だけで四回も威嚇しに現れ、空気銃を持った男たちが国旗を引きずり下ろしたという。

午後六時、祈りが始まる。約七〇人が輪になり、賛美歌を歌う。胸にはウクライナ国旗カラーのリボン。各宗派の聖職者が説教と祈りを捧げ、人々は「アーメン」と繰り返す。天を仰ぎ、両手を高く掲げて、祈りは熱を帯びていく。「ウクライナに平和を！　神に栄光を！」

空高くでツバメが飛び交い、さらに上空をヘリコプターが二機飛んでいく。見上げると白い満月が浮かんでいた。

私とヤナはその足でサッカースタジアム「ドンバス・アリーナ」へ向かった。宇宙船のような巨大建造物は青い電飾で夕闇に浮かび上がっている。地元チーム「シャフタール」の売店は通常の営業を続けており、ユニホームなど応援グッズが豊富に並ぶ。チームのマスコットは炭鉱用ヘルメットをかぶったモグラ。私は小さなマグネットを一つ買った。

親露派を強制排除

ドネツク七日目の四月一五日――。今日も朝から霧だ。街は灰色に沈んで見える。午前一〇時過ぎからの市長の記者会見へ向かった。大統領が任命する知事とは異なり、市長は公選制だ。現職のルキヤンチェンコは二〇〇二年に初当選し、在職は一〇年を超える。市民からの信頼が厚く、親露派も市庁舎は占拠していない。会見に先立って市内の優秀学生の表彰が行われた。市役所内にいると何の異変もないように錯覚してしまう。

「……深刻な状況だが街の公共の業務は動いている。道路工事も続いているし、警察は治安を守っている」。スーツ姿で白髪を七三分けに整えたルキヤンチェンコは落ち着いた口調で会見を始めた。「私たちは州庁舎内の活動家と交渉を続けている。多くの住民が求めているのは、知事公選制導入などの地方分権だ。なんとしても平穏を守りたい」

地元記者たちが質問を投げる。

――ウクライナは統一されてあるべきか？

「もちろんだ。現下の状況に素早く対応することが必要だ」

――市庁舎が占拠される恐れは？

「市は自由で民主的な体制にある。彼らとは対話できると考えている」

――州内ではいくつかの市町村が親露派に占拠された。

「汚職や地域経済の不公正が影響していると思う。そういった町では多くの住民の心に不満が蓄積されていたのだろう」

――なぜこの市庁舎は占拠を免れているのか？

「市の行政は人間の生から死までを扱い、市民にとって必要不可欠だ。占拠されるべきではない」

＊　＊

市役所を出た私たちはレーニン広場近くの建物へ移動した。親露派の動きに反対する「ドンバス愛国勢力委員会」の記者会見を取材するためだ。委員会は、三月中旬に親露派と反対派の衝突で一名の死者が出たことを受けて、直後に結成されたという。暫定政権の中心政党「祖国」、元ヘビー級ボクサーのビタリ・クリチコ率いる政党「ウダル」など主要政党の地方支部のほか、非政府組織や宗教団体が加わっている。立場の違いを超えて、ドネツクにおける秩序の回復、国家の統一維持、人権と自由の保護などを希求する集まりだ。ウクライナ国旗を正面に掲げ、小政党「ウクライナ民族党」代表のクリメンコら四人が会見に臨んだ。

「我々はあさって一七日午後六時からレーニン広場で一万人集会を計画している。世論調査によれば、ドネツク市民の六五％はウクライナ国民として暮らしたいと考えている。ロシア支配下で暮らしたい人は一八％に過ぎない。その少数派が武器を手にしている。多数派の存在を目に見える形で示し、民主主義とウクライナの統一を守る必要がある。市民には親露派に対する恐怖感があるので、警備要員として一〇〇〇人を動員する予定だ。我々に恐れはない。炭鉱労働者は事故があっても家族を養うために働く。それと同じこと。支持政党にかかわらず集まってほしい」

親ウクライナ派が平和的手段で反転攻勢に出る。デモを予定するレーニン広場は、親露派が占拠する州庁舎から一キロほどしか離れていない。親露派による襲撃や両者衝突の恐れもある。委員会コーディネーターで、地元ニュースサイト「オストロフ（島）」編集者のセルゲイ・ガルマシは「世界に対して市民の意思をアピールする」と行動の意義を強調した。

この一五日、ウクライナのトゥルチノフ大統領代行はドネツク州で親露派の強制排除に着手したと発表する。州北部クラマトルスクでは特殊部隊と親露派の衝突で十数人の死傷者が出た模様だ。それに先立ち、ウクライナ治安当局は「ロシア軍参謀本部情報総局（GRU）のイーゴリ・ストレルコフという将校が親露派の庁舎占拠を指揮している」と公表していた。ロシア政府の関与を公的に非難した形だ。対するロシアのプーチン大統領は、強制排除の開始について「憲法違反の武力制圧が行われている。内戦が起きる瀬戸際だ」とメルケル独首相との電話で語気を強めた。事態は新たな局面を迎えている。

プーチンの牽制

二日後、プーチンは毎年恒例の国民とのテレビ対話番組に出演した。注目が集まるウクライナ東部については、ロシアとの歴史的つながりを強調した。「帝政時代、ウクライナ南東部はノヴォロシア地方だった。エカテリーナ二世の戦勝によって獲得された領土である。どういうわけか、一九二〇年代にソ連政府がこれらの土地をウクライナに編入してしまった」

質問が飛ぶ。

――ウクライナ南東部のロシア語を母語とする住民を守るため、限定的な武力進攻の計画はありますか？

プーチンは諭すように答えた。「恍惚状態に陥るのではなく、現実から出発すべきだ。結局のところ、クリミアの民族構成（ロシア系が六割を占める）とウクライナ南東部とは異なる。あそこの民族構成はだいたい（ロシア系とウクライナ系が）五〇対五〇だ。クリミア帰還の最終決定は住民投票の結果に基づいた。事実上、全住民が賛成に票を投じたのを知ったとき、もはや他の選択肢はあり得なかった。

一方、ウクライナ南東部における状況は明確ではない。ただ、そこに住む人々が自己決定権を守るのを助けるため、可能なことはすべてやるべきである。ロシア上院は大統領にウクライナで軍を用いる権利を付与している。この権利を使わざるを得ない事態にならないことを望む」

遠回しな言い方だが、プーチンはクリミアとウクライナ東部の違いを強調し、クリミアのような即座の編入には消極的な姿勢を見せている（より正確に言えば現地のロシア系住民の割合は四割弱にとどまり、ウクライナ系が過半を占める）。一方で、プーチンは軍事侵攻の可能性をちらつかせ、キエフの暫定政権を牽制（けんせい）した。

同じ日、ドネツク市ではウクライナからの分離に反対する大規模集会が平和裏に実行された。ドンバス愛国勢力委員会の主催で、会場は親露派が陣取る州庁舎から離れた公園に変更された。数千人の親欧米派住民が集まり、「ウクライナに栄光あれ」と連呼した。

国際社会も動いた。スイスのジュネーブで米国、ロシア、欧州連合、ウクライナの外相四者協議が開かれ、東部の緊張緩和と治安回復へ向けて「違法な武装集団の武装解除」「抗議運動参加者への恩赦」などで合意したのだ。ロシアはウクライナへの連邦制導入を求めていたが採用されず、地方分権を含む憲法改正を支持する内容にとどまった。

ウクライナ東部ドネツク、ルガンスク両州の親露派勢力は五月八日、計画通り一一日に住民投票を実施すると決めた。「分離独立」の是非を問う。プーチン大統領は「対話に必要な条件を生み出すために住民投票は延期してほしい」と呼びかけていたが、無視する形となった。プーチンの発言は国際社会へ向けたポーズだったのだろうか。ドネツク州では四月下旬から親露派と治安部隊の攻防が激しさを増し、数十人の死者が出ている。南部マリウポリでは親露派が占拠していた市庁舎を政権側が奪還した。ジュネーブでの四者合意は瞬く間に空文化していた。

*　*

私は九日夜、再び親露派の中心地ドネツク市へ飛んだ。この日はロシアでは対ドイツ戦勝記念日だ。モスクワ赤の広場では恒例の軍事パレードが開かれ、プーチンは「何百万人もの犠牲と引き換えにナチスを粉砕したのは我が国だ。我々はこの崇高で不朽の事実を守り抜く」と国民の愛国心を鼓舞した。そして編入強行後初めてクリミア半島を訪問し、ロシア黒海艦隊の式典にも参加した。

住民投票に影響したオデッサ事件

翌日、私はドネツクで住民投票直前の準備状況を取材することにした。案内役は今回も地元記者のヤナ・トカチェンコ。快晴で暖かく、親露派が占拠する州庁舎前の花壇には紫のチューリップやタンポポが咲いている。バリケードが強化された庁舎内に入った。親露派が自称する「ドネ

投票用紙を示す親露派の選管委員長ロマン・リャギン
（ドネツク、2014年5月10日）

ツク人民共和国」の中央選挙管理委員会による記者会見が始まる。

各国の記者約五〇人を前に、選管委員長を名乗る中年男性ロマン・リャギンはネクタイ姿で現れた。「現在、ウクライナに合法的な政府は存在しない。国際基準に即した我々の住民投票が事態の更なる深刻化を避ける唯一の手段だ。投票率は七割を超えるだろう」。自信たっぷりの様子だ。投票結果は一二日未明に判明予定という。

リャギンによると、投票用紙は州内で三二〇万枚ほど用意し、投票所には学校を使用する。治安部隊による強制排除作戦が続く北部スラビャンスクや南部マリウポリでも「投票は実施する」と強調した。選挙権は一八歳以上で、投票用紙にはロシア語とウクライナ語で説明を記載したという。「開かれた住民投票だ。記者の皆さんは投票の過程を見ることができる。結果が賛成多数ならばドネツクは正式に独立国家となる！」

午後、市中心部から南に位置するレーニン地区の公立学校を訪ねた。玄関のガラスドアに「第六投票区」と手書きの張り紙があり、ホールには机五脚が並べられて投票所の体裁が整っている。

地区選管責任者の男性は「準備はほぼ完了した。安全確保のために投票箱と投票用紙は翌朝早くに運び込み、武装チームが警護する」と話す。彼の本業は運送業界団体の役員という。

ボランティアとして学校に集まる親露派住民は「ウクライナのメディアは信用できないから建物内には入れない」と警戒感を示す。ロシア系の元教師イリーナ・リャボワ（五〇）は「キエフの政権は私たちの声に耳を貸さず、東部や南部で市民の殺害を続けている。地域の将来がどうなっていくか分からないけれど、私は独立に賛成する」と話した。

冷ややかな見方もある。自転車で通りかかった建築士のアレクセイ（二三）は言った。「不法な住民投票には参加しない。知人の多くも『茶番だ』と話している」。乾いた夕空をツバメが何羽も滑るように飛んでいく。ヤナたち独立反対派の地元記者は「不正によって『高い投票率で独立賛成が多数』と発表されるに違いない」とささやきあう。

ウクライナ南部の港湾都市オデッサで起きた悲惨な事件が影響を与える、との見方もあった。オデッサでは五月二日、親露派と分離独立反対派の間で衝突が起き、親露派が逃げ込んだ建物で火災が発生、四六人が死亡した。ロシアのメディアは、キエフから来た極右組織「右派セクター」構成員が放火したと断定的に報じている。一方、キエフの暫定政権は「事件はウクライナ情勢の不安定化を演出するためのロシア連邦保安庁の工作だ」と主張した。いずれにしても、東部の親露派住民に恐怖や怒りを感じさせたことは間違いない。

＊　＊

五月一一日、住民投票当日を迎えた。快晴の日曜だ。投票は午前八時から午後一〇時まで。早速、ドネツク市中心部の投票所へ向かう。午前九時過ぎ、公立学校に設けられた投票所には地域住民が列を作っていた。親露派住民のボランティアが受付係を務め、親露派ばかりの寄り合いといった雰囲気だ。投票を終えた人々の思いを聞く。

オレク・ロシュコフ（五一）、「キエフで起きた政変は違法であり、西部の連中とは一緒に暮らせない。ドンバスは元々、帝政ロシア領だった。ウクライナはボリシェビキが作り上げた人工国家に過ぎない。ロシアへの編入？　それは簡単ではないだろう」。システム・エンジニアの男性アルトゥール・トカチ（二五）、「オデッサの事件もあったし、もう嫌だ。ロシアへの編入を望む。僕はソ連時代に生まれ、自分をロシア人だと思っている」。ウクライナ系の元教師マルガリータ・ニキチナ（四七）は揺れる胸の内を明かす。「今の混乱を収めるには独立しかない。ただ、ロシアへの編入は望みません。ウクライナにまともな政権が成立したら、独立をやめて元に戻る選択肢もありだと思う」

やはりオデッサでの事件を重く受け止める人が多い。東部における治安部隊の動きと共に、親露派住民の独立機運を高める引き金となったようだ。ただ、思い描く地域の将来像は人それぞれで、ロシアへの編入には賛否両論がある。一方、分離独立に反対する住民たちは投票をボイコットし、事態を静観しているようだ。

午前一〇時過ぎ、写真記者サーシャの車でドネツク市を離れ、北西約一五キロのペスキ村へ向かった。幹線道路の市境にはロシア国旗を掲げた装甲車が陣取り、コンクリートブロックと古タイヤで作った臨時の検問がある。覆面姿で自動小銃を持った男たちが車のトランクまで調べあげ、強い警戒感を示していた。

たどり着いたペスキは人口約二〇〇〇人の小さな村だ。ここも親露派の支配下にある。村唯一の投票所は文化会館。自動小銃を抱えた武装グループが警備に立っている。受付係の女性は「朝から大勢が投票に来ている。特に高齢者が多い」と話した。村人はぽつりぽつりとやって来ては、透明アクリル製の投票箱に票を投じていく。身分証をチェックし、手書きで投票者のリストを作っていた。電子システムが政権側にブロックされたためだ。

無職のワシリー・ブリンコフ（三七）、「キエフの現政権は認めない。ロシアへの編入を望む」。商店主のドミトリー・ローリ（三二）、「ファシズムが復活したウクライナからの分離独立を望む。ロシアに編入されれば安定するだろう」

疑惑の投票結果

ドネツク市へ戻る。州政府庁舎内に設置された親露派中央選管のプレスセンターで正午過ぎ、リャギン選管委員長が記者会見した。「現在の投票率は三二％。期待以上にうまくいっている」。日が傾くにつれて、空を飛び交うツバメが増えていく。街ではマロニエの白い花房と薄紫のライラックが咲き誇っている。少し遠くには石炭のボタ山、目を転じれば竪坑櫓（やぐら）がそびえ立つ。今も現役の一大炭鉱都市だ。

午後八時過ぎ、再び州庁舎へ向かった。近くには東西に延びる公園があり、日曜の夜を路上ジャズの調べが甘く彩っている。噴水の周りでは着飾った子供たちがアイスクリームを手にはしゃぎ、オープンカフェもにぎわっている。そのまま進むと庁舎前広場に出る。迷彩服や黒い覆面をつけ、小銃を持った男たちがたむろしている。二つの風景のギャップにめまいを感じた。庁舎近くの投票所は締め切り時刻の午後一〇時を前に早々と閉ざされていた。

午後一一時半、中央選管の記者会見が始まる。リャギン委員長が登壇し「投票率は七四・八七％、独立賛成は八九・〇七％」といきなり発表した。投票を締め切った午後一〇時から一時間半しか経っていない。会見では最終の投票率のみ発表するはずだった。どよめく会見場でリャギンは「緊迫した状況のため、可能な限り早く結果を発表することに決めた」と早口に語り、「独立反対は一〇・一九％、無効票は〇・七四％。これが最終結果だ」と紙を読み上げた。周囲の親露派活動家たちが「ウラー！」と歓声を上げる。私たち報道陣の間には唖然とした空気が漂った。

今回の住民投票には不審な点が多かった。海外からの選挙監視団がいないため、代わりに各国の記者に投票過程を公開するとしていたが、肝心の開票作業は非公開だった。そして、州内には三二〇万人超の有権者がいるのに異様な早さで結果が確定した。この点について問われると、リャギンは「反対票が少なく、開票作業が速やかに完了した」とうそぶいた。記者からは「一人が複数回、投票した事例があった」との指摘もされたが、「身分証明書でチェックしている」と言下に否定。一方、いくつかの投票所が午後一〇時より前に閉鎖された事実は認め、「安全確保のためだった」と釈明した。

親露派は今回の住民投票を経て、「分離独立は多数派の民意」とアピールしていくのだろう。だが、州内には反対派住民が相当の割合で存在しており、投票結果は操作された疑いが濃厚だ。

疑問を突きつける記者たちを振り切るようにリャギンは言った。「住民は自分たちの意思が国際法の下で尊重されることを求めている。我々は自決権を要求する」。分離独立の方針を主張し、二週間後に迫るウクライナ大統領選は「ドネツクでは行われない」と断言した。今後はプーチン政権の対応が焦点となるだろう。

＊　＊

住民投票から一夜明けた一二日、ドネツク市中心部では「独立賛成多数」の結果にも特段の祝賀ムードは見られない。多くの住民は月曜日を淡々と過ごしている。

親露派が占拠する州庁舎から近いドネツク国立大学で若者の意見を聞いた。外国語学部一年のニキータ・ダニリチェンコ（一八）は「国民に銃を向けた暫定政権と、組織として成り立っていない『ドネツク人民共和国』のどちらにも問題がある。投票はボイコットした」と明かす。大学の仲間の多くは親露派を支持しないが、実家がある州内の地方都市ゴルロフカでは支持者の友人が多いという。

文学部ウクライナ語学科一年の女子大生ウリヤナ（一八）は「政治的にも経済的にもウクライナには失望している。ロシアに編入されてドネツクが発展することを望む」。数学部一年のアルチョーム（一八）は「独立して関税同盟（ロシア主導の経済圏）に加入するのが良い」と話した。ソ連時代を懐かしむ中高年の多くが投票に参加したとみられる一方、ウクライナ独立後に生まれた若者たちの間では意見が割れているようだ。

文学部のアレクサンドル・コラブリョフ教授（五七）は苦い表情で言う。「ドネツク州が分離独立したとしても国際社会に認められず、経済的には厳しい。ロシアへの編入も精神的にはプラスだが、自由が失われるといったマイナス面もあろう。問題の根底にはウクライナの西と東の根深い対立がある。二つの文化が理解し合わなければ、ウクライナは存立し得ない。だが、連邦制導入による解決はもう無理だろう。状況はあまりに進んでしまった。知性を欠いた政治家たちに罪がある。多様性のある国家を統治するための知恵が足りなかった……」

親露派の勝利宣言

夕方、親露派指導者デニス・プシリンが州庁舎前に登場し、マイクを握った。数百人の親露派住民が期待を込めたまなざしで見つめる。プシリンは熱を込めた早口で一気に語った。「住民投票が民主的に遂行され、ドネツク州は独立した。歴史的にも文化的にも宗教的にもつながりが深いロシア政府に対し、編入の検討を要請する!」。住民たちは「ロシア! ロシア!」と拳を突きあげて連呼する。涙を流して喜ぶ人もいる。「モスクワからプーチン大統領の祝電が届いた」と真偽不明のアナウンスがされるや、次々と花火が打ち上げられた。

無職男性ビクトル・セレドツォフ(四五)は「我々もクリミアの後に続く。ロシアだけが東部の権利を守ってくれる」と息巻いた。年金生活者のリュドミラ(六四)は夢見るように言う。「偉大な祖国ソ連は一九九一年に失われてしまった。ソ連からウクライナが独立した際には住民投票も何も無かった。ロシアと一つになりたい。きっと何もかもが良くなるでしょう!」

ヤナたち地元記者は独立への賛否の割合は半々程度と見ている。だが、反対派活動家の多くは身の危険を感じて州外へ避難し、街頭で目立った反対の動きは起きなかった。ドネツク市中心部では銃を持った親露派武装集団の姿が前より目立つようになっている。親露派の行政庁舎占拠が広がる隣のルガンスク州でも同時に住民投票が実施され、「独立賛成が九割」と発表された。ロシア政府に対する編入要請も同様で、両州の親露派は歩調を合わせている。

＊　＊

翌一三日、私はドネツク市長のアレクサンドル・ルキヤンチェンコにインタビューした。公選市長の彼は一二年間、現職にある。

――ウクライナ大統領選挙はドネツク市では実施できるでしょうか？

「国家の長を選ぶ国民の権利は奪われてはならない。選挙へ向けて内務省や軍が責任を持って彼らを武装解除する必要がある」

――親露派の独立宣言はどう受け止めている？

「経済面でも社会保障においても、ドネツク州に国家たり得る基盤はない。こんな小さなエリアで国家は生存できない。住民の福祉を保障できない。すでに市内の失業率が上昇するなど経済へのダメージも出ている」

タルタ・ドネツク州知事もこの日、記者会見し、「ドネツク人民共和国は法的に存在しない。州内全域

取材に応じるドネツク市長ルキヤンチェンコ（ドネツク、2014年5月13日）

で大統領選の準備を続ける」と表明。親露派内部で主導権争いが起きているとも指摘した。知事会見には、地元で名の通った民族主義活動家マリア・オリーニク（七一）も出席していた。彼女はウクライナ民族主義文化団体「プロスビタ（啓蒙）」の州副代表を長く務め、事情通だ。「分離独立」に反対する活動家や地元記者に対する迫害の実態を尋ねると、険しい表情で口を開いた。

「既に一二人の地元記者がキエフなどへ避難しました。命の危険があるからです。私も電話で『死にたくないなら立ち去れ』と何度か脅迫された。ドネツク人民共和国の幹部は『キエフの暫定政権を認める人物は誰でも敵だ』と言明し、ウクライナ国旗を象徴する黄色と青のリボンをつけたり、ウクライナ語を話したりする人を攻撃対象としている。占拠された州政府庁舎には反対派の活動家が何人も監禁されているようです」

一週間ほど前、地元ニュースサイト編集長セルゲイ・ガルマシの自宅が深夜に銃撃される事件が起き、それ以降、記者たちへの脅迫行為が相次いでいるという。ガルマシは、親露派の動きに反対する「ドンバス愛国勢力委員会」で活動していたが、仲間と共に州外への避難を余儀なくされた。大統領選へ向けて、選挙管理委員会メンバーの拉致など露骨な妨害も起きている。ソ連末期から民族主義運動を続けてきたオリーニクにとっても、これほどの事態は初めてだ。「ウクライナ東部では暫定政権の力を感じることができない。もはや軍事力以外では解決できないでしょう」

ウクライナ大統領選直前のキエフとドネツク

明くる日、私はいったんドネツクを離れた。モスクワへの直行便がないため、キエフ経由となる。乗り継ぎ時間が長いので、約五カ月ぶりにキエフ中心部へ行ってみた。政変の舞台となった独立広場の周辺には今もデモ隊のテント村があり、焼け落ちたビルもそのままだ。広場の敷石は投石用に剝がされ、歩きづらい。青空の下に土産物屋が並び、動物やキャラクターの着ぐるみたちは商売熱心だ。緑豊かで明るく、東部の異常事態はどこか遠い。

広場を歩いていると「写真撮影はいかが?」とミニーマウスが話しかけてきた。頭を外すと中身は若い女性だった。撮影に応じてチップを弾み、政情について聞くと、彼女はあっけらかんと答えた。「もちろん、ウクライナは一つであるべきです。東部もクリミアも。今の政権? これまでの政権とあまり変わらないと思う。大統領選挙では投票したい候補がいないの。父はペトロ・ポロシェンコを支持すると言っているけどね」

ドネツク、ルガンスク両州での親露派の「独立宣言」に対し、ロシア政府は「住民投票の結果を尊重する」との立場にとどまった。親露派勢力はその後、独自の議会を発足させるなど組織化を始める。指導者のデニス・プシリンは「議長」となり、「GRU(ロシア軍情報機関)大佐」と言われるロシア人、イーゴリ・ストレルコフは「国防相兼安全保障会議書記」に就任した。

大統領選へ向けて選挙妨害の動きも強まっている。ドネツク市内では複数の地区選管事務所が親露派に襲撃され、書類や事務機器が奪われた。ルガンスク州でも地区選管から選挙人名簿が強奪される事件が起きた。暫定政権側との対立が深まっている。

* *

ウクライナ大統領選が五月二五日に迫るなか、私は二三日、再びドネツクへ向かった。モスクワを夕方の飛行機で出発し、キエフで乗り継ぐ。午後九時ごろ、ドネツク国際空港に到着した。到着ロビーで声をかけてきた中年のタクシー運転手と交渉し、外へ出る。運転手が「あれを見ろ」と目配せした。親露派の武装グループが車寄せにいる。十数人ほどか。空港は親露派に占拠されていないはずだ。不穏な空気を感じつつ、市中心部のホテルへ向かった。

今回の大統領選は異例ずくめの選挙となる。ロシアに一方的に編入された南部クリミア半島では実施不可能だ。親露派勢力が独立を宣言した東部ドネツク、ルガンスク両州の一部でも実施は難しそうだ。ウクライナでは一八歳以上に選挙権があり、全国の有権者は約三五五〇万人。クリミア半島には一八一万人の有権者がいる。ドネツク州の三二八万人、ルガンスク州の一七七万人と合わせると国全体の二割に当たる票の行使が阻まれかねない状況だ。

選挙には二一人が立候補した。大富豪で最高会議議員（国会議員）のペトロ・ポロシェンコが独走し、二番手のティモシェンコ元首相は苦戦している。プーチン大統領は「ウクライナの人々の選択を尊重する。新政権とも仕事をしたい」と述べ、選挙結果を受け入れる姿勢を示した。

＊　＊

二四日、天気の良い朝だ。初夏の陽気の屋外へ出ると、トーポリ（ポプラ）の種子の綿毛がふわふわと至る所を舞っている。石炭のボタ山に囲まれたドネツク市は緑豊かな公園都市でもある。中心部の外れにある貯水池には水着姿で甲羅干しする人たちの姿があった。犬の散歩、ベンチのカップル、ランニングする人。穏やかな土曜の一日が始まっている。

ホテルへ迎えに来たヤナ・トカチェンコ記者から情勢を聞く。「ドネツク市の投票所はほとんど開けないと思う」。市内には五つの選挙区があるが、選管事務所はいずれも占拠や襲撃を受けた。ドネツク州の地方都市でも選挙書類の強奪など妨害行為が頻発している。「投票を望む市民は大勢いるのに……」ヤナは表情を曇らせた。

市中心部のボロシロフ地区役所へ向かう。レーニン広場の近くだ。庁舎屋上には「ドネツク人民共和国」の旗が翻っている。中は薄暗く、静まりかえっていた。地区選管の部屋のドアは紙片で封印され、「問い合わせはこちらへ」と紙が張ってある。指定された小部屋へ行くと親露派活動家の男性二人がいた。

治安担当というTシャツ姿のアレクセイ・ガロニン(二五)は言う。「どうしても大統領選を実施したいなら、ウクライナ政府はドネツクに大使館を開設して在外投票をやればいい。いつからここにいるかって? 五月五日からだ。我々の住民投票の準備のためにね。一〇日ほど前に選管メンバーがやって来たが追い払ってやった。この地区では選挙は行われないよ」

――ウクライナ政府軍が進攻してくる可能性もあるのでは?

「その危険は常にあるだろう。しかし、我々には義勇部隊がいる」

車で十数分のクイビシェフ地区役所ものぞいた。正面玄関には鍵がかけられ、「地区選管は業務を行っていない!」と殴り書きの張り紙。続いてキエフ地区役所へ。庁舎内では警官が数人たむろし、ここでも選管の部屋は封印されていた。

玄関でたばこを吸っていた男性警官(三〇)が立ち話に応じた。「彼らは三日前にやって来て、選管の部屋を封印した。個人の見解？　ドネツク人民共和国を支持している。独立に賛成だ。ただ、単体でやっていくのは厳しいから、ロシアへの編入が必要だ。ロシア政府からまだ回答がないのは残念だ。ロシア軍が助けに来てくれなければ、市内でも内戦になってしまう。キエフの暫定政権はクーデターで権力を奪取した違法なものだ。今度の大統領選だって違憲だよ。同僚たちも同じように思っている」。ドネツクで親露派勢力による州庁舎占拠がやすやすと行われたのは、警察がほとんど動かなかったからだ。ここまで率直に親露派支持を語る警官には初めて会った。

投票所となるはずの学校も見ておこう。キエフ地区の第一九学校。正面玄関は固く閉ざされている。続いて、第一学校へ。やはり閉ざされ、選挙準備の様子はない。

校舎近くにいた男性警官に話しかけると、困惑した様子を見せた。「午前一〇時から選挙準備があると言われて警備についていたのだが誰も来ない。どうなっているのか……」。大統領選について意見を聞くと「立場上、コメントできない」と口をつぐんだ。先のたばこの警官とは逆に親露派を支持していないようだ。

一緒に市内を回ったヤナはさばさばとした口調で言う。「状況はごらんの通り。ただ、州内の一部の町はウクライナ軍が制圧していて、選挙が実施されるはず」。彼女が所属する全国紙「セボードニャ（今日）」のドネツク支局も、親露派から圧力がかかっているという。編集長には「話し合い」を要求する電話がかかり、印刷所には武装集団が現れた。記者たちは自宅を拠点に仕事を続けている。

夕方、ドネツク市のレーニン広場では親露派による一〇〇〇人規模の集会が開かれた。「大統領選は必要ない！　我々は行かない！」「我々は住民投票で自分たちの選択を示した！」活動家や住民が次々にマイクを握る。

　遅れて親露派指導者のデニス・プシリンが登場し、「ルガンスク人民共和国とドネツク人民共和国で国家連合ノヴォロシアを創設する」とぶち上げた。「新しいロシア」を意味するノヴォロシアは、帝政ロシア時代における東部一帯の旧称だ。国家連合の意味するところは不明瞭だが、人々は「ウラー！　勝利だ！」と熱狂した。

親露派「国防相」イーゴリ・ストレルコフの巨大ポスター（ドネツク、2014年5月24日）

　広場からカフェへ移動し、大統領選の実務を担う社会団体「ウクライナ有権者委員会」の担当者に話を聞いた。

　ドネツク州支部の広報担当アレクサンドル・イワノフ。声を潜めて実情を語った。

「この一週間、選管事務所の占拠や関係者の拉致など親露派の妨害が特にひどくなり、ドネツク市を含む州内七割の投票所で選挙の実施が不可能になりました。暫定政権は東部の安全をきちんと確保するか、選挙を中止するかのどちらかにすべきだった。

世論調査によれば州内有権者の五割は投票の意思を示している。親露派勢力は自分たちに反対する人々の割合が明らかになるのを恐れたのでしょう。ロシアへの編入を求める人ももちろんいます。経済状態の悪い町村部に多い。編入で年金や給料が上がると考えているのです。内戦とは言えないまでも対立が激化している。新大統領には情勢を安定させる義務があります」

ホテルへ帰る途中、州政府庁舎に寄ると、正面玄関には親露派の「国防相」に就任したロシア人、イーゴリ・ストレルコフの巨大ポスターが飾ってあった。彼と仲間たちを戦争映画のヒーローのように配した凝ったものだ。ストレルコフは戦闘の最前線を指揮しているとされ、現地の親露派住民のみならず、ロシア国内でも人気が高まりつつあった。

親露派からの嫌がらせ

大統領選当日を迎えた。朝、ホテルにやって来たヤナ記者は「ドネツク市内では投票は行われない」と残念そうに言う。投票が行われている町を求めて南へ車を飛ばした。親露派の検問を抜けて、広々とした田園地帯を進む。ポプラの巨木が並び、黒土の畑では一台のトラクターがのんびりと働いていた。やがてウクライナ国旗を掲げた政府側の検問が現れた。襲撃を警戒して砂袋とコンクリートブロックで陣地を築き、戦車二台も配備されている。最前線の緊張感が漂う。

出発から四〇分でたどり着いたのは、ドネツクから約五〇キロの町ボルノワハ。ここでは親露派の影響が一切及ばず、平常に近い形で選挙が実施されていた。地区選管のリディア・ゴルバン委員長は言う。「午前四時過ぎに投票用紙が到着し、九〇ある投票所に分配した。町はウクライナ政府軍に守られているので安心です」

選管事務所前では防弾チョッキを着た警官たちが警備しているが、落ち着いた様子だ。文化施設の投票所をのぞくと、幅広い年齢層の有権者が投票に訪れていた。受付係のアンナ・ヤルマロナ（六一）は「国にとって重要な選挙。新大統領はウクライナの分裂を食い止め、戦争がないようにしてほしい」と願う。ティモシェンコ元首相に一票を投じたという飲食店員エフゲニー・ヤーツキー（二八）は言う。「東部はいま緊迫した状況にあるが、選挙権を行使できてうれしい。ドネツク人民共和国など認めない」。元技術者のアナトリー・ピベニ（七六）も「ここは我々の土地。なんの恐れもない」と語った。

ウクライナ大統領選の一票を投じる市民（ボルノワハ、2014年5月25日）

　正午過ぎ、ドネツク市内へ戻ると、中心部のレーニン広場で親露派による大規模集会が今日も開かれ、ざっと二〇〇〇人の支持者が集まっていた。広場前には「ボストーク（東）」と名乗る親露派武装グループの戦闘員数百人が軍用トラック五台に分乗して登場。空へ向けた一斉射撃を披露し、さながら軍事パレードだ。親露派市民は熱烈に歓迎し、水のペットボトルを差し入れたり、紙幣を渡したりする人もいた。数十キロを隔てて、まったくの別世界が広がっている。荷台に乗った戦闘員にカメラを向けるとおどけてポーズをとる若者もおり、どこか素人臭い。クリミアに現れた覆面部隊はカメラを前にしても警戒を緩めなかった。ドネツクの方は混成部隊という印象だ。ロシア南部のカフカス系とみえる戦闘員もいる。

集会後、親露派活動家と市民がデモ行進を始めた。向かう先は地元の新興財閥主リナト・アフメトフの邸宅だ。隣町マケエフカとの境界近くに位置する大豪邸は、四メートルはある高い塀に囲まれている。一〇〇〇人近い群衆が門の前に殺到した。

アフメトフは東部で影響力を誇る国内一の大富豪だ。前大統領のヤヌコビッチを支援していたが、今回の大統領選挙直前に親露派の動きに反対する立場を明確にした。邸宅前に集まった親露派活動家は「アフメトフは人民の敵だ！」と連呼した。タクシーで州政府庁舎へ戻ると、選管事務所から奪われた大型の投票箱六つが広場に並べられ、ゴミ箱にされていた。

ドネツク州ではこの日、八割の地域で親露派勢力が大統領選を実力阻止し、示威行動を続けた。指導者のプシリンは深夜、地元テレビ局を通じて「ドネツク人民共和国は二六日午前〇時から戒厳に入る」と宣言し、州内に展開する政府軍や治安部隊に対する徹底抗戦の意向を示した。一方、キエフでは当選確実となったペトロ・ポロシェンコ（四八）が記者会見で「この国に新しい大統領が誕生した」と勝利宣言し、「最初の課題は国に平和をもたらすことだ」と強調した。

＊　＊

ドネツク空港のターミナル屋上に陣取る親露派戦闘員（ドネツク、2014年5月26日、アレクサンドル・フドチョープリ撮影）

大統領選から一夜明けた五月二六日は長い一日だった。午前九時過ぎ、ドネツク国際空港へ向かう。親露派武装グループ数十人が未明に侵入したという。ターミナルまであと五〇〇メートル程の地点にたどり着いたが、一本道は通行止めだ。「空港を警備する政府軍部隊と親露派の間で交渉が続いている……」。歩道にいた空港職員の男性が困惑した表情で状況を説明した。全便の運航が停止されたという。情報を聞きつけた各国の記者が続々と集まったが、誰もこれ以上は空港へ近づけない。国籍もさまざまなジャーナリストの群れに初夏の日差しが照りつけた。

突然、タイヤのきしむ音が響き、誰もが顔を上げた。黒いワンボックス車がターミナル方面から猛スピードで走って来る。私たちの前で止まった車には親露派の男たちが乗っていた。ロシア・メディアの記者にだけ空港内を見せるという。

「くそっ」。サーシャこと地元カメラマン、アレクサンドル・フドチョープリが顔をしかめる。彼はAFP通信と契約している。絶好の撮影チャンスを逃した形だ。だが、しばらくして車は戻ってきた。取材ツアーの二巡目にロシア人記者たちが乗り込み、サーシャも抜け目なく飛び乗った。残された私たちは木陰に入って事態が動くのを待つ。車はなかなか戻ってこない。私は近くの売店でアイスを買い、ヤナ記者と雑談していた。青空の広がる気持ちの良い日だ。時折、事情を知らない空港利用客がスーツケースをひいて現れ、異変を知っては困った顔をして去っていく。

再び、タイヤのきしむ音が響く。安閑とした空気を切り裂くように、黒のワンボックス車が戻ってきた。自動小銃を手にした男たちの間から記者が降りてくる。

「ウクライナ軍のスナイパーが車を狙っていた……」そう話すサーシャの額にはびっしりと玉の

汗が浮かんでいる。カメラの液晶画面を見せてもらうと、ターミナルの屋上で小銃を構えたり、空へ向けてロケット弾発射器を設置したりする覆面の男たちが写っていた。

私たち三人は「当面、空港に動きはない」と判断し、写真を送信するため無線インターネットのある中心部のカフェへ向かった。サーシャが運転するセダンの窓から市内の様子を改めて観察する。親露派が占拠する治安機関の庁舎では、男たちが砂袋を積んでバリケードを強化していた。一部を除いて平穏だったドネツク市内の雰囲気が塗り替えられつつあった。

戦場に変わった市街

私たちがカフェで作業をしている間にドネツク市は戦場へと変わってしまった。スマートフォンを眺めていたヤナがまず速報に気付いた。空港への空爆開始。これが長い戦争の幕開けだった。私たち三人はできる限り現場へ近づこうと決めて出発した。空港手前のキエフ地区で車は通行止めにされ、歩いて跨線橋を渡るしかない。橋の上にいるとき、「ドーン」と爆発音が聞こえてきた。いつの間にか空は雲に覆われている。橋を渡った私たちを親露派武装勢力の車列が追い越し、道路脇の林に男たちが展開した。そして銃声が響く――。その詳細は序章で書いたとおりだ。

人口一〇〇万人の大都市でも政府軍と親露派の本格的な交戦が始まってしまった。一般市民への影響は計り知れない。前線に変わった林から跨線橋の上まで退避して息を切らせていると、ヤナは私に「怖い?」と声をかけてきた。「怖いというより危険を感じる」と率直に答えた。流れ弾に当たるおそれがある。ヤナは八歳の娘を持つ母親だが、この現場取材に前のめりだ。彼女にとっては自分が育ち、家族と暮らす町での戦争。「知りたい、伝えたい」と夢中になるのは当然かもしれない。私たちはいったん跨線橋から数百メートル手前の市街へ撤退した。

遠巻きに空港方面を眺めているだけで、あっという間に一時間が過ぎる。古びた共同住宅が並ぶ、旧ソ連の都市ではありふれた街並み。歩道に散らばった報道陣も市民も皆、同じ方角を見つめている。パン、パンとはじける銃声。ヘリコプターが飛んでいく音も聞こえた。

「ドネツク駅でも戦闘があったらしい」。ヤナが聞きつけた情報を基に移動することにした。初夏を迎え、日は長い。ガラス張りの現代的なドネツク駅は空港からそう遠くない。車ですぐにたどり着いたが、平穏に見える。ただ、晴れ間が差したり、雨が降ったりと落ち着かない天気に不安をかき立てられた。様子を探りに行くヤナたちを見送って、私は車で待った。長く濃い一日に疲れていた。気づくとサーシャが窓をコツコツ叩き、「カメラを取ってくれ」と言う。いつになく硬い表情だ。黙って重たいカメラを渡す。

再び人の気配を感じて外に目をやると、今度はヤナが戻ってきた。「やっぱり駅で戦闘があって、一人死んでいる」淡々とした口調で告げた。車から飛び出して駅舎へ向かうと、警官と記者一〇人ほどの人だかりができている。駅舎の入り口近くに白い布をかけられた遺体があった。布から突き出た両脚はすねがむき出しで、半ズボン姿なのだろう。左足から黒いサンダルが脱げかけている。男性であること、民間人らしいことは見て取れた。駅舎のガラス窓が一枚大破し、さらに弾痕(だんこん)は一〇カ所近い。警官によると、政府軍のヘリコプターから銃撃されたという。犠牲になったのは駐車場係の若者だった。「ファシストの攻撃のせいよ」。そばにいた中年女性が吐き捨てるように言う。警察の幹部らしい私服の中年男性が「遺体は撮影するな」と記者たちを制した。ぽつぽつと小雨が降る中、遺体搬送のために深緑色のワゴン車が到着した。搬送作業は撮影しても良いと言われ、カメラを構えた瞬間、近くの林から「ドーン」とひときわ重く、空気を震わす爆音が響いた。周りの記者たちと「落雷か?」と顔を見合わせる。次の瞬間、「パン、パン、パン、パン」と乾いた銃声。これは近い。

ヤナや居合わせた地元記者とサーシャの車に飛び乗り、ぎゅうぎゅう詰めで走り出した。小雨は土砂降りに変わり、ワイパーを精一杯動かしても外はよく見えない。雷なのか砲声なのか、鈍い音が時折響く。「まずはカフェに行ってビールを一杯飲もう」ハンドルを握るサーシャは興奮し、休むことなくしゃべり続けた。

ドネツクから脱出

二七日、戦闘は拡大している。このまま取材を続けるのはリスクが高すぎるため、私は急ぎドネツク市を離れることにした。昼過ぎ、案内役のヤナと合流。彼女は午前中、被害があった鉄道駅近くの住宅街を取材に訪れたという。「けが人は出ていないけれど、住民はみんなおびえている」。空港が衝突の最前線となってしまった今、長距離移動は鉄道だけが頼りだ。午後五時半発のキエフ行き夜行列車に乗り込む。仲間の地元記者たちと別れて一人避難する事態に、後ろめたさはぬぐいきれない。

寝台列車の薄暗い四人部屋。私の向かい側にはアフリカ人の男子学生、その隣には若いウクライナ人女性が座っている。ドネツク州を走る間は列車内にも緊張感が漂っていた。「ついに州境を越えたわ！」女性が歓声を上げ、談笑が始まる。

アフリカ人学生がウクライナ語のスラングを次々披露し、彼女を笑わせる。ひょうきんな彼は二〇〇二年まで内戦が続いたアフリカ南西部アンゴラの出身という。ソ連時代からの国同士のつながりで、ウクライナ東部に留学して建築を学んでいた。政情不安を受けて故郷へ一度戻るという。キエフに住む女性は法律事務職で出張帰りだった。

しばらくロシア語でのおしゃべりが続いた後、女性は上段のベッドで昼寝を始めた。私は「腹ぺこ」という学生に手持ちのビスケットを分け、彼が買ってくれた紅茶でおやつにした。彼いわく、旧宗主国のポルトガル語はもちろん、英語、フランス語、ロシア語が話せるという。「だけどね……」。笑顔が急に遠のいた。「僕は自分の民族の言葉がほとんどしゃべれないんだ」。真剣な目つきで「オーチン・プロハ（ひどいことだよ）」とロシア語で二回繰り返して黙り込む。戦争が始まったこの国の行く末を案じるように、窓の外を見つめ続けた。夕暮れの田園風景が通り過ぎていく。

異常事態下での鉄道の旅は予定通りにはいかなかった。時刻表上は深夜一時半過ぎにキエフへ到着するはずだったが、危険なエリアを避けるため迂回ルートを進んだうえ、停車、進路変更を繰り返した。キエフには午前四時半ごろ到着した。

ドネツク州の戦闘では、実戦経験豊富なチェチェン人などロシア南部・北カフカス出身の民兵たちが親露派側に加わり、抗戦態勢を強化している模様だ。チェチェン民兵の存在はドネツク国際空港での戦闘後、より明確になった。ルキヤンチェンコ・ドネツク市長が「病院に搬送された戦闘の負傷者四三人中、八人がロシア国籍だった」と発表し、「グロズヌイやグデルメス（いずれもチェチェン共和国の主要都市）の住民も含まれる」と明らかにしたのだ。確かに私もカフカス系と見える顔つきの戦闘員たちを目撃していた。

新ウクライナ大統領の誕生

ウクライナ中央選管は大統領選の四日後、正式な開票結果を発表した。当選したペトロ・ポロシェンコの得票率は五四・七〇％で圧勝。二位のティモシェンコ元首相は一二・八一％にとどまり、三位は民族主義政党「ラディカル党」のリャシュコ党首で八・三二％だった。ロシアでその脅威が叫ばれていた極右の候補者は、「自由」のチャフニボク党首が一・一六％、右派セクター指導者のヤロシも〇・七〇％とまったく振るわなかった。

ポロシェンコは南部オデッサ州の出身だ。名門キエフ大学では国際関係を学ぶ傍ら、柔道選手としても活躍したという。兵役によるカザフスタンでの軍務経験もある。学生時代からカカオ豆の取引などビジネスの世界にのめり込み、製菓会社「ロシェン」を創業。テレビ局、造船会社などを擁する新興財閥のオーナーに一代で上り詰めた。「チョコレート王」と呼ばれるゆえんだ。一九九八年に最高会議議員に当選して中央政界入り。二〇〇四年のオレンジ革命で大統領に当選したユーシェンコを支える一人となり、外相を務めた。ヤヌコビッチ前政権下でも経済閣僚を担った経験を持つ。

今回の選挙では、若い世代の人気を集める中堅政党「ウダル」党首ビタリ・クリチコの応援を取り付け、大差での勝利につながった。今後、ポロシェンコの強みとなるのは、決選投票を待たずに一回目の投票で当選を決めた点だ。親欧米の西部と親ロシアの東部が国を二分する勢力争いを演じてきた過去の大統領選とは異なり、国内全域で圧勝している。対露関係改善も視野に入れた穏健な親欧米路線が幅広く信任を得た形だ。喫緊の課題は国家の分裂阻止に他ならない。東部における戦火は広がりを見せている。

ウクライナ政府軍の巻き返し

「たった一人のためにこんな庭園が……」。キエフ中心部から車で二〇分のヤヌコビッチ前大統領邸「メジゴリエ」。一四年六月上旬、私と一緒に初めて「権力の館」を訪ねた現地の若い取材助手ナターシャは感慨深げに言った。

二月の政変でヤヌコビッチがロシアに政治亡命し、邸宅一帯は市民に開放された。それから四カ月。正門前には土産物屋、アイスクリーム屋、カフェ、貸自転車屋が並び、観光地となっていた。入園料は大人二〇フリブナ（約二〇〇円）。広大な庭園をすべて見て回るには半日はかかる。巨大なログハウスの邸宅内に入るには別料金のツアーに参加する必要がある。邸宅横の高台から眺めるとドニエプル川まで延々と森が続く。滝があり、ゴルフ場があり、動物園もある。専用ボクシングジム、果樹園、菜園も。邸宅周辺には大量の監視カメラが設置され、塀の高さは四メートル近い。警戒心が強くて自分の健康には人一倍気を遣う。そんなヤヌコビッチの素顔が想像された。

主を失った邸宅の傍らでは東部ドネツク州などからの避難民が暮らしていた。職員住宅だった正門前の建物を仮住まいとしている。激戦地となった州北部スラビャンスクを家族三人で逃れた菓子職人ミハイル・ダビデンコ（二七）は訴える。「三月までは本当にすてきな町だった。でも、もう戻れない。知人は戦闘の巻き添えで死にました。今も親戚が残っていますが、食料がわずかで悲惨な状況です。巨大な政治ゲームによって市民が命を落としていく。これは欧米とロシアの戦争ではないでしょうか？　政権は市民を救ってほしい」。九カ月の長男ミハイルをあやしながら、唇を震わせた。

キエフ近郊には、ロシアが一方的に編入したクリミア半島や戦火の東部から逃れてきた国内避難民が大勢身を寄せている。キエフ北西のコチュビンスコエ村では、正教会系の社会福祉施設で約六〇人がひっそり暮らしていた。運営に当たるニコライ神父（三六）によると、クリミアが編入された直後の三月下旬、ロシア軍入りを拒んだ軍人の九家族を受け入れたのが始まりだった。四月中旬以降はドネツク州からの避難者が増えている。

「親露派勢力に反対する活動を行ったために脅迫され、危険を感じて故郷を離れた人が多い」とニコライ神父は言う。受け入れに公的援助はなく、篤志家の支援が頼みの綱だ。「東部では毎日市民が殺されている。受け入れを拡大するしかない」

専門学校生のセルゲイ・リシューチン（二〇）は、やはり激戦地のドネツク州北部クラマトルスクを祖母と逃れ、前日に到着したばかりだ。「町では毎日銃声が響き、学校には砲弾が三発直撃した。ここに来てほっとしています」。将来の夢は建築家という。国の将来をどう思い描くか尋ねた。「まずは安定を。いつかは欧州のどの国よりも良い国になってほしい」

地元メディアによると、クリミア半島から約一万人、ドネツク州からは一万五〇〇〇人以上が避難している。東部からはロシア側へも数万人が逃れたとされる。複数の都市が親露派と政府軍の戦闘によって危機的な状態に陥っているためだ。

新大統領に就任したペトロ・ポロシェンコ（キエフ、2014年6月7日）

＊　＊

六月七日、キエフで開かれたポロシェンコ大統領の就任式。朝から強烈な太陽が照りつけ、夏の陽気となった。式典会場の最高会議前では、内外記者約一〇〇人が新大統領の到着を待つ。開始予定の午前一〇時を前に、最後に滑り込んで来た来賓はバイデン米副大統領の一行だった。威圧感のある専用リムジンを中心に、側近や治安要員の車、救急車、同行記者団のバスが続く。ウクライナの政権の後ろ盾がロシアから米国へと切り替わったことを端的に象徴していた。

一〇分後、待ちくたびれたカメラマンたちが軽口をたたき合う中、ようやくポロシェンコのベンツが到着した。議会入り口へ続く赤じゅうたんを表情一つ変えずに歩く新リーダー。衛兵が並び、威厳を醸し出す。新大統領が入り口にさしかかったとき、近くの若い衛兵がぐらりと倒れ込み、銃を取り落とした。印象的な小ハプニングだった。

ポロシェンコは前日、フランス北西部でのノルマンディー上陸作戦七〇周年記念式典を利用してプーチンと初めて対話し、ウクライナ東部の戦闘停止を目指す方向で一致していた。大統領就任式では「私は戦争ではなく平和を望む」と語る一方、「過激派とは交渉しない」と断言した。東部の住民に対しては「地方分権化、ロシア語使用の保障、経済再建の実行」を約束したが、先行きは楽観できない。

＊　＊

六月中旬、ウクライナ保健省は「東部の戦闘における市民の死者は累積で二〇〇人以上」と発表。民間人以外も含めた全体の死者数は一〇〇〇人超とみられる。六月下旬には一時停戦が成立したが、戦闘はたった一週間で再開する。ウクライナ政府軍は攻勢を強め、親露派武装勢力が占拠していた東部ドネツク、ルガンスク両州の地方都市を次々制圧していった。撤退した親露派はそれぞれ州都のドネツク市、ルガンスク市に戦力を集め、徹底抗戦の構えだ。

ポロシェンコ政権が軍事的解決路線に傾いた理由として、内部で「主戦派」が主導権を握ったためとの見方もある。その一人として注目されるのが、東部ドニエプロペトロフスク州のコロモイスキー知事だ。銀行を中心とした新興財閥を率いるユダヤ系のオリガルヒで「親露派の殲滅(せんめつ)」を主張。数万人規模とされる大規模な民兵部隊を自費で創設して東部戦線に投入している。だが、ウクライナ政府側が更なる大規模攻撃を行った場合、ロシアの直接的な軍事侵攻の恐れがある。

プーチンは七月初旬、各国駐在のロシア大使を集めた会合で演説し、「我が国は在外ロシア系住民の権利を守り通す。そのために人道のための作戦を含め、あらゆる手段をとる」と強調した。

第三章
マレーシア航空機の撃墜現場

焼け焦げ散らばる遺体と機体

麦畑の近くに転がった旅客機の大きな残骸。円筒形をかろうじて保ったその物体に近づいて、ふと右手の野原を見たとき、私は息をのんで立ち止まった。細かな破片が散乱する一角に、体を丸めるようにして倒れる人々の姿を見たからだ。一人や二人ではない。十数人はいる。野花の中に横たわる男女の遺体はTシャツとジーンズなど軽装が多い。旅の荷物も一緒に散らばっている。少し離れてぽつんと一つ、ひっくり返って転がった紫色の座席からは手すりを握る五本の指がのぞいていた。

二〇一四年七月一七日午後五時一五分、アムステルダム発クアラルンプール行きのマレーシア

マレーシア機撃墜事件についてロシア政府を非難する市民（ハリコフ、2014年7月22日）

航空MH17便（ボーイング777型機）がウクライナ東部ドネツク州の上空で撃墜された。乗客二八三人と乗員一五人の全員が犠牲となった。

亡くなったのはオランダ人、マレーシア人、オーストラリア人など。たまたま乗った飛行機がこのルートを選んだばかりに命を落とした。事件は国際社会にショックを与え、米欧による対露制裁強化に至る。エネルギーや金融分野も制裁対象となり、ロシア経済にとっては少なからぬ打撃となった。私は事件二日後、機体の主要部分が落下した最大の墜落現場グラボボ村に入った。

＊　＊

事件が起きたその日、私と妻は夏季休暇を北欧のデンマークで過ごしていた。夕方、ホテルに戻ったとたん、スマートフォンが震えた。モスクワ支局長の田中洋之からメッセージだ。「マレーシア機がドネツク州で墜落。撃墜の可能性。現地入りの手段を探って下さい」。驚きで一瞬手が止まる。急いで航空券をおさえ、荷物をまとめて空港へ急いだ。深夜便でモスクワに戻り、さらにウクライナ東部ドニエプロペトロフスクへ飛ぶ。そこからは特急列車に乗り換えた。ヒマワリ畑やトウモロコシ畑の間を通り過ぎてゆく。一八日午後七時ごろ、ざっと二四時間の旅路を経て一カ月半ぶりのドネツク市に入った。夜間外出禁止令の敷かれた街に人影は乏しい。

明くる一九日午前六時半、ドネツクから現場を目指す。いつもの地元記者ヤナとサーシャに案内と運転を頼み、出発する。ウィーン支局からも同僚の坂口裕彦特派員が駆けつけており、一緒に車へ乗り込んだ。空は晴れ、気温は一九度。気持ちの良い夏の朝だった。道は空いている。「我々は勝利する！」とのプロパガンダ看板や、うち捨てられたピラミッドのようなボタ山。ドネックでは見慣れた景色が車窓を流れていく。幹線道路のアスファルトには、戦車や装甲車の無限軌道が走った跡が残っている。土嚢(どのう)とコンクリートブロックを積んだ親露派武装勢力の検問をいくつか通過し、東へ。どこまでも続く黄色のヒマワリ畑とポプラ並木の道に迷いながら、サーシャがアクセルを踏み込む。午前八時半過ぎ、墜落現場の一つであるグラボボ村にたどり着いた。

空はいつしか曇っていた。静まりかえった麦畑と野原に機体の破片が散らばっている。ツバメが飛び交い、ヒバリのさえずりも聞こえる。田園風景にそぐわない救急隊の大型ドームテントが四張り並び、救急車や現場指揮車が数台。十数人の救急隊員や二、三組のテレビ・クルーの姿が見えたが、まるで現実感のない静止画のように感じられた。

車を降りて私が最初に立ったのは、黒焦げの野原の前だった。焼けた機体の金属パーツがぶちまけられたように一面に広がり、空襲を受けた現場のような状況だ。鎮火されてから時間が経って熱は失せていたが、燃料臭と火災の焦げ臭さが残る。巨大な目玉のように見えるジェットエンジンの残骸が転がり、燃え尽きて原形をとどめない翼もあった。この辺りには動力関係や翼まわりの部品が多い。上空での攻撃で破壊され、機体の破片は広域にわたって飛び散ったようだ。事故ではなく事件である。近くの住民が慰霊に手向けた野の花とクマのぬいぐるみを横目に、写真を撮るため現場へそっと足を踏み入れた。

前を行く仲間の若手女性記者マーシャが「そこ」と足元を指差す。黒く炭化した地面から浮かび上がるように、くっきり白い人の背骨があった。ドロドロに溶けて固まった金属塊もあり、高温で燃焼したことを窺わせた。見渡せば、まるで火葬されたように白骨だけの遺体が破片の間に点在していた。白い布切れを結びつけた木の棒があちこちに突き刺してあり、犠牲者のありかを知らせている。

地面から目を上げると、焼け野原から道を挟んで向かい側には質素な家々が並んでいる。近所の女性たちが私たち報道陣の様子を遠巻きに眺めていた。機体の落下地点がほんの少しずれていれば、地上でも犠牲者が出ていたに違いない。一人の中年女性に声をかけた。「あのとき、大きな音がして空を見上げると、機体の破片がたくさん降ってきました。私は空襲だと思って怖くなり、家の地下室に避難したのです」。現場は黒煙が立ち上る火災となり、二〇分後には地元消防隊が駆けつけたという。

村の近くでは親露派と政府軍の交戦が続いている。とても安全とは言えない状況だが、各国メディアの記者やカメラマンがぽつりぽつりとやって来る。それだけの大きな事件だ。誰もが田園風景に広がる凄惨な状況にぼうぜんとしていた。焼け焦げた現場前に立つ私もその一人だった。「……インタビューさせてくれないか?」ロシアのテレビ記者が話しかけてきた。現場入りした外国人記者の談話を撮りたいという。「現場に立っての感想は? 日本では誰が撃ち落としたと言われているのか?」ぐいとマイクを突きつけられる。「とにかくひどい事態だ。日本では犯人について親露派説と政府軍説の両方が報じられている」。簡潔に答えた。

マイクを下ろしたロシア人記者は「向こうはもっとひどい。恐怖そのものがある」と麦畑を指さす。その言葉に従うように、私はぼんやりと数百メートル歩いて行った。カーキに色づいた麦の穂が風に揺れている。畑はところどころ、ぼっこりと穴が開いたようにへこみ、そこには白い布切れを結んだ木の棒が立ててある。ここにも、あそこにも、いくつも。数十本。道から見えるのは風に揺れる布だけだ。だが、その下には名前をなくした誰かが倒れている。その事実に言葉を失った。

撃墜されたマレーシア航空機の残骸や遺体、荷物が落下した現場（グラボボ、2014年7月19日）

麦畑横の一本道には機体の大きな残骸が燃えずに落ちている。近くにはスーツケースや手荷物の数々。そして、痛ましい犠牲者たちの姿があった。現実の手触りを失いかけていた私の目には、遺体がマネキン人形のように見えた。余りにもむき出しに横たわっている。即座には現実と認識しがたい、むごい状況だった。ロシア人記者が言うように、焼けて白骨化した遺体と比べると事件の恐ろしさが直接的に迫ってくる。男性も女性もいる。多くはTシャツにジーンズ姿。のどかな空の旅が一瞬で切り裂かれたのだ。切り裂かれ、落下した。その様子がさらけ出されていた。

怒りよりも、悲しみよりも、大きなむなしさを感じた。意味もなく殺された人たち。近くには野良犬の死骸もあった。「遺体を傷つけないように親露派戦闘員が殺したらしい」。ヤナは静かな声で言った。

道ばたには遺品となってしまった旅の荷物が散らばっている。ユーモラスな動物のイラストが描かれたトランプのカード四、五枚。インドネシアのバリ島のガイドブック、アムステルダム土産のTシャツ、ピンク色の子供用スーツケース、猿のぬいぐるみ、免税品のウイスキーや化粧品、ノートパソコン……。人々の変わり果てた姿と比べ、遺品は痛みが少ない。一つ一つの品々を目に焼き付け、その一部を撮影しているうちに、ようやく「これは現実だ」とくっきり感じた。

現場を離れるために車へ戻る途中、穏やかな表情で草むらに倒れた若い男性の遺体を目にした。小さな野の花が咲き乱れる草むらに、あおむけに横たわっている。万歳するように両手を上げ、目は閉じ、口は半開き。ほとんど無傷で、どこか遠い場所で眠っているように見える。撃墜による死は一瞬だったのだろうか。穏やかに見える表情と何かをつぶやくような口元。最後に何を伝えたかっただろう。どんな人生を送ってきたのだろう。

機体の墜落現場周辺を除けば、見渡す限り穏やかな農村だった。湿った、ひんやりとした風が吹いている。空を覆う灰色の雲から、ぽつ、ぽつと雨粒が落ちてきた。やがて雨脚が強まる中、現場へとやってくる親露派戦闘員の男性二人を見かけた。自動小銃を威圧的に構える姿は、遺体が多数残された悲しい風景にはそぐわなかった。

擦り付け合い

グラボボ村を離れた私たちはドネツク市へ急ぎ戻った。幹線道路では町の入り口ごとに親露派の検問が設けられ、出入りを厳しくチェックしている。この月のはじめ、親露派が占拠していたスラビャンスクなどドネツク州北部の数都市を政府軍が奪還した。それでもなお、親露派支配エリアはドネツク州東部から隣のルガンスク州まで広がっている。ざっと一〇〇万人が暮らす最大都市ドネツク市は親露派にとって最重要の根拠地だ。戦火を恐れ、市民の二割は市外へ避難したという。ショッピングモールや数多くの商店、飲食店は休業し、街全体が息を潜めているような雰囲気だ。

ドネツクにたどり着き、州政府庁舎へ向かう。親露派指導者の一人、アレクサンドル・ボロダイ（四二）の記者会見に間に合った。「ドネツク人民共和国首相」を名乗るボロダイはモスクワ生まれのロシア人という。庁舎一一階の会議室には約一〇〇人の記者が集まった。

「……我々には上空一万メートルの高度にある飛行機を撃墜する能力はない。『ブク』（ソ連・ロ

撃墜事件への関与を否定する親露派指導者ボロダイ（ドネツク、2014年7月19日）

シア製の対空ミサイルシステム）を保有したことも一度もない。ウクライナ政府軍のやったことだ」。空色のポロシャツに青いジャケットというラフな服装のボロダイは、ずらりと並んだマイクを前に訴えた。墜落現場へのプレスツアーも開催すると語り、正当化のアピールに躍起だ。墜落機の破片や遺体は一〇キロ四方に散らばっており、すべての回収は容易ではないという。関係各国の調査メンバーの受け入れには「安全を保障する用意がある」と述べ、調査を妨害しているのはウクライナ政府側だと非難した。

＊　＊

マレーシア航空機を誰がどうやって撃墜したのか？　ウクライナ政府側は事件直後から「親露派が政府軍用機と誤認して撃墜した」と国際社会に訴え、対空ミサイルシステム「ブク」が使われたと主張している。「親露派メンバーがロシア軍の情報機関員に電話で報告している会話」という盗聴音声も公表した。かたや親露派側は政府軍による撃墜と主張する。ブクはロシア軍もウクライナ軍も保有している。

「たった今、アントノフ26を撃墜した。我々の空を飛ぶなと警告していたのだ。〝小鳥〟はボタ山の背後へ落ち、住民に被害はない」。ウクライナでの報道によると、事件直後に親露派「国防相」のストレルコフはロシアの交流サイト（SNS）「フコンタクチェ」にこう書き込み、のちに削除した。プーチン政権寄りのロシア新興メディア「ライフニュース」も事件直後、「義勇軍（親露派武装勢力）はウクライナ軍のアントノフ26をミサイルで撃墜したことを明らかにした」とサイトで報じている。実際、事件三日前には政府軍の輸送機アントノフ26が撃ち落とされ、一日前には攻撃機スホイ25も撃墜されていた。親露派は高い対空攻撃能力を有していたのである。こうした戦況も考慮すれば、何らかの手段でブクを入手した親露派による犯行の疑いが濃厚と考えられた。

武装集団支配下のドネツク市民

マレーシア航空機が撃墜されたドネツク州では軍事衝突が続いている。世界の注目は撃墜事件に集まっているが、住民にとっては戦争の行く末が死活問題だ。ドネツク市に住む政治評論家、セルゲイ・チェピクは警鐘を鳴らす。「女性や子供など市民の犠牲が相次いでいる。何より重要なのは停戦だが、対立する双方が共に内部統制がとれていない。このままドネツク市街地で戦闘が本格化すれば大勢の市民が死亡する。悲劇的な結末を迎えてしまう」。市民は万一の事態に備え、食料や水の備蓄を始めている。

私は今回のドネツク入りの一カ月前、二人の専門家に今後の情勢について尋ねていた。一人はウクライナの政治評論家、ミハイル・ポグレビンスキー。歴代政権で内政顧問などを務めた人物である。

――ウクライナ情勢はどうなっていくでしょう?

「東部をウクライナ領にとどめたまま平和を取り戻せる可能性は低くなりつつある。キエフの現政権は内部で二つの派閥に割れている。主戦派と現実主義派だ。現実主義派は、東部の反乱者たちやロシアとの合意は不可避と理解している。だが、西部や中部、キエフを中心に社会で広い支持を有する主戦派が政権で優位を占めている。メディアも主戦派を支持し、国際レベルでも米国などの支持を得ている。よって、この戦争が早期に解決する公算は今のところ極めて小さい」

ポグレビンスキーは悲観的な見方を示した。

もう一人、モスクワでは軍事評論家のアレクサンドル・ゴルツに話を聞いた。旧ソ連の国防省機関紙「赤い星」出身のベテラン。プーチン政権の狙いを読み解いてもらった。

「今、東部の情勢は非常に変わりやすい状態にある。未知の要素が三つある。第一に、ウクライナ軍が十分な軍事力を有しているかはっきりしない。第二は、親露派武装勢力の戦闘継続の意思だ。第三には、ロシアの立ち位置。ロシアは国境沿いに軍を派遣しているが、理由は不明だ。東部侵略には足りない。おそらくウクライナ側へ心理的圧力をかけるのが目的だろう。こうした未知の要素があるため、今後しばらくの展開を予想するのは難しい」

――ロシアの立場は?

「プーチン大統領は、ロシアにとっての真の脅威は『カラー革命』(二〇〇〇年代前半にジョージア（グルジア）やウクライナで反露政権が誕生した一種の政変）だと信じている。プーチンの目標はウクライナ国内に無秩序状態を保ち、ロシア国民と旧ソ連諸国民に見せつけることだ。『見よ、すべてのカラー革命は内戦に終わるのだ』と。これが戦略的目標なのだと思う」

――ロシアは無秩序状態を保つために、ウクライナ東部の武装集団を支援している？

「間違いない。多くの人間が義勇兵と称してロシアから現地入りしている。ただ、東部の武装集団に加わったロシア人は、クリミアを制圧した武装勢力とは明らかに異なる。クリミアに関して専門家は即座に『軍事のプロフェッショナルだ』と判断した。行動や武器の扱いから明白だった。今回参加している人々は軍務経験者の可能性は高いが、プロではない。また、親露派指導者はロシアが間違いなくコントロールしている」

続けてゴルツは重要な指摘をした。

「武装集団側の重火器の量は限られているが、対空ミサイルを保有しているのは明らかだ。これらがロシアから流入した可能性は極めて高いが、数は限定的だろう。対空ミサイルなどを扱うには訓練が必要で、使用できるのは限られた人々だけだ」

マレーシア機撃墜事件の一カ月前、軍事専門家は既に親露派の対空ミサイル保持を指摘していた。私は質問を続けた。

――軍事力で勝るウクライナ政府軍が勝利を収めるのは難しいのでしょうか？

「今後予想される市街戦では武装集団は必ず一般市民を人間の盾に用いるだろう。そのため、政府軍は全火力を投入することができなくなる。流血の惨事が起きれば容易に非難の的となるから

政府軍による攻撃の痕跡を示す親露派戦闘員
（ドネツク、2014年7月20日）

だ……」

＊　＊

ゴルツの話を思い返し、ドネツクで親露派がどのような戦闘態勢にあるのか確かめることにした。撃墜現場に入った翌日、親露派から取材許可が下りた。

訪ねたのはドネツク市南西部ペトロフ地区の廃炭鉱に置かれた軍事拠点。住宅街のすぐ近くだ。ここに陣取る戦闘員は州北部スラビャンスクを脱出してきたという。「政府軍の攻撃の跡を見せるだけなら」と入構を許された。写真撮影については「戦闘員の顔は絶対に撮るな」と厳命された。訴追を恐れているからだろう。

廃炭鉱の敷地内は木が生い茂っている。古びた地下防空壕をのぞくと、かび臭い一室に寝具がいくつも広げられ、彼らの生活の様子がうかがえた。施設はソ連時代そのままだ。事務棟正面にはレーニンの横顔が掲げられている。

足音に振り向くと、種類の異なる小銃を下げた戦闘員十数人が隊列を組んで通り過ぎていった。次の瞬間、「バーーン」と衝撃音が響く。射撃訓練の音だった。市街戦に備えて訓練を繰り返しているらしい。確かに軍事拠点だが、どことなく弛緩した空気も漂っている。正規軍とは程遠い混成部隊という感触を得た。

迷彩服を着た案内役三人が現れ、私たちに「攻撃を受けた証拠」を披露していった。コンクリートを張った地面の穴や、なぎ倒された樹木。「一〇日ほど前の昼間に上空を飛行機が飛び、五、六発打ち込まれた。分厚いコンクリートにこんな穴が開いた。周りは住宅地なのに空爆を実施している」。三人は口々に政府軍を非難する。だが、空爆にしては小規模な被害ばかりで疑問点は多い。対立する双方が情報戦を繰り広げており、現場にいても何が真実かを見極めるのは難しい。

砲撃被害を受けた共同住宅（ドネツク、2014年7月20日）

一通りの案内が終わって出口へ戻る途中、ひげ面の中年戦闘員が近寄ってきた。こちらが日本人記者と知るとにっこり笑い、「キョクシン、オオヤマ、イチ、ニ、サン、シ」と知る限りの日本語を口にする。空手の型もまねて見せた。

同規模の拠点は市内に一〇カ所はあるとみられる。政府軍が本格進攻してきたら、市民を巻き込んだゲリラ戦で抵抗することになるだろう。専門家たちの言う惨劇が容易に想像できた。

続いて、住宅地の被害状況を知るため、市中心部から西約八キロのクイビシェフ地区へ移動する。市の外れに位置し、前線から近い。前日の午後四時ごろに砲撃を受けたばかりという。直撃を受けた共同住宅では住民四人が負傷した。

「ここには普通の市民しかいないのに、誰が何の目的で攻撃したのか」五十代の地元住民ウラジーミル・イゾシモは悲痛な声を上げた。砲撃当時は警備員を務める職場におり、知人の電話で急を知ったという。家へ戻ると血まみれの負傷者が救急車で運ばれていくところだった。「ドネツク市でも戦闘が頻繁になってきた。だが、町を出て行くのは難しい。家財道具を持って行けない。私たちに何の罪があるのだろう。政治に罪があると思う……」

同じ住宅の四階に住む六一歳の男性ビクトルは振り返る。「突然、大きな音が響いて部屋が揺れた。バルコニーから下を見ると二階から白い煙が上がっている。助けに行き、女性の足からガラスの破片を抜いてあげたよ」。中庭には子供たちがおり、泣き叫んでいたという。その晩、住民約三〇人が学校の地下防空壕へ避難して一夜を明かした。二〇世紀後半の米ソ対立の遺構が二一世紀のいま、無防備な市民を守っている。

ウクライナ政府軍が奪還した町

ドネツク入り四日目――。私は親露派支配地域をいったん出て、州北部スラビャンスクの状況を取材することにした。ドネツク市からは北へ約一〇〇キロ。四月中旬から親露派が街全体を占拠し、軍事拠点としていた。近くの山から砲撃する政府軍との戦闘で住宅や病院も破壊され、巻き添えで死亡する市民が続出した。そして、親露派「国防相」イーゴリ・ストレルコフ率いる部隊は七月四日深夜に街を撤退し、戦車と装甲車を連ねてドネツク市方面へ敗走した。政権側はスラビャンスク奪還を親露派制圧へ向けた大きな戦果と位置づけている。

私とヤナとマーシャの三人は午前六時にタクシーで出発し、一路北上した。よく晴れ、気温二〇度と気持ちの良い朝だ。戦闘員が小銃を構える親露派側の検問を二つ通り抜け、爆破で崩落した鉄橋を迂回する。ヒマワリが咲き誇る緩衝地帯を時速一〇〇キロで飛ばす。幹線道路ではトラックやバスも行き交っており、人と物資の動きが見て取れた。

一時間後、ドネツクの北約四〇キロの地点で青と黄色のウクライナ国旗が見えてきた。政府軍の検問だ。戦車や装甲車が止まっている。その先は国立公園に指定されており、戦争とは無関係に豊かな水辺の風景が広がっていた。

政府側が支配するコンスタンチノフカ、クラマトルスクと二つの町を通り過ぎた。沿道には「クラマトルスクはウクライナ」と書かれた看板や「プーチンはくそったれ」と落書きされたバスの待合所。電柱一本一本にペンキでウクライナ国旗が描かれている。政府側支配地域に入ったと実感する。

出発から二時間後、スラビャンスクの手前までたどり着いた。ここにも政府軍の検問がある。軍用トラック二台が止まり、防弾チョッキを着けた十数人の兵士たちが木陰で朝食中だった。トラックの扉にはパラシュート印が描かれているから、空挺部隊だろうか。リラックスし、笑顔も見られる。話しかけると、生真面目そうな小隊長アンドレイ・ボルリャ（三六）が質問に答えた。

——いつからドネツク州にいるのですか？

「西隣のドニエプロペトロフスク州からやって来て三週間になる。戦況は悪くない。ここにいるのはみんな正規軍で、政府の指示に従っている。武器も食料も十分ある。市民も助けてくれる」

——政府軍が奪還した町の住民の様子はいかが？

「人それぞれだが基本的には平和的だ。中には攻撃的な人たちもいる。『ロシア支配下で暮らしたい』という人たちだ。我々は議論をしない。人には自分の意見がある」

——戦況は？

「ロシアがやつらを支援しなければ長くは続かないのだが……。やつらの武器はみんなロシアから入ってきている。我々は今から電気工事の警備へ向かう。市内には親露派残党のパルチザンが潜んでいるからだ。おおむね街は落ち着き、人々も避難先から戻ってきている。街外れは損傷がひどいが、水道も復旧した。やつらには多くの雇い兵がいる。犯罪者、チェチェン人、ロシアの退役軍人などだ。金のために我々を殺しに来ている。こちらは祖国のため戦っている。私は一〇年前に兵役を終え、今回は召集されて四カ月になる」

——元々の仕事は？

「普段は食肉工場で働いている。三人の子供の父親だ。一二歳の長女、一一歳の長男、一歳の次男。みんな私の帰りを待っている」

政変を招いた前大統領のヤヌコビッチについてはどう思っているのだろう。

た」

「ヤヌコビッチは国から大金を盗んだ。彼の一族はひどいやつらだ。他人のビジネスを奪ってい

――国の将来はどうなると思う？

「ポロシェンコ大統領に対する否定的意見は少ない。彼はビジネスマンだが秩序を回復しようとしており、期待している。そして、汚職をなくすとも言っている。これが大事だ。汚職はすべての分野に関わる。自分の国が恥ずかしいぐらいだ。役人が大きな家に住んで海外旅行する一方、庶民の暮らしは厳しい。変わることを期待している」

路上での短いインタビュー後に彼の写真を撮影していると、ぎこちなく立つ小隊長の姿に兵士たちが笑みを漏らした。和気あいあいとした雰囲気だ。ボルリャは別れ際、「記念に」と、中身がぎっしり詰まった緑色のビニール袋をくれた。一日分の軍用糧食だ。後で開けると、乾パン、肉の煮物の缶詰、蜂蜜、ソバの実のカーシャ（かゆ）の缶詰、インスタント・コーヒーなどが入っていた。ロシアによる三月のクリミア制圧の際には、ウクライナ軍兵士の士気の低さや装備と食料の不足が指摘されていた。今回の現場ではクリミア制圧当時との違いが感じられた。

英国人作家サマセット・モームによるスパイ小説の古典『アシェンデン』を思い出す。こんな一節がある。

〈グスタフは……ライン川を上り下りしながら、軍隊の動き、軍事物資の生産、民心の動き、その他諸々の、連合国側が知りたい事柄について種々の材料を集めていた〉

第一次大戦中、モームは英国情報部員だった。アシェンデンには自身の体験が織り込まれてい

るという。紛争地帯におけるスパイと記者の仕事に大きな違いはないかもしれない。どちらも「軍隊の動き」といった事象について情報収集する。もちろん、目的は異なるが。

ドネツク州北部の政府側支配地域では、続々と南下する装甲車や軍用トラックの長い列を目撃した。ボルリャたちを見れば、兵士の士気は高く、補給もそれなりに充実している。「にわかスパイ」を気取った私の目にも、情勢が政府軍有利になりつつあるのが感じられた。

私たちの取材が済むと、政府軍の小隊は幌なしトラックの荷台に乗り込み、町へと出発した。こちらも後を追うようにスラビャンスク中心部に入る。人口約一一万人の町。親露派撤退から二週間以上たった今も、がれきの片付けや切れた電線の復旧工事が続く。いくつもの建物に弾痕があり、窓ガラスが散らばっている。攻防戦の激しさが感じられた。

レーニン像が建つ広場にはウクライナ国旗が何本も掲げられている。その奥の市庁舎に人だかりがあった。砲弾などで損傷した住宅の修理費補助の申請窓口や心理カウンセラーの相談デスク

奪還した町で警備に当たる政府軍の小隊（スラビャンスク、2014年7月21日）

が並ぶ。日常生活を取り戻そうと人々は必死だ。政府側も信頼回復を目指し、不発弾処理部隊を送り込むなど力を注いでいる。掲示板には「分離主義への刑罰」と題した内務省のポスターが貼られ、親露派シンパの動きを牽制していた。文化会館の前ではジャガイモ、キャベツなどの支援物資をトラックから積み下ろしていた。食料品店の一部は営業を再開したが、物資の配給は続いている。

約三カ月間の親露派支配は人々の心に大きな余波を残していた。「内戦は必要ない」「落ち着いて良かった」と話す住民が多いが、政府軍による奪還をよく思わない人もいる。通りで行き合った、やせぎすの三十代女性ヤナは「避難先から戻ってきた人が英雄視され、残っていた自分たちが分離主義者扱いされている」と不満をぶちまけた。一〇歳の長女を一人で育てているという。受け取ったばかりの乾燥豆など配給物資一式を見せ、「子供がいるのにお菓子も入っていないのよ！」と息巻く。政府への苦情をしゃべり続けるヤナの後ろを、警備中の軍用トラックが次々と通り過ぎた。

帰り道、南側の隣町クラマトルスクに寄った。共同住宅や学校に砲弾の大穴が残る。ここでも古い地下防空壕に避難し、難を逃れた市民は多い。

「親露派を支持していなかったのでつらい日々でした。無傷で生き延びられて、とにかく運が良かった」。現地を案内してくれた若い地元女性アナスタシアは、占領と解放を振り返る。「スラビャンスクにウクライナ国旗が掲揚されたと聞いて、きっとクラマトルスクも奪還されるだろうと待っていました。そしてその夕方、本当に旗が揚がったんです。三カ月経ってようやく恐れを抱かずに歩けるようになった。店も一部は再開し、警察官もいる。ウクライナのテレビ放送も映るようになりました。解放直後の七月六日は雨でしたが、大勢の人が外を歩いていました」

ドネツクへ戻る道すがら、道路脇の畑を一直線に切り裂く政府軍の塹壕を見かけた。陣地も築かれ、戦車がにらみを効かせている。

遺体の搬送

マレーシア航空機撃墜事件の発生から六日目の七月二二日――。私とウィーン特派員の坂口はドネツク市から北に約三〇〇キロ離れたハリコフ州の州都ハリコフ市へ向かった。この日、撃墜現場で収容された約二〇〇人の遺体が冷蔵貨車でハリコフへ移送されており、その後を追った。

道中、初老のタクシー運転手が「あれを見ろ」と沿道の畑を指さす。「地雷あり」の小さな看板が木につるされていた。のどかな風景の中にも戦争の影が潜む。政府軍は親露派支配地域の奪還を続け、ドネツクへ前進を続けている。兵士と物資を積んで南下する政府軍の軍用トラックや

ロシア政府を非難するデモでウクライナ国歌を歌う市民（ハリコフ、2014年7月22日）

装甲車の車列と何度かすれ違った。

出発から約四時間後、一四五万人が暮らすウクライナ第二の都市ハリコフに到着した。ここまで来ると前線の緊張感からは遠い。ハリコフは撃墜事件の取材拠点となっており、米欧、ロシア、日本など各国の記者たちが騒々しく行き交っている。にぎわいにほっと息つく暇もなく、坂口は首都キエフへと出発した。

夕方、世界有数の広さを持つハリコフ中心部の自由広場をのぞくと、ウクライナ国旗をまとって国歌を斉唱する人々の姿があった。「撃墜事件はロシアの責任」と非難する市民のデモだ。二〇〇人程で若者が多い。黄金色に輝く夏の夕空の下、「プーチンは殺人者」と英語で書いた紙を掲げ、国際社会にウクライナの正当性をアピールした。

前日の七月二一日、プーチンは撃墜事件に対する声明文を大統領府のホームページで発表していた。プーチン本人が声明を語る動画も同時に掲載され、硬い表情で「善意の第三者」としてのロシアの立場を訴えた。

「ドネツク上空で起きた悲劇的な事件に関連して、ウクライナで現在起きていることについて我々ロシアがどう対処しているか改めて述べたい。我々は対立するすべての勢力に対して、直ちに虐殺をやめて交渉の席に着くよう何度も呼びかけてきた。もし六月二八日にウクライナ東部における戦闘が再開しなければ、この悲劇は起きていなかっただろう……。紛争が現在の戦闘状態から平和的な外交交渉へと移行するよう、ロシアとしてもできる限りのことをしていく」

＊　＊

撃墜事件で犠牲となった子供たちの写真（ハリコフ、2014年7月24日）

二三日、事件で最多の犠牲者が出たオランダへの遺体搬送が始まった。ハリコフから数回に分けて軍用輸送機で空輸され、現地で身元確認が行われるという。第一便の出発に合わせ、午前一一時過ぎから関係各国の代表約一〇〇人が空港の駐機場に集まり、お別れの式典が開かれた。黙禱――。ウクライナ国旗が風になびき、丸い雲がゆっくりと空を流れていく。ウクライナのグロイスマン副首相は「非人道的なテロ行為の実行者たちは必ず罰せられる」とあいさつで強調した。初日は二機で四〇人の遺体が運ばれる。正装の兵士が木のひつぎを恭しく機内へと積み込み、離陸した。灰色の輸送機が雲間に消えていった。

強い日差しが照りつける駐機場で、グロイスマンとオランダの代表者による記者会見が続けて行われた。記者団の中でしゃがんでメモを取る私の近くに、ひらりひらりとどこからか、小さなシジミチョウがやって来た。顔の前を飛んで、私が握るペンにとまって羽を休める。またひらりと舞い上がって、どこかへ飛んでいった。式典後、空港のロビーで原稿を書きながらそのことを思い出し、急にかなしみに襲われた。あのシジミチョウはどこから来て、どこへ行ったのだろう。撃墜現場の強烈な光景が夢に現れ、明け方に目を覚ます日々がしばらく続いた。

ロシアのドネツク親露派支援

七月のマレーシア機撃墜事件の後、八月になって東部の戦況は急速に変化していく。国連が発表する四月中旬以降の累積の推計死者数は、七月下旬から二週間でほぼ倍増の二〇〇〇人超となった。ウクライナ政府軍が親露派を追い詰め、戦闘が激化していた。

八月初旬、ウクライナのヘレテイ国防相が「勝利は近い」とインタビューで明言する。数日後、NATOはウクライナ東部国境付近におけるロシア軍約二万人の展開を確認し、侵攻の懸念を表明した。八月中旬、ロシアは人道支援物資を積んだトラック約三〇〇台を親露派支配地域へ送り、国際社会の注目を集めた。同じころ、英紙ガーディアンは現地記者の目撃情報として「ロシア軍の装甲車二三台が国境を越えてウクライナ東部へ侵入した」と報じ、NATOも「越境を確認した」と発表する。さらに八月二五日にはウクライナ国防省が「ドネツク州内でロシア兵一〇人を拘束した」と、映像を公開。現場は国境から約二〇キロの地点で、全員が空挺軍所属という。この一〇人については、ロシア側も「故意の越境ではなく迷い込んだ」としつつ事実を認めた。

東部の戦線では、親露派が重要拠点とするドネツク市とルガンスク市という二つの州都が政府軍に包囲され、中心部の住宅地までもが砲撃にさらされていた。ただ、政府軍は市民の犠牲を倍加させる空爆などは控え、優勢を保ったまま足踏み状態となった。

そして八月末、親露派の反転攻勢が始まり、政府軍は見る見るうちに劣勢へと追い込まれた。プーチン政権が親露派への大規模な軍事支援に踏み切ったとしか考えられない。NATO欧州連合軍司令部は「少なくともロシア兵一〇〇〇人がウクライナ領内で活動し、最新鋭の兵器を展開している」との見方を示した。改めて戦況を振り返れば、八月上旬からロシア軍は国境沿いに部隊を集めており、八月中旬に人道支援トラック派遣の裏で直接の軍事侵攻を始めた疑いが強い。

親露派組織「ドネツク人民共和国」の内部でも八月になって変化が起きていた。トップの「首相」がロシア人のアレクサンドル・ボロダイから、地元出身のアレクサンドル・ザハルチェンコ(三八)に替わったのである。また、「国防相」として武装集団を率いてきたロシア人、イーゴリ・ストレルコフの辞職も発表された。

新指導者のザハルチェンコは戦況が優位に転じた八月末、ロシア国営テレビのインタビューに勝ち誇った表情で語った。「我々と一緒にロシアの退役軍人、さらには現役軍人も戦っている。休暇を海辺ではなく、自由のため戦う兄弟たちと過ごすことを選んだ人々だ。ロシアからの義勇兵は三〇〇〇～四〇〇〇人。それ以外にはロシアからの軍事支援は受けていない」。休暇中のロシア軍人による支援という表現で、ロシア軍の参戦をほのめかしたのである。

形勢を逆転させてからのロシアの動きは速かった。九月三日、プーチンはウクライナ大統領のポロシェンコと電話協議し、停戦の枠組みについて合意。自ら起案したという和平プランも発表し、「仲介者」の立場をアピールした。これを受けて、九月五日にはロシア、ウクライナ、親露派勢力、全欧安保協力機構(OSCE)の各代表による会合がベラルーシの首都ミンスクで開かれる。ウクライナ政府と親露派の両者が停戦合意に署名し、双方が前線部隊に戦闘停止を命じた。合意文書には捕虜交換をはじめ、親露派支配地域に「特別な地位」を与える国内法の制定や、ドンバス地方の経済復興などが明記された。定義があいまいな「不法な武装勢力とその兵器、傭兵の排除」という項目もある。

ともあれ、四月に始まった戦闘は初めて本格的な無期限停戦に入った。停戦順守の状況はOSCEが監視する。同じ五日、NATOは共同防衛強化のため、数日以内に目的地へ急派する「速攻部隊」の創設を決め、ロシアの脅威へ備える姿勢を明確にした。

停戦の現実

停戦直後のドネツクに入るため、九月一一日、私はモスクワからまずキエフへ飛んだ。秋風に乾いた落ち葉が舞い上がる夜のキエフ中心部。現地に駐在する旧知の日本人外交官Aと小さなカフェへビールを飲みに行った。オーストリア文化の影響だろうか、ウクライナ西部産のビールはうまい。若い女性店員は「オディン（一つ）？」とウクライナ語なまりで注文を確認した。ロシア語では「アディン」と発音するところだ。キエフでは両方の言語が使われている。

「ウクライナとロシアの関係は、どこか韓国と日本の関係を連想させる」。ステーキ肉をほおばりながら、Aと私の見解はこの点で一致した。社会主義の「帝国」ソ連は一九九一年に崩壊し、ウクライナなど一五の共和国が独立した。一方、大日本帝国は一九四五年の敗戦で植民地を手放し、やがて韓国や北朝鮮が誕生した。ロシア人にとって歴史的、文化的に最も近しい民族はウクライナ人であり、日本人にとっては韓国人、朝鮮人だろう。

ウクライナも韓国も共に「文化のルーツは我にあり」と誇り、同時に、旧支配国のロシア、日本に対しては複雑な感情を抱く。いまロシア—ウクライナ関係はかつての日韓関係をなぞるように遠心力が強まっている。旧支配国と関係が近い有力者が権力中枢から消え、旧支配国の言語が存在感を弱めていく——。

「ウクライナ西部の中心都市リボフ（ウクライナ語表記ではリビウ）ではあからさまにロシア語を嫌う若者がいた。ロシア語で話しかけると、理解しているはずなのに返事をしてくれない」。Aはビアグラスを片手に自身の経験を語った。また、Aはウクライナの政情に関して「国会議員たちはポロシェンコ大統領を自国にとっての最後のチャンスとみなしている」と教えてくれた。

静かな夜だ。Aと別れた後、ホテルまでゆっくりと歩いた。七カ月前に流血の舞台となった独立広場もひっそりとしている。片隅には犠牲者の写真がずらりと並ぶ。月明かりの下、広場そばの見晴らし台ではカップルや若者たちがくつろいでいた。

＊　＊

翌朝早く、ドネツク州へ列車で向かうため、キエフ中央駅へとタクシーに乗った。運転手に目的地を話すと、「怖くはないのか？　えっ、防弾チョッキも持っていないのか」と驚かれた。午前七時前、韓国ヒュンダイ製の真新しい特急列車に乗り込む。時速一四〇キロで走る列車の座席はがらがらだ。天井に取り付けられたテレビが米国アニメの「トムとジェリー」を延々流している。

五時間後、ドネツク州北部のスラビャンスクに停車する。一時期、親露派に占拠された町だ。次のクラマトルスクで小銃を持った政府軍の警備兵二人が乗り込み、車内巡回が行われた。空気がさっと固くなる。車窓へ目を移すと小さな正教会や畑のトラクターが見えた。電柱が青と黄色のウクライナ国旗カラーに塗られ、政府軍支配下にあることが確認できる。

午後一時過ぎ、コンスタンチノフカで列車を降りた。真っすぐ南下すれば親露派が支配する州都ドネツク市までたった五〇キロ。前線に近い町だ。いつも現地取材を手伝ってもらっている地元記者ヤナ・トカチェンコがタクシーで迎えに来てくれた。マレーシア機撃墜事件が起きた七月に別れたときと変わらない様子にほっとする。安全確保のために大きな回り道が必要だったそうで、「ドネツク市から三時間もかかった」と顔をしかめた。

先を急ごう。土嚢が積まれた政府軍の検問を通過し、ポプラ並木の幹線道路を飛ばす。周りはいつもの田園風景だ。夏が終わり、黒く立ち枯れたヒマワリはタネで重そうな頭を垂れて並ぶ。葬送の集団を連想する。満員のバスやトラックと次々すれ違う。バス停にも人々がおり、公園では子供たちがアイスキャンディーを手に遊んでいる。装甲車や軍用トラックも走っており、戦争と日常が隣り合わせにある。やがて、遠くに台形のボタ山がうっすらと見えてきた。

ドネツク市の西約四〇キロに位置する町、クラホベに入った。郊外の幹線道路脇で政府軍と親露派が対峙する最前線だ。道路横の枯れたヒマワリ畑に、重火器を構えた両者の陣地がある。その間の距離は数百メートル。それぞれコンクリートブロックや土嚢、塹壕(ざんごう)で守りを固め、互いの様子を監視し合っている。送電線の鉄塔が折れ曲がり、アスファルトには砲弾が落ちた痕が残る。

停戦前に砲撃されたという製油工場が黒煙を上げ続け、戦闘の激しさを物語っていた。

「写真を今すぐ消せ！　戦時だぞ。情報を流す気か。次に撮ったら撃つぞ！」

政府軍の検問前でヤナが車から外を携帯電話で撮影したのが見つかり、兵士数人の怒声を浴びた。さすがにぴりぴりしている。

停戦発効を受けて都市間バスや物資を積んだトラック、乗用車の往来は急激に増えている。だが、親露派側の検問は入念に積み荷やパスポートを調べるため、危険な前線地帯に渋滞が起きていた。「ドーン、ドーン」と時折、鈍い砲声が響く。私たちが乗ったタクシーの初老の運転手は「これが停戦の現実だよ」と苦笑いする。じわじわとしか進まない車列の先に黒青赤の三色旗が見えてきた。親露派が名乗る「ドネツク人民共和国」の検問だ。迷彩服姿の戦闘員が二〇人ほどおり、たばこをふかしている。「お前は狙撃手には見えないな」と軽口をたたかれながらパスポートのチェックを受けて、一カ月半ぶりに親露派支配地域に入った。九月五日夜の停戦開始からはちょうど一週間だ。

戦時下の心理

ドネツク市に着いたのは午後五時前。キエフから一〇時間の長旅だった。定宿のホテル・ラマダに入ると、爆発による飛散防止用に窓ガラスには透明テープがくまなく貼られていた。外を眺めると戦車二台が通り過ぎてゆく。夕方になってもまだ明るい。ヤナの案内で戦禍の取材へ出かけることにした。

ドネツク中心部に近いカリーニン地区。半月前の八月二三日に共同住宅へ砲弾が直撃し、外にいた幼い子供二人と両親の一家が全員死亡したという。現場を訪ねると、五階建ての三階に大穴が開いている。上下階の窓もめちゃめちゃに破壊されていた。死亡現場である建物入り口前の地面には点々と砲弾痕が残る。

住民の中年女性リディアは言う。「コワレンコ一家は建物内に駆け込もうとして犠牲になった。戦争が悪いのよ。砲撃にはもう疲れた。何よりも平和が欲しい」。別の女性は「ここに半世紀暮らしてきて、こんなひどいことはない」と嘆く。

リディアは「今日の夜七時で停戦は終わると聞いた」とも言う。近所のうわさらしい。停戦継続を祈りつつ、疑念を抱かずにはいられない心理状態は理解できた。「自分の身を守ってね」「あなたのところは平穏？」そんな言葉があいさつ代わりになっている。一〇〇万人都市ドネツクで避難せずに残った住民は約半数とみられ、停戦を受けてこの数日は帰還する人も増えているという。幸い食料不足はなく、水道、電気、ガスの供

砲弾の直撃で四人家族が死亡した共同住宅（ドネツク、2014年9月12日）

給も続いている。

親露派が拠点とした近くの公営施設「文化宮殿」も砲撃を受け、焼け焦げた天井が崩落していた。歩道には戦車の無限軌道の跡。サッカースタジアムに近い郷土博物館も半壊し、ボランティアががれきを片付けていた。砲弾の破片に傷つけられた古代騎馬民族スキタイの石像を中庭で眺めていると、空港方面から砲撃音が二回した。激戦地のドネツク国際空港内には今もウクライナ政府軍が陣取る。ドネツク市中心部に最も近い前線エリアだ。戦闘員を乗せた軍用トラックが通りを走り過ぎ、剣呑な空気が漂ってきた。停戦後も局地的に戦闘が続いている。

親露派が主要拠点とする州政府庁舎へ向かった。庁舎前でマクシムと名乗る広報担当の若い男性をつかまえ、現状認識を尋ねた。一週間が経った停戦後の様子はどうか。

「政府軍からの挑発行為がある。今朝もドネツク近郊へ砲撃があり、三人負傷した。こんな挑発はマケエフカなど他の町でも起きている。彼らは戦争を続けるつもりだ。ドネツク空港では戦闘が続いている」。マクシムは早口で話し続ける。「捕虜交換は行われている。これは良いシグナルだ。我が共和国のザハルチェンコ首相が言ったように、ミンスクでの交渉に参加したという事実そのものが、我々が公的な地位にあるということだ。今や国際レベルで承認された」

——独立を求めている？

「我々は独立を欲している。ただ、ウクライナとの経済的な関係は保ちたい。貿易関係に基づく経済的一体性だ。ウクライナにとっても必要だろう」

——ドネツク市の現状は？

「避難した人々が戻ってきている。激戦地だった町へも戻っており、みんなで復興作業をしている。戦争にはもううんざりだ。人々は意味のない戦争と理解し始めている」

親露派メンバーの一人が、外国人記者を相手に厭戦(えんせん)の本音を漏らしたのは意外だった。ホテルへ歩いて戻る道すがら、ヤナは地元での生活実態を語った。

「みんな砲声に疲れている。砲撃でいつ商店が閉じてしまうか分からないので、買い物は朝一番に。現金自動預け払い機はほとんど停止しているので、動いていればどこでも大行列。人民共和国は『ウクライナと同額の年金を払う』と言っているけれど、どこにそんなお金があるのか。春の住民投票から四カ月たって、町からは車も人も減ってしまった。今になって『だまされた』『ロシアに編入できると思っていた』という人たちがいるけれど、投票の時点で気づくべきだった。学校や大学も休止中。子供たちが自分から学校に行きたいと望む日が来るなんて思いもしなかった……」

当初から親露派に批判的な彼女の口調には憤りとあきらめの気持ちが色濃かった。

ふいに「グラートは知っているでしょう?」と聞かれた。ロシア語で「あられ」を意味する名前を持つ自走式の多連装ロケットランチャー。「グラートは連続砲撃の後、補充に一五秒かかる。だから誰もがあの音を聞くと、やんでからの秒数を数えるようになった。本来は知らなくて良い知識でしょう。市民は厳しい心理状態に置かれている」

＊　＊

ドンドンドンドンドン――。取材二日目の昼下がり、ドネツク空港から南へ約三キロのドネツク駅で砲撃被害を取材中、連続する砲声がとどろいた。かなり近い。「この音はグラート」と地元記者のヤナは即座に聞き分けた。昨夕、話題に上ったばかりの兵器だ。周囲の人々は不安そうな表情を浮かべたものの、慣れてしまったせいか避難に急ぐ姿は少なかった。

緊張状態の中で市民の暮らしが続く。鉄道は不通となったため、都市間の移動はバスが頼りだ。州北部スラビャンスクや南部マリウポリなど政府側が支配する地方都市への運行も続いており、バスターミナルには大きな荷物を持った人々の列があった。停戦後、市内のトロリーバスや路面電車の運行が復活し、服飾店や雑貨店など閉じていた一部の商店も営業を再開した。街では家族連れや若いカップルがそぞろ歩いている。スーパーには豊富に商品が並び、大幅な値上がりは起きていない。

その一方で、交通の要所には小銃を構えた男たちが立つ。戦車や装甲車を見かけることも珍しくない。砲撃を受けた住宅や公共施設が大破したままに無残な姿をさらしている。住宅街の中にも親露派の基地が点在し、戦争は日常のすぐ隣にある。住民の思いは複雑だ。親露派支持者だけではなく政権支持派もおり、どちらともつかない人もいる。その誰もが「穏やかに暮らしたい」という素朴な願いを踏みにじられている。

住民の話をじっくり聞きたいと思い、ヤナに知人を紹介してもらった。空港から約四キロの場所に住む写真記者イリーナ・ゴルバショワ、五四歳の女性。停戦前の七月下旬には、砲撃による隣人一家の死を目の当たりにした。私たちは紙コップのコーヒーを片手に、州庁舎近くの並木通りのベンチへ腰掛けた。

――戦闘が続く空港近くでの暮らしは？

「毎日、爆発音、銃声、機関銃の音が聞こえる。七月二一日の朝、砲弾が私たちの共同住宅に落ちました。九階建ての最上階に直撃し、その後には隣の建物や中庭にも。中庭に犠牲者が倒れていました。亡くなったのは隣の一家四人だった。私は恐ろしくなって中心部の友人宅へ避難した。遺体、パニック、逃げ場所が分からない大勢の人々。誰も予期していなかった。私はこの訳の分からない対立に疲れています」

――住民投票では「ドネツク独立」にかなりの人が賛成したのでは？

「私の周囲では投票に行った人はわずかですよ。世間は半々に割れていた。投票へ行って新たな共和国の独立を望んだ人もいれば、この動きを違法とみて投票へ行かなかった人もいる。今でもお互いの間に対立がある。ただ、投票に行った人たちも平和を求める考えへと変わってきています。どんな平和でも戦争よりはまし。常識的な人たちはそう考えている」

イリーナはコーヒーを一口飲み、話を続けた。「このドンバス地方はウクライナの主権下にある地域です。壁はなくてもロシアとの間に明確な国境がある。ウクライナ人とロシア人は人為的に敵同士にされたのです。私たちは一度だっていがみ合うことはなかった。家族は混ざり合っていて、お互いに親戚がいる。ところが突然、敵同士になってしまった」

――誰が悪いのでしょう。

「ああ、もし誰が悪いか分かっていたら、素早く彼らを見つけ出し、厳しく戒めたことでしょう。私からすれば、お互いのテリトリーをどうにも分け合うことができない大金持ちに罪がある。これは市民の戦争ではなく、ビジネス・エリートの戦争だと思います。オリガルヒ（新興財閥）の雇い兵部隊が現れたでしょう。いかなるときも国家に私兵集団があるべきではないのです。オリガルヒの私兵部隊は大統領に服従しない。カオスです。停戦を決めても、従わない人々がいる。

通りには武器を持った人々が行き交っている。ここに警察はいない。叫ぼうが叫ぶまいが誰も助けてくれない。生活、居住、労働、学習の権利を奪われて生きるのはつらいことです。学校が閉じ、どれだけの子供たちが勉強できないでいることか。人々は別の町への避難を余儀なくされたけれど、それも長くは難しい。友人宅にずっとはいられず、帰宅せざるを得ない。今日、南部バスターミナルへ行ったら、まるでアリ塚のように戻ってきた人が大勢いました」

イリーナは暗い表情で並木に目をやった。

――この戦争の解決は可能でしょうか？

「事態は進展してしまい、抜け出るのは容易ではないでしょう。私はドンバスの住民として、地域が破壊されたことが悔しい。インフラ、道路、企業、炭鉱、工場、駅が壊された。誰にとって利益になるのか理解できません。最初から武器を手に取るべきではなかった。今すぐ武装解除を始める必要がある。銃を持った者たちが通りを歩かないように。親露派戦闘員にはヤクザ者が多く、彼らに反論は禁物です。私の知人は夜に飲料水を買いに行き、袋だたきにされました。ただ単に彼らがそうしたかったから……」

――戦争の解決策としてウクライナに連邦制を導入する案も出ています。

「世界中の多くの国々が連邦制で運営されている。怖いことは何もない。ウクライナでは最高会議が機能せず、政府には国の発展に関心のある人材がいなかった。連邦制が導入されていれば、問題は起きなかったはずです。今となっては戦争で家族や人生が破壊されただけでなく、国家も壊れてしまった。友人同士だった人々が敵同士になるなんて普通じゃない。ヤヌコビッチは裏切り者だけれど、ポロシェンコはけんか好きではないでしょうか。山ほどのオリガルヒが彼に影響を及ぼしている」

――ヤヌコビッチが裏切り者とは？

「私だったら彼のように逃げなかったでしょう。すべてを投げ出して逃げた彼は裏切り者です。良い国とは、子供たちが大統領の名前を知らない国です。平穏でうまくいっている国では大統領の名前を知っている必要はない。私はいつも第二代のクチマ大統領を思い出します。良かろうが悪かろうが、彼が統治した一〇年間、私たちは平穏に暮らしていた」

ドネツクでは親露派支配が確立して以降、ウクライナ・メディアは敵視され、記者たちの表だった取材活動は封じられた。イリーナは欧州の写真通信社と契約を結び、細々と仕事を続けている。三十代の息子と二人暮らし。コーヒーを手に語る口調には、不安定な政治と戦争に翻弄されて生きる苦悩がにじんだ。

地元出身の親露派戦闘員

夕方、ホテルに戻って休んでいると、「ガリガリガリガリ」と重苦しい音が近付いてきた。窓から眺めると、いかつい歩兵戦闘車が無限軌道で路面を削りながら走っていく。先ほどの並木通

市内中心部を走る親露派の歩兵戦闘車（ドネツク、2014年9月13日）

りを州庁舎方面へ。車上には戦闘員が八人。空港周辺の戦闘から戻ってきたのだろうか。気づかれないように窓越しに望遠レンズで撮影した。今のドネツクでは軍事関係の人や物を撮ると即座に拘束される恐れがある。そもそも警察が機能していないので、何が起きてもおかしくない。ヤナからは「くれぐれも夜間は外に出ないように」と念を押された。

その夜、食事しようと部屋から階下のレストランへ向かうと、入り口前で親露派戦闘員の中年男性を見かけた。迷彩服姿で自動小銃を肩にかけている。坊主頭でどこか穏やかそうに見える。取材を申し込むと、にこやかに快諾した。その場で手早く話を聞く。

――現在の状況は？

「停戦は存在しない。ウクライナ政府軍が守っていない。特にドネツク空港周辺だ。今日はドネツク近郊のヤシヌワタ、エナキエボ、マケエフカ、ゴルロフカが砲撃された。だが、我々は反撃していない。最終的に彼らが改心するのを待っている。どうなるかは分からない」

政府軍は停戦違反をしているとの主張だ。どこまで事実かは判別しがたい。

――しかし、停戦前よりはましなのでは？

「我々にとって、ましになるのは彼らが去ったときだ。何もかも良くなるだろう。ミンスクでの交渉は何の結果も生まなかった。ウクライナ側は合意事項を満たさない。捕虜交換でも我々が三六人引き渡したのに、向こうは三一人。あいつらはいつも約束を守らない」

男性は吐き捨てるように言って、話を続けた。

「ドンバスの住民は働き者だ。炭鉱が稼いだ金はキエフへ行ってしまい、我々が受け取るのはほんのわずか。良いことは一つもなかった」

話の様子からすると地元出身らしい。胸には空挺部隊を象徴するパラシュート印のバッジが鈍く光っている。

「この土地でみんなが安定して働けるように連邦制を望んだが、それは与えられずに人々が殺されている。私はこれまで林業に従事してきた。出身はドネツク州北部のクラスヌイリマンだ」

――独立を望むのでしょうか？

「そうだ。近く独立を達成するだろう。そう望んでいる」

――ロシアが助けてくれている？

「うーん……。ロシアは我々を助けることはできない。もし、支援を始めれば第三次世界大戦が勃発してしまう。すべては米国が原因だ。米国は我々に対する殺害行為に資金を提供している」

――ロシアから来た義勇兵がいるのでは？

「義勇兵は全員、地元住民だ……。もちろん、助けに来た人々はいる。我々は兄弟だ」

――戦車や装甲車を何台保有しているのか？

「戦車は少ししかない。誰も何も与えてはくれない」

――あなたの名前と年齢は？

「四三歳、ミハイル・ベレザボイだ。ウクライナ内務省のテロリスト捜索サイトを見ればいい。そこに私の写真もある。もっとも、私はテロリストではないし、君にも何もしないけれどね」

ミハイルはニヤリと笑った。

――軍務経験は？

「もちろんある。徴兵で二年間、空挺部隊員だった。その経験はもちろん助けになっている」

礼を言って短いインタビューを終えると、ミハイルは薄暗いテラス席に向かい、仲間数人と合流した。レストラン内は欧米の記者が多い。私も奥の席につき、ビールを飲みながらメモを整理した。親露派武装勢力は地元出身者、ロシア人義勇兵、ロシア軍人、退役軍人などの混成部隊のようだ。おそらく他の地元出身の戦闘員に話を聞いても似たような答えが返ってきただろう。

ウクライナ内務省のサイトを調べると、ミハイル・ベレザボイは確かに「地元出身のテロリスト」として掲載されていた。彼は穏やかな物腰だったが、中央政府への敵意と不信感を強くにじませた。だが、「独立」を求めて戦闘拡大も辞さない姿勢は市民の困窮を直視していない。例えば、このホテル・ラマダ。従業員のうち約四〇人は前線近くの危険な地区に自宅があるため、ホテル内に寝泊まりして働いている。

マリウポリ防衛本部代表代行ロマン・ソコロフ

ドネツクに入って三日目――。ドネツク州で政府側が支配する最大都市であるマリウポリ市へ向かう。アゾフ海に面し、人口約四〇万人の工業港湾都市。八月下旬にはロシア軍と一体化した親露派武装勢力の侵攻が迫った。最前線の要衝である。州都ドネツクからは南へ約一〇〇キロに位置し、「臨時州都」に指定されている。

ヤナに同行してもらい、早朝に出発した。親露派の検問で二回、車を止められ、スーツケースの中まで調べられた。快晴の下、片側二車線の幹線道路はすいている。枯れて乾いたヒマワリ畑を朝日が照らし、草原地帯に入るとキジやウズラが慌てて道路を横切った。タクシー運転手の初老男性は「今年は猟師が休んでいるからなあ」とつぶやく。一時間後にはもう政府軍の検問だ。静まり返って不気味な緩衝地帯を抜けて、心底ほっとした。次第に畑の手入れが行き届くようになってきた。

出発から二時間後、目的のマリウポリに着いた。巨大な製鉄所がまず目に入る。白い煙が煙突から立ち上り、鉄鋼を中心とする町は健在だ。表通りにはウクライナ国旗がいくつも掲げられ、壁に大書された防空壕の案内表示が目につく。すれ違うバスや路面電車に活気が感じられる反面、政府軍の軍用車も頻繁に行き交っている。

停戦から一〇日近くたって町は平穏を取り戻しているが、次の攻撃に備えて戦時に準じた状況にあるという。この町も五月までは親露派側に占拠されていた。当時の戦闘で焼けた五階建ての行政庁舎が手つかずのまま残されている。

ヤナと一緒に中心部を歩き、人々に声をかけてみた。地元の沿アゾフ国立技術大学でコンピューター・プログラムを専攻する男子学生三人組。二〇歳のドミトリーは「砲声は本当に恐ろしかった。戦争も過激思想もない国になってほしい」と話し、ウクライナ西部を中心とした反ロシア民族主義への警戒感を隠さない。仲間のボグダンが「米国のような連邦制になったらいい」と言うと、残る二人も賛同した。

戦闘で焼け落ちた警察庁舎の前では、工場労働者の中年男性アンドレイが取材に応じた。「現政権と親露派のどっちが良いかなんて分からない。マフィアとマフィアの戦いだ」吐き捨てるように言う。両者の交戦を目の当たりにしたという。親露派支持の市民も少なからずいるとされ、人々の思いはさまざまだ。「マリウポリはウクライナ!」と書かれた大看板には赤い塗料が投げつけられていた。

＊　＊

ウクライナ政府軍を支援する民間組織「マリウポリ防衛本部」を訪ねる。代表代行を務めるロマン・ソコロフ（三三）がインタビューに応じた。白い半袖シャツにジーンズという軽装だ。段ボール箱が積まれた部屋の壁には大ぶりのウクライナ国旗が貼ってある。

九月初旬に結成されたばかりのボランティア団体で、三つの役割を担うという。軍の要望を聞き取り、市民有志がどこへ支援物資を届けるか差配すること。軍や政府系義勇兵部隊への志願者募集と適性判断。そして、市民へ向けた二四時間の電話ホットライン。多数のボランティアが交代でコールセンターに詰めている。

――ホットラインは何のためにあるのでしょう？

「パニックが起きないようにするためです。最近も砲声が響き、たくさん電話がかかってきた。我々のオペレーターは『町はウクライナ軍に守られています』と不安を和らげました。『正体不明の武装集団を見た』という通報を受けることもあり、その場合は義勇兵部隊のアゾフ大隊を派遣する」

――停戦から一週間以上過ぎての状況は？

「最初の二日間は砲撃もあったが、今は落ち着いている。停戦が安定して続いてほしい。一番大変だったのは停戦直後の深夜でした。砲撃によって郊外で建物一棟が破壊され、女性数人が病院で死亡したのです」

――マリウポリへの攻撃はロシア軍の侵攻と言われています。

「他に誰がいるでしょう。彼らはロシアの軍備を用いている」

――停戦が続くかどうかは不透明です。市街地防衛の準備は？

「戦車の侵入を防ぐため、塹壕を掘っている。市当局が指揮し、多くのボランティアが作業に加わっています。ウクライナ人として暮らしたいという意思の表れです。マリウポリに駐留する政府軍部隊はかなり増強された。大規模攻撃をはね返せることを期待しています。長い間、増援がなく、戦車や大砲を持たない義勇兵部隊ばかりだった。今は違います。義勇兵部隊も『アゾフ』と『シャフチョールスク』の二隊いる。アゾフ隊ではウクライナ西部から来た人々が任務に当たっている。素晴らしい若者たちだ。我々もできる限り支援している。国防省のバックアップもあるが、遅いのが問題。九月に入って深夜は防寒着が必要だが官僚機構の仕事は遅い。だから、我々がそれを補っている」

　国家の不備を市民が埋め合わせるのは、いかにもウクライナらしい。

――マリウポリの将来はどうなるでしょう。

「今後の状況次第です。もしウクライナがEUの一員となれば、展望は大きく開ける。我々には海があり、産業があり、農地もある。欧州へ商品を売ることができる。だが、もしロシア政府の支配下になったらひどいことになる。港の機能は停止するだろう。未承認国家の港に外国船は立ち寄れない。この町の金属製品は九割が輸出されているが、それもできなくなって操業停止となる。金属の町に貧困と犯罪がはびこるだろう。現在、港は大忙しです。以前はクリミアに寄港していた船がこちらへ来るようになったから。クリミアのようになれば、船を目にすることもなくなる」

――政府軍がマリウポリを奪還して四カ月となる。現在の親露派支持はどれくらいでしょう?

「まだ三割はいるでしょう。彼らは将来のロシア編入を夢見て、『ドネツク人民共和国』で暮らすことを望んでいる。その多くは『ソ連に戻りたい』という高齢者たち。説得は困難です」

――停戦前のマリウポリはどのような状況でした?

「大勢の住民が列車やバスで市外へ脱出しました。私自身も妻子をより安全な場所へ送り出した。西へは問題なく抜けられたのです。避難した住民は一、二割でしょう。市内では外を歩く人がめっきり減った。脱出のピークは停戦の数日前だった。市の中心部でも砲声がはっきり聞こえるようになり、パニック状態でした」

さきほどロマンが「素晴らしい若者たち」と語った政府系義勇兵部隊についてもう少し聞いておこう。

――ロシアのメディアは彼らを『攻撃的な民族主義者』と非難しています。

「彼らが敵に対して攻撃的なら、それは良いことです。だが、地元住民に対して彼らは攻撃的ではありません」

――ロシアでは「バンデラ主義者」（過激なウクライナ民族主義者の呼称）と言われています。

「単なるロシアでの流行です。彼らはウクライナ人をすべてバンデラ主義者と呼ぶ。何のためにかって？　民族間の不和をあおるためでしょう。彼らからすれば私もバンデラ主義者となるだろう」

ロマンは戦況が悪化するまで、住宅用の窓の販売店を営んでいたという。「パニックの中で窓を買おうという人はいないから、ビジネスを閉じて社会活動を始めたのです」と苦笑いした。

＊　＊

マリウポリにはドネツク市からの避難民も多い。その一人、四〇歳の女性会社員ガリーナと立ち話した。夫と男の子三人の家族で移ってきたという。

「私たちは七月上旬に避難してきました。親露派を支持しないウクライナ国民だからです。子供がいるので安全のためもあります。大荷物を持ってバスに乗って。テレビのニュースで砲撃が続いていると聞いていたので道中は怖かったけれど、何も起きなかった。検問では持ち物やパスポートをチェックされました」

――こちらでの暮らしは？

「この二カ月は以前より良いですね。私が務める金属関係の会社がドネックからこちらへ事務所を移転したので仕事が続けられています。ただ、住宅を見つけるのは大変でした。こういう状況を悪用して家賃を一〇倍に値上げした大家もいる。私たちは最終的には相応の家賃の部屋を見つけられました。会社がいずれドネックへ戻るのか、別の場所へ移転するのか決まっていないので、今後については分かりません」

ガリーナ一家が見た停戦直後のマリウポリはどんなものだったのか。

「九月五日夜の停戦発効とほぼ同時に郊外で戦闘が起き、パニックになりました。大勢が避難のため町を出て行った。食料品店や銀行の預け払い機には大行列ができました。一週間たって、今は落ち着いています」。ほっとした口調に当時の恐怖が感じられた。

――ドンバスの将来はどうあってほしいですか？

「ドネック市もマリウポリ市もウクライナ領です。一つの国家であるべきです。三部屋ある家の一部屋だけを分離するわけにはいかないでしょう。連邦化？　私にはピンと来ません」

マリウポリは工業都市としては緑豊かな町だ。街路樹の木陰に青果の露店が並んでいる。海岸へ出ると、夏の太陽にアゾフ海がきらきらと輝いていた。泳ぐ人々、堤防を散歩する家族連れ、釣り竿の先をにらむ太公望たち、沖には一〇隻ほどのヨット。遠景には港の荷役クレーンや工場の煙突がある。のどかな光景に思わず足が止まった。

夕方、もう一度海が見たくなって砂浜へ歩いた。とろけるように凪いだ海が淡い紫色に暮れてゆく空を反映し、海と空はほとんど一つに溶け合っている。黒海の奥に位置する内海ならではの景色だろうか。停戦九日後の戦地。夕日が沈むまで信じられないほど穏やかな時間だった。

穏やかな海辺の風景（マリウポリ、2014年9月14日）

翌朝、マリウポリを離れる寝台列車の個室で横になり、天井を見つめながら思いにふけった。車窓からは白い煙を勢いよく吐き出す製鉄所が見える。戦争が続くウクライナ東部を取材し続けて明確に言えるのは、「さまざまな考えの人がいる」という当たり前のことだ。そして、多くの市民にとっては政治的主張よりも生活が優先、戦争よりも平和が第一だ。別れ際、ヤナは「州境を超えたら安全確認のために電話をかけてね。一〇月は私の誕生日、一一月は娘のダリーナの誕生日。どうぞ訪ねていらっしゃい」と明るく言った。次にドネツク入りするのはいつになるだろうか。土埃で汚れた嵌め殺しの窓を市街地の景色が流れていった。

第四章

タタール、蹂躙された歴史

タタールの老闘士

二〇一四年一〇月一七日、クリミアと東部の危機に揺れるウクライナの首都キエフ――。市街は穏やかに晴れ、千年の歴史を誇る古都の顔を取り戻している。デモの激化でヤヌコビッチ政権が崩壊して八カ月が経った。政変の舞台となった独立広場も平穏そのものだ。古タイヤのバリケード、ヘルメットのデモ隊、焦げくさい臭い。それらはきれいに消えていた。ただ、東部ドンバスで親露派武装勢力と政府軍の戦いが続く中、キエフ中心

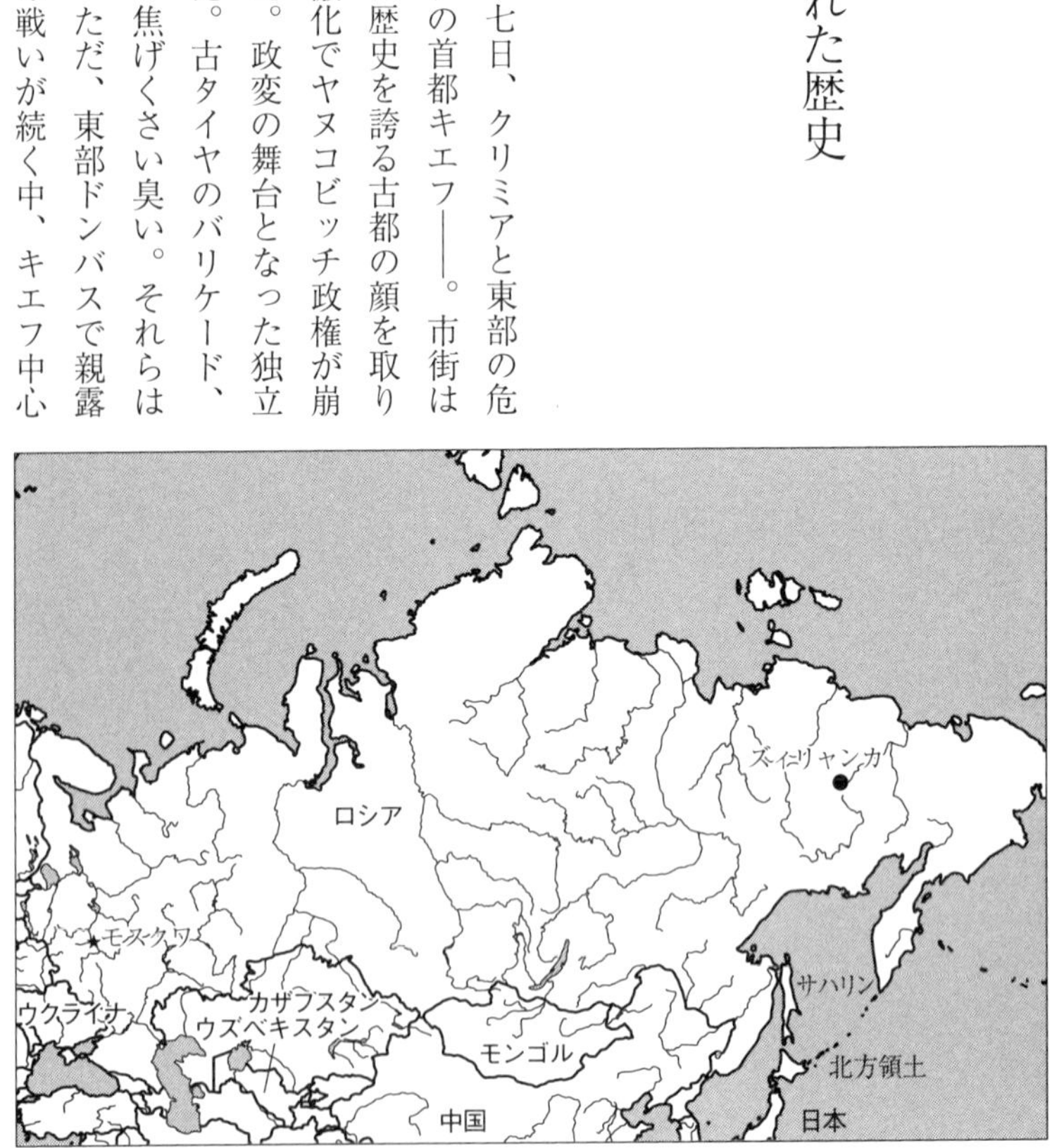

部には軍への支援を呼びかける看板が少なくない。

私は独立広場近くの古い雑居ビルを訪ねた。がらんとした事務所の一室で、黒いトレンチコートを着た男性と向かい合う。小柄だが強い意志の力があふれるような顔立ち。ひっきりなしにたばこをふかす。

「一日二箱が習慣でね。シベリアのラーゲリ（強制収容所）でも吸っていた。あそこでは新聞の切れ端でマホルカ（低級の刻みたばこ）を巻いた。『イズベスチヤ紙で巻くのが最もうまい』と言う者もいれば、『プラウダ紙の方が上等だ』と主張する者もいた。ソ連の新聞が好みを分け合ったんだ」

クリミア・タタール人の民族指導者ムスタファ・ジェミレフ（キエフ、2014年10月17日）

ウクライナ最高会議議員のムスタファ・ジェミレフ、七〇歳。クリミア半島の先住民族クリミア・タタール人の指導者で、同胞からは「不屈の闘士」とたたえられる精神的支柱だ。非暴力を旨としたその民族運動は高く評価され、一四年にはノーベル平和賞候補の一人とも報じられた。

＊　＊

クリミア・タタール人の現代史は苦渋に満ちたものだ。第二次大戦中の一九四四年五月、ソ連の独裁者スターリンによって故郷の半島から中央アジアなどに民族丸ごと強制移住させられた。クリミアに一時侵攻していたナチス・ドイツへの協力を疑われたためだ。大戦後も長く帰還は許されず、民族の悲願を達成したのはソ連末期になってからだった。ジェミレフは一五年間以上自由を奪われるなど過酷な弾圧にあらがいながら、その先頭に立ってきた。

九一年のソ連崩壊により、クリミアは独立したウクライナの一部となる。タタール人にとっても新たな出発となり、父祖の地に再び根を下ろす日々が四半世紀近く続いた。だが、七カ月前に状況は一変した。

三月一八日、ロシアのプーチン大統領がクリミア編入を一方的に宣言したからだ。これに強く反対したジェミレフはロシアから危険人物扱いされ、「クリミアを含むロシアへの五年間の入域禁止」を申し渡される。キエフから五〇〇キロ南の故郷へ戻ることができなくなった。

「我々は数十年にわたって故郷へ帰るため平和的に闘ってきた。そして今、我々の土地に住める者と住めない者を勝手に決めるよそ者がやってきた」。ジェミレフは黒い瞳で私を見すえて言った。淡々とした口調の中にも憤りがにじむ。「……だが、我々は非暴力の原則を守っている。我々には市民としての立場しかない。占領当局は何よりもこの原則にいらついている」

＊　＊

実はプーチンによるクリミア編入宣言の数日前、二人は電話で言葉を交わしていた。三月一二日のことだ。仲介したのは、同じチュルク系民族でロシア連邦タタールスタン共和国を長年率いたシャイミエフ元大統領。当時、クリミアではロシアが半島全域の軍事制圧を完了し、四日後には編入の賛否を問う住民投票が予定されていた。電話は緊迫したやり取りとなった。以下、ジェミレフの証言から。

「あなたは世に認められたリーダーであり、人権活動家だ。あなたのことを尊重している」。プーチンはジェミレフをまず褒めあげ、こう続けた。「クリミア・タタール人が流血の衝突に巻き込まれるのではないかと危惧している」

ジェミレフは答えた。「私もとても不安だ。我々は故郷帰還のために暴力を用いず闘ってきた。だが、自分たちの土地に他国の軍隊がやって来て力でねじ伏せようとしているとき、自己を抑制するのは容易ではない。……クリミアから軍を撤退させるべきだ」

強い影響力を持つ民族指導者を懐柔しようというのがプーチンの狙いだった。だが、ジェミレフは「不法行為と折り合いを付けるのは不可能だ」と一蹴する。対立は決定的となり、ジェミレフの追放が決まった。数えれば自由を制限されるのは八回目。このときから民族の悲憤がこもった新たな闘いが始まった。

プーチンは、クリミアでの住民投票を編入正当化の論拠として繰り返し語っている。だが、ジェミレフは「偽りの投票だった」と断言する。「実際に参加したのは住民の三四％だ。そして、その全員が編入賛成に投票したわけではない。クリミア・タタール人の大多数はボイコットした」

ロシアによる支配の開始は半島を揺り動かした。

「クリミアでは六割がロシア系。およそ二五％がウクライナ系で、その多くはロシア化している。

だが、民族意識を失っていないウクライナ系住民の多くは半島を離れた。タタールの一部も合わせ、約二万人が脱出したとみられる」

ジェミレフはゆっくりとたばこの煙を吐き出し、父祖の地を思った。「クリミアではどこもかしこも私の好きな場所だ。旧都バフチサライを歩けば、昔の人々のことが頭に浮かぶ」

編入後の情勢を探るため、私はクリミアを再訪することにした。

ロシア政府からの弾圧

クリミア・ハン国の王族が暮らした宮殿（バフチサライ、2015年2月15日）

岩山に囲まれた町は静寂に包まれていた。一五年二月半ば、クリミア半島南部の内陸部にあるバフチサライ。モンゴル帝国の流れを引いて一五世紀に成立したクリミア・ハン国の首都だった。一七八三年にロシア帝国に併合されるまで、トルコ風の宮殿に王族が暮らした。イスラム教独特の細長い塔が二本そびえ、往時をしのばせる。クリミア・タタールの人々が抱く故郷の原風景だろう。

日本の四国の一・四倍ほどあるクリミア半島。約二二〇万人の住民の多くはロシア系で、クリミア・タタール人は約三〇万人を占めるに過ぎない。だが、ロシア帝国への併合前、半島は長らくタタールの支配する土地だった。

私が宮殿を訪れた夕暮れ時、ロシア人観光客が数組そぞろ歩くのみだった。

「以前は毎日のように観光バスが来て、たくさんの外国人でにぎわっていました。昨年二月までは……」。近くで土産物店を営む三十代のタタール人夫婦、アリと妻レヌーラは唇をかんだ。「先住民族であるクリミア・タタールのいないクリミアはあり得ません」声を潜めるように言い、「T」の字を意匠化した小さな民族旗を私に手渡した。

一年前――。キエフで親欧米の暫定政権が成立した直後から、クリミアでは親露派勢力とロシア軍が動き出した。プーチン政権は覆面部隊に議会や空港を占拠させ、さらにウクライナ軍基地を包囲させたのである。あのとき、現場に入った私は事態急変を目撃した。「キエフのファシストをクリミアに入れるな！」そう叫ぶ親露派住民の分離運動は過熱していた。タタール人らはこれに反対して「平和を」とウクライナ国旗を振ったが、多勢に無勢だった。

＊　＊

バフチサライの宮殿から車で一〇分の丘に広がる住宅街に、民族指導者ジェミレフの自宅がある。留守を預かる妻サフィナール（六六）が笑顔で私を招き入れた。温かいスープや自家製のレモンジャムでもてなしてくれたが、夫のいない家は火が消えたようだ。食後、彼女はロシア支配下での同胞の窮状を訴えた。

「武装した男たちが住宅やイスラム礼拝所の捜索を繰り返し、私たちタタールに恐怖心を植え付けようとしています。ドアはけり破られ、住民は地面に顔を押しつけられて」

四階建てのがっしりとした家の屋根裏部屋にはジェミレフの思い出の品々が大切に保管されている。サフィナールは大判の肖像写真を手に取った。目に涙を浮かべつつも、「同胞がいる限り、私はここに残ります」と言った。夫の後を追って民族運動に加わり、長年志を共にしてきた自負がある。

ロシア当局による家宅捜索は「禁止書物」や武器所持の疑いを名目としている。だが、タタール弾圧が狙いであることは明白だ。ソ連の治安機関・国家保安委員会（KGB）の後を継ぐロシア連邦保安庁（FSB）がその中心を担う。最大の標的は、ジェミレフが二年前まで議長を務めた民族組織「メジュリス」だ。先住民族としての自治権を求め、一九九一年に設立された民族の最高代表機関である。ジェミレフの後任議長もクリミア入域を禁じられ、本部の建物は閉鎖させられた。タタール人男性の失踪事件が相次ぎ、一人は遺体で見つかっている。

また、メジュリス副議長のアフテム・チーゴスは一五年一月下旬、大規模騒乱を組織したとの疑いで逮捕された。クリミアが不安定化した一四年二月二六日に議会前でタタールとロシア系住

ジェミレフの妻サフィナール（バフチサライ近郊、2015年2月15日）

民のデモ隊が衝突して死者数人が出た事件に関する容疑という。だが、ロシア政府の下でクリミア共和国首長となったセルゲイ・アクショーノフらロシア系のデモ指導者は捜査対象にすらなっていない。

私はバフチサライの宮殿近くにある小さなカフェで、逮捕されたチーゴスの妻エリミラに会った。「彼はクリミアに残っていた唯一の民族指導者でした。影響力があるゆえに拘束された。これは民族に対する抑圧です。彼はタタールの安全確保を訴えていただけなのです」。妻は硬い表情で訴える。法廷で見た夫はやせ細っていたという。

――メジュリス幹部として身に迫る危険を感じてはいなかったのでしょうか?

「彼は故郷を愛し、ここを離れたくなかったのです」

タタールと親露派、大きな隔たり

ロシア当局の圧力は地元メディアにも及んでいる。タタール系テレビ局「ATR」が前月に家宅捜索を受けていた。一四年二月の議会前での衝突の録画映像を押収するためとされる。

取材に応じた幹部社員のシェフケット・メメトフ(五〇)は眉間にしわを寄せ、語気を強めた。

「我々は反体制的な放送局とみなされている。ありのままを伝えようとしているのが好まれていない。ジェミレフらメジュリス幹部の多くがクリミア入域を阻まれているのも、ロシアが彼らを恐れているからだ」

局内は若い世代が多く、活気ある雰囲気だ。メメトフに頼んで、若手女性記者のサフィエ・アブリャエワに会わせてもらった。彼女は二カ月前、モスクワでプーチンの年末記者会見に参加し、直接質問を投げかけたからだ。同じ会場にいた私は、物おじせずにロシア大統領と向き合ったサフィエの姿を記憶していた。

年末会見には毎年一五〇〇人を超える記者が集まり、プラカードや旗を掲げて質問のチャンスを競う。このときは三時間が過ぎてプーチンが「残り三問だ」と言った後、彼女が指名された。質問はスターリン時代のタタール強制移住を切り口にした遠回しな尋ね方だった。

タタール系テレビ局「ATR」の記者サフィエ・アブリャエワ（シンフェロポリ、2015年2月16日）

――あなたは今春、強制移住させられた民族の名誉回復に関する法令を出しました。しかし、クリミアの地元政府は具体的な動きを何一つしていません。どうしてだと思いますか？

サフィエの問いかけに対し、プーチンはよどみなく答えた。「法令が効力を発揮していないとは思わない。対象となるのは当時クリミアで抑圧されたすべての民族だ。クリミア・タタール、ドイツ人、ギリシャ人、アルメニア人、ブルガリア人などすべてだ。大きな意味がある。我々は抑圧された民族が経済、社会の両面で支援を感じられるようなプログラムを検討中だ。道路、幼稚園など社会基盤を整えていく」

ロシア政府は従前のウクライナ政府よりもクリミアの少数民族に配慮しているとのアピールだ。だが、留保を付けた。「残念ながら今日、明日というわけにはいかない。資金がないからではない。どこに何をどれくらい建てるか、検討が必要だからだ」。具体的な数値目標は示さなかった。

この日のやり取りについてサフィエに聞いた。

「あのとき大統領は実は、私の前に座っている男性記者を指したのです。でも彼はそれを理解していなくて。私はマイク係の女性に『当てられたのは私です』と言いました。ちょっとずるしたんです」。なるほど、プーチンにとっては不意打ちに近い質問だったことになる。

「実際のところ、彼は何一つ新しいことを言いませんでした。ただ、『抑圧された民族に対して政府は配慮する義務がある』といったフレーズがありました。単なる言葉に過ぎないとしても、大統領の言葉は保証になるはずです」。サフィエは力説した。

彼女として同胞のために何ができるのか考えている。だが、生放送された会見直後からしばらく、サフィエ本人とATRは批判にさらされた。地元政府の不作為を指摘したことに対する親露派側の反発が一つ。かたや、同胞の一部やウクライナ政府側からは「会見への参加でロシアにすり寄った」と非難された。

批判について彼女は迷うことなく言う。「私たちにはロシア支配下での暮らしという現実があるのです。彼らと話をつける必要がある。すり寄ってなどいません。地元政府の無策ぶりを問いただしたのですから。タタールは治安機関から注視され、どんな小さな抵抗運動でもすぐに鎮圧されてしまう。多くの同胞が耐えきれずに半島を離れました。いま一番大事なのは可能な限りク

クリミア共和国第一副首相のミハイル・シェレメト（シンフェロポリ、2015年2月16日）

リミアに残り続けることです。この先どうなるか分からないけれど……」

サフィエは長い髪をソバージュにして、おしゃれが好きそうな今どきの女性だ。華やかな外見の一方で芯の強さを感じさせた。

＊　＊

タタールを抑圧する側の論理はいかなるものか。ロシア政府と直結する地元政府のナンバー・ツーに会うことができた。

クリミア共和国第一副首相のミハイル・シェレメト。四三歳とまだ若いが、首長兼首相のアクショーノフに次ぐ立場だ。ロシアのクリミア制圧に際して、親露派民兵組織「人民義勇軍」を指揮し、その後も義勇軍司令官を兼務している。首都シンフェロポリにある政府庁舎の広々とした執務室でインタビューに応じた。

私はタタールに関する質問をぶつけた。

――民族組織のメジュリスをどのように見ていますか？

金髪碧眼（へきがん）でおっとりしたクマのような雰囲気のシェレメトはおもむろに口を開いた。

「私もアクショーノフ氏も民族主義者ではない。タタールの友人もたくさんいる。だが、どの民族にもならず者はいる。紛争を生み出して金もうけをする連中だ。人々に寄生する『指導者』たちが去ったとき、民族の問題は解決に向かう」

敵意がこもった言葉だ。ふと目を上げると、執務机の後ろには厳しい表情をしたプーチンの大きな肖像写真が掲げてある。クリミア編入後に要職をあてがわれたシェレメトらは、元々は地元の親露派でつくる小政党「ロシアの統一」の幹部だった。

――あなた方は長い間、ロシアへの編入を望んでいたのでしょうか?

「その通り」シェレメトは大きくうなずき、陶酔するように語る。「クリミアが『母港』に帰る日をずっと夢見てきた。ことの成功を心から喜んでいる。クリミアとロシアは一つの家族だ。ウクライナもそうだ。ウクライナとロシアを分けることはできない」

そして、一九五四年にクリミアをウクライナ領へと移管したフルシチョフへの批判が口を突いた。「あのとき、地元住民の意見は一切聞かれていない。酔っ払いのインチキ仕事だったのだろう。住民に対する裏切り行為だった」

――一年前、「突然チャンスが訪れた」という認識なのですか?

「チャンス……。そうだ。欧米がチャンスを与えた。キエフで政変を起こしたのは我々ではない。もしヤヌコビッチがしっかりしていれば、争いは防げていただろう。クリミアの住民は彼が親ロシアと考えて支持していたが、単なる商売人だった。彼と同じドネツク州出身の部下たちがクリミアに送り込まれ、人々の商売を奪った。ロシア大統領には感謝している。彼の支えがなければ流血の事態は避けられなかっただろう」

話はクリミアの将来に移った。シェレメトは自信ありげに言う。

「観光と農業の分野で発展できる。今は過渡期だ。現段階ではウクライナへ延びる鉄道が使えなくなり、運輸を船と飛行機に頼るしかない。クリミアは『島』になってしまった。だが、空港ターミナル拡張工事は夏には完了し、鉄道旅客分を空路で補える。欧米の制裁は不愉快だが、賢い人々はロシアとの付き合いに関心がある」

私が今回ひさびさに訪れたクリミアで見たのは、親露派住民が思い描いた「バラ色の未来」とは異なる現実だった。「物価は少なくとも一・五倍に上がった。観光客が減ってしまい、生活は厳しい」とタクシー運転手は口々に語る。対露制裁の発動を受けて、ウクライナ本土はもとより欧米諸国の観光客も来なくなったからだ。厳しい現実を前に、人々は「ここでは戦争がなくて良かった」と話した。数百キロ北東のウクライナ東部では戦闘が続いている。

政府庁舎を辞し、小雪の舞う中心街を歩く。シェレメトが言い放った言葉が私の頭から離れなかった。「どの民族にもならず者はいる」

「ならず者」と呼ばれるタタールの民族活動家の先頭にムスタファ・ジェミレフがいる。半島からウクライナ本土へ逃れたタタール人はすでに一万人に上るという。ジェミレフはこう語っていた。「ロシアによって三度目の悲劇が進行している」。クリミア・ハン国を飲み込んだ一八世紀のロシア帝国。タタールをクリミアから追い出した二〇世紀のソ連。そして二一世紀に入った今、プーチン率いるロシアが半島に現れた。

過酷なタタール弾圧の記憶

スターリン、「鋼鉄の人」と名乗った独裁者による二度目のタタール弾圧は過酷だった。それがジェミレフの原点になった。彼の半生はクリミア・タタール人の現代史を象徴する。キエフで聞いた本人の言葉からその歩みをたどろう。

「あのときはまだ、まったくの赤ん坊だった……」。第二次大戦中の一九四四年五月、生後六カ月のジェミレフは息苦しいほどぎゅうぎゅう詰めの貨車に揺られていた。すでにナチスへの反撃が始まっていた頃だ。ソ連を率いるスターリンはクリミア半島のタタール人を、数千キロ離れた中央アジアなどの遠隔地に強制移住させる命令を出した。ナチスに協力した者がいたという理由で、一つの民族が「人民の敵」と処断された。二〇万人を超える人々が身支度の時間も与えられず貨車へと追い立てられた。温暖なクリミアから、はるか東へと進む過酷な旅路。移動だけで二週間かかり、飢えや渇きで約八〇〇〇人が亡くなったという。そんな中を、幼いジェミレフは生き延びた。

一家がたどり着いたのはクリミアから約二〇〇〇キロ離れたウズベク共和国（現ウズベキスタン）。強制移住先は劣悪な環境で、約一五万人が移送されたウズベクで半年の間に一割の人々が倒れた。クリミア・タタール人全体では最初の二年間で四万五〇〇〇人が命を落としたとされる。

元々、ジェミレフの一家はクリミアで農園を経営していた。だが、三〇年代にソ連が進めた「富裕階級撲滅政策」で財産は没収された。強制移住後のウズベクでは、父は学校の守衛、母は

若き日のジェミレフ（後列、左から2人目）

掃除係として働く。イスラム教を信奉する厳格な家庭だった。「親からは毎日のようにクリミアの話を聞かされた。だから、幼い頃から故郷のために闘わなければいけないという自覚が生まれた」

九歳のとき、ソ連を三〇年にわたって率いたスターリンが死ぬ。学校で生徒みんなが泣き声をあげる中、クリミア・タタール人だけ涙を見せなかった。「我々がソ連的な子供ではないことは明らかだった」。以後、監視体制は緩和されたが、故郷へ戻ることは許されなかった。同様に強制移住させられていた北カフカスの諸民族は帰還を許可され、不平等は明らかだった。

見えない壁もあった。ジェミレフはウズベクで地元大学のアラビア語学科へ進学を目指すが、民族を理由に入学を拒否されたのだ。そして旋盤工として働く傍ら、非合法の「クリミア・タタール青年同盟」に参加し、一八歳で民族活動家としての第一歩を踏み出す。数カ月後にはリーダーが逮捕され、自身もＫＧＢの監視下に。技術系の大学へ入ったが、ビラの配布など「反ソ連的活動」が原因で退学に追い込まれた。

＊　＊

「一つ、また一つと逮捕が続いた。合計七回を数える」。最初の逮捕は一九六六年、二二歳の時だった。兵役を拒否し、ウズベクのラーゲリにぶち込まれた。民族復権活動を本格化させた六〇年代後半から八〇年代にかけて、繰り返し逮捕、投獄され、懲役や流刑で一五年以上自由を奪われた。悪名高いラーゲリ暮らしは一二年間に及ぶ。死の恐怖を感じたことも何度かあった。

シベリアの収容所では所長から信念を捨てて活動をやめるよう迫られ、逆らったために懲罰房送りとなった。麻薬やウオッカで手なずけられた囚人たちが、所長命令でターゲットの人間を始末する場所だ。「もうおしまいだと思った」

だが、何の気まぐれか、ジェミレフの経歴を聞いた囚人のボスは仲間にこう命じた。「お前たちの房に政治犯が入れられた。彼の頭からたとえ髪の毛一本抜けても、俺がお前たちに何をするか分かっているな！」危機を切り抜けた。

刑期を引き延ばす当局にあらがって世間に訴えるため、七五年にはハンガーストライキに打って出る。「クリミア・タタールの問題に世の注目を引きつける必要があった」。強制的に栄養剤を投与されながら三〇三日間続けた。当局が押さえ込もうとすればするほど、ソ連内部での民族抑圧の問題は世界に知られていく。ジェミレフにも注目が集まるようになり、支援の輪は広がった。その一人が、ソ連における人権擁護活動でこの年にノーベル平和賞を受けたアンドレイ・サハロフ博士だ。サハロフは受賞記念講演で、「良心の囚人」として大勢の名前を挙げる中でジェミレフの名前も読み上げ、クリミア半島の強制移住問題に触れた。

ジェミレフは言う。「私は人を民族で区分する人間ではない。ロシアにも友人は大勢いる。故郷への帰還を求めて闘ったあのころ、たくさんのロシア人が我々を助けてくれた」。長い付き合いがあるロシアの人権活動家、アレクサンドル・ポドラビネクは「彼は権力に屈しない精神的に強い人間だった。みんなそれを感じていた」と振り返る。

ただ、たとえ外部の支えがあっても長年の拘束生活は並大抵のものではない。「監獄にいたけれど私はソ連で最も自由な人間の一人だった。思ったことを話していたからね」。ジェミレフは笑ってみせたが、ふっと表情を硬くした。「この自由はとても高くついた。そして我々は代償を払った」

「良心の囚人」のシベリア生活

旧ソ連製のターボプロップ機「アントノフ24」からの景色は単調なようで少しずつ変わっていく。雪にまみれた針葉樹林帯、タイガ。その中に点在する凍った大小の丸い池や沼。やがて、雪を頂いたピラミッドのような低い山地が続き、再びタイガに入る。森林を自在に蛇行する凍った川は複雑に枝分かれし、モノクロの大理石模様を描く。

ジェミレフからシベリア時代の話を聞いた私は、現地で当時を知る人々を探してみることにした。キエフでのインタビューから三カ月後の二〇一五年一月末、モスクワを出発。ひたすら東へ向かう空の旅は、飛行機を乗り継いで一〇時間に及んだ。夕暮れどき、古びた飛行機は真っ白な滑走路に雪煙を上げて着陸した。

東シベリア・サハ共和国の奥地ズィリャンカ――。人口約四〇〇〇人の小さな町だ。船着き場のような素朴な空港ターミナルから氷点下四〇度の屋外へ出ると、吐いた息の水分が口ひげで白く凍った。ただ、乾燥して風がなく、上下とも分厚いダウンで固めればまだ耐えられる寒さだ。ひどいときは氷点下五〇度まで下がることもあるという。

サハ共和国はロシア人のほかにアジア系先住民族のヤクート（自称はサハ）らが暮らす世界最大の自治体である。面積は日本の国土の約八倍。共和国の首都ヤクーツクへはモスクワから飛行機で七時間かかり、時間帯は日本と同じになる。ズィリャンカはヤクーツクから空路さらに三時間かかり、二時間の時差もある。緯度では北極圏より少しだけ南、経度では北方領土・択捉島よりわずかに東、東シベリアの奥のまた奥だ。ホテルは長期出張者向けの寮を兼ねたものが二軒、カフェが一軒でレストランはない。食料品店だけは数軒あった。

町の広場に立つレーニン像は凍結した川をじっと見つめていた。ジェミレフは一九七九年から四年間、この土地で流刑生活を強いられた。ただ、ふいに訪れた静かな生活だった、とも本人は振り返る。民族活動家として名をはせていたジェミレフを助けたいと、ウズベクで教師を務めていた同胞のサフィナールは後を追い、この極寒の地で彼と結婚した。モスクワ五輪の翌八一年、息子ハイセルが生まれた。薄紫色の花束を手に、三七歳の父親は小さな産院へ妻子を迎えに行く。八月なのにもう雪がちらついていた。

仕事が休みの時、ジェミレフは息子を乳母車に入れて通りに出て、子守しながら本を読むことがよくあった。近所の母親たちはそれを見て、「あら、買い物に行くから見ていてもらえる？」

と次々に赤ん坊の入った乳母車を残していく。ついにはジェミレフのまわりに五、六台の乳母車が並んだ。そんな牧歌的な思い出を妻サフィナールから聞いていた。

一家が暮らした辺りは町の中心部から川を挟んだ対岸に位置する。冬、凍結した川は道路になり、ときおり車が通り過ぎる。川岸の雪山で遊ぶ子供たちを横目に私は分厚い氷の上を歩いて渡った。弱々しい太陽が空の低い位置でぼんやりと光を放っている。岸辺の船は春まで氷漬けだ。ジェミレフがこの辺境の地であてがわれたのは産業用酸素ガス工場での仕事だった。彼が働いた古い作業所も見つかった。近くにはうち捨てられた木造住宅が並び、人影もまばらだ。

父祖の地クリミアへの帰郷

三〇年以上も昔だというのに、ズィリャンカの人たちは彼のことをよく覚えていた。図書館へ頻繁に通っていたという。当時から勤務する白髪の女性館長ビクトリア・アフチニコワは「礼儀正しい男性だった」と記憶をたどり、「ＫＧＢは彼がどんな本を読んでいるかに関心を持っていた」と明かす。たびたび長距離電話を使い、支援物資も受け取る要注意人物。辺地にあっても監視の目は鋭く注がれていた。

同じ労働者住宅に住んでいた男性、ビャチェスラフ・カルペンコ（六〇）は親しみを込めて「ムスタファ」と名前で呼び、「イスラム教の聖典を見せてくれたこともあったし、ごちそうになったタタール料理は本当にうまかった」と目を細めた。ただ、現在のジェミレフについてどう思うかと尋ねると、口調は一変した。

「ウクライナ政府はタタールのために何もしていない。それなのにムスタファはウクライナの利益を代弁している。クリミアは祖国へ戻ったのだ!」そう言い終えると、巨体の肩を怒らせて立ち去った。最果ての町で、人々は「クリミア編入は歴史的正義の実現」と口をそろえる。数人に取材を断られた。この土地にかつて暮らしたジェミレフは、いまやロシアに刃向かう者として敵視されていた。

流刑当時のこんなエピソードを本人から聞いた。この地でジェミレフは、サハロフ博士から贈られた日本製ラジオでNHKのロシア語放送を聴いていたという。ある日、アナウンサーがリスナーに問いかける。「日本は隣国とどんな関係を築くべきでしょうか?」。ジェミレフは早速、手紙を送った。「日本は民主国家であり、隣国であるか否かによらず、人権を守る国々と関係を築かなければなりません。ある国が他国の領域を占領している時、関係は慎重にすべきです」

ジェミレフと親交があったビャチェスラフ・カルペンコ(ズィリャンカ、2015年1月30日)

ソ連軍は七九年からアフガニスタンへ侵攻していた。手紙はすぐにKGBに差し押さえられた。「アフガンへの支援を『占領』と呼び、南クリル(北方領土)の返還を要求している日本を支持した」と追及された。東西冷戦の時代だった。

ジェミレフが流刑地での刑期を終えたのは八三年初めのことだ。ほどなく父アブドゥルジェミリがロシア南部の移住先で亡くなった。「故郷に葬ってほしい」との遺言を知り、危険を承知で車数台を連ねてクリミアへ向かった。案の定、当局の妨害を受けて再びシベリア送りとなる。今度は三年の懲役刑だった。だが、時代は動き出していた。

「ペレストロイカ（建て直し）」を掲げたゴルバチョフ政権下の八七年夏、数千人のクリミア・タタール人たちが故郷帰還の権利を求め、モスクワの赤の広場で座り込んだ。これを機にクリミア帰還の動きは誰にも止められなくなる。運動を指導したジェミレフも八九年、一家でクリミアへ入った。実に四五年ぶりの帰郷だった。そして九一年一二月、ソ連は崩壊した。

クリミアに帰ったタタールたちが見たのは、父祖の地で暮らすロシア系やウクライナ系の移民の姿だった。あるじが不在だった土地、建物は奪われ、タタールの文化遺産は破壊されていた。地名の多くもロシア風に変わっていた。

新たな困難のなかで、リーダーのジェミレフは一つの方針を打ち出す。「血が一滴でも流れれば、我々は負ける」。非暴力主義だ。帝政ロシア末期に活躍した同胞の啓蒙家、イスマイル・ガスプリンスキーの思想を受け継いだ。

「生活は楽ではなかったが、自分たちの土地にいるという実感があった。つらく、困難だったが、徐々に故郷での暮らしが整ってきた」。ジェミレフは目を細める。過ぎ去った日々を思い浮かべているようだ。数秒の余韻をおいて、「だが……」と表情を曇らせた。「今、すべてが破壊された」

ジェミレフはポロシェンコ政権からクリミア・タタール問題の大統領全権に任命された。国内外を飛び回り、各国首脳らに「ロシアの不義」を訴える日々が続く。

「米国のオバマ大統領やドイツのメルケル首相とも直接話した。彼らは『占領地域が解放されない限りロシアへの制裁はやめない』と応じてくれた。経済制裁に期待している。ソ連はアフガニスタン侵攻で西側から制裁を発動され、一〇年後の崩壊につながった。同じ流れを期待している。ただ、クリミア解放を一〇年も待ちたくはない。占領の継続は我々にとって痛みの日々に他ならないからだ」

キエフの事務所で、ガラスの灰皿には吸い殻の山ができていた。なおも熱弁は続く。

「これはウクライナだけの問題ではない。制裁は西側諸国の経済にとってもマイナスになることは理解する。だが、いま踏ん張らなければ、後になって数百倍もの代償を払わなければならなくなるかもしれない。クリミアの問題を放置すれば、いつかあなたたちの国にとっての悲劇に転じるかもしれない……」

少数者同士の軋轢

一五年二月、ロシアによるクリミア支配が始まって一年近くがたっていた。首都シンフェロポリの空港にはロシア国旗が高々と掲げられ、ロシア国営航空アエロフロートの女性乗務員がほほ笑む大看板が目立つ。「ロシア化」を露骨にアピールする光景だ。空港は半島制圧時に覆面部隊が展開した現場だが、遠い昔のようにも思える。私はジェミレフ率いるタタールたちとは立場の異なる人々の声にも耳を傾けた。

「楽観主義者が思っていたより状況は悪いが、悲観主義者の想像よりはずっと良いね」。親ロシアの地元紙「クリムスカヤ・プラウダ（クリミアの真実）」のベテラン政治記者ニコライ・フィリッポフはこんな風に現状を表現した。

「ウクライナと断絶したことによるマイナス要素は少なくない。特に中小企業には大きな打撃だ。商品を本土から運んでいたからね。すべてが落ち着くまでには二年はかかるだろう。以前の方が良かったと嘆く人々は多い。だが、現在のウクライナと比べればクリミアの方がましだ」

　クリミアは古代ギリシャの植民都市が栄えるなど、古くから黒海に突き出た要衝だった。ひし形の半島にはタタール以外にも多くの少数民族が暮らす。その中にはドイツ人もいる。一八世紀のロシア帝国によるクリミア併合後にロシアの国策に従って集団移住し、農工業の基盤を整えた。だが、二〇世紀半ばに第二次世界大戦が始まると、タタール同様に中央アジアやシベリアへ強制移住させられた。その数、約六万二〇〇〇人。ソ連末期に帰還が始まったが、現在クリミアに暮らすのは二五〇〇人ほどにとどまる。

　地元のドイツ人組織を率いる五七歳のユーリー・ゲンペリが取材に応じた。

「クリミア・ドイツ人の九九％はロシア編入を問う住民投票に参加し、賛成票を投じた。我々の祖先はロシア帝国に移住したのであって、ウクライナに来たのではない」。ソ連時代は治安機関将校だったというゲンペリは断固とした口調で言う。両親の強制移住先だったカザフスタンで生まれ、九二年にクリミアに移ってきた。その舌鋒はクリミア・タタールへの非難に向かった。

「彼らは自分たちを他のみんなとは異なる民族グループと位置づけ、民族共和国の創設まで狙っていた。クリミアで平和を保つためには各民族の平等が欠かせない。だから我々ドイツ人は住民投票に足を運んだのだ」

ロシア帝国によって滅ぼされたクリミア・ハン国の末裔クリミア・タタール人。ハン国消滅を受けて移り住んできたロシア人やドイツ人。過酷なスターリン時代も経て、長い歴史が両者の間に深い溝を残していた。

現地取材を続ける中で、私の目にはタタール社会にも軋（きし）みが生じているように見えた。それを象徴するのがクリミア共和国議会・副議長という要職に就いたタタール人、レムジ・イリヤソフ（五六）だ。メジュリス幹部でジェミレフの弟子だったと自認する。豊かな口ひげを生やした彼は私にトルコ式コーヒーを勧め、広い執務室から人払いした。

クリミア共和国議会副議長のレムジ・イリヤソフ（シンフェロポリ、2015年2月17日）

イリヤソフは、クリミア編入の二カ月後にタタール代表団のメンバーとして、プーチンとロシア南部のソチで面談した経験がある。インタビューはその時の話から始まった。プーチンと話すチャンスを得た彼は、ウクライナ統治下のクリミアでは多くの計画が言葉倒れに終わったと指摘したという。それに対する回答に感銘を受けたらしい。

「プーチン大統領は『ウクライナと違って我々

には財源も意志もある』と私に言ったんだ」。イリヤソフは胸を張り、ウクライナ政府がいかに頼りにならなかったかという話を続けた。そして胸の内を明かした。「……我々は小さな民族だ。いったい誰と戦えるというのか。チェチェン紛争を見ればロシアとの戦争がどんなものか分かる。ロシアと戦うことなど不可能だ」

かつて師と仰いだジェミレフについてはこう評した。「彼は『民主主義への信奉』という原理原則から離れられない。私には理解できない。我々に課せられているのは、人々の福祉向上のために結果を出すことだ。私はロシア連邦下における我々クリミア・タタールの未来を確信している」

「人々のため」とイリヤソフは言う。けれども、一年ぶりに訪れたクリミアで私が目にしたのは人々の沈んだ表情だった。ロシア編入の熱狂は去り、不都合な現実が露呈した印象を得た。ウクライナ本土から切り離されて「島」のようになった半島では、本土から送られていた農業用水や電力が不足し、食品価格は大幅に値上がりした。国際社会から孤立し、経済を支える観光客は激減した。今後はもっぱらロシア人観光客に頼るしかない。そして、物を言うタタールは身の危険にさらされている。

＊　＊

再び、ウクライナの首都キエフ。二時間に及んだインタビューの最後にジェミレフは言った。「善き者も邪悪な者も、皆いつか死ぬ。ならば、善き者として回想されるほうが良い」。座右の銘にしているペルシャの詩人サーディの言葉だという。信じる道を貫いてきたジェミレフを何度も支えてきたのだろう。

離れて暮らす妻サフィナールは夫への電話で尋ねたことがある。

——いつクリミアを解放するの？

ジェミレフは答えた。「少しずつ解放していくよ」

二人の思いはつながっている。故郷を取り戻す決意は固く、揺るがない。

プーチン自ら舞台裏を暴露

プーチン大統領は二〇一五年三月中旬、クリミア編入一周年を前にした国営放送のテレビ特別番組「クリミア　祖国への道」で、編入に至る裏側を詳しく語った。発言のすべてが真実かは不明だが、事態の進展によっては核兵器も使用できるよう準備していたと明かしたのである。

プーチン自身の説明によれば事態の流れは次の通りだ。一四年二月二二日にキエフで政変が大統領罷免に至ったことを受け、ロシア政府はこの日から翌朝にかけて政権を失ったヤヌコビッチを保護した。作戦が完了した直後、プーチンは集まっていた数人の側近らに宣言する。「ウクライナがこうなってしまった以上、クリミア半島を取り戻す作業を開始しなければならない。民族主義勢力が迫る中で人々を見捨てる訳にはいかないからだ」

これまで編入は「住民投票の結果に基づくもので国際法に合致する」と主張していたが、遅くともキエフの政変直後から編入をもくろんでロシアが動いていたと自ら暴露した。

番組の中でプーチンは回想して語る。「我々はキエフでクーデターが起きるまで、クリミアの奪取など一度も考えたことはなかった。最初に私がやったのは、秘密裏に現地で世論調査を行うよう指示したことだ。調査の結果、クリミアでは人口の七五％がロシアへの編入を希望していることが明らかになった。もし我々が編入に着手すれば、この歴史的出来事の実現を望む人々の数はさらに増加するだろうことは明白だった。……すべての指揮は私が執った。国家指導者が指揮することによって現場が動きやすくなるからだ」

そして、覆面部隊による軍事行動に出た。その詳細もプーチンは明かす。

「武装した二万人（クリミア半島内のウクライナ軍人）の動きを封じて武装解除するには、それに適した専門家たちが必要だった。私は国防省に対して、クリミア駐留ロシア軍基地の防護強化とみせかけて、軍参謀本部情報総局（ＧＲＵ）の特殊部隊、海軍歩兵隊、空挺部隊を派兵するよう指示した。……最終目的はクリミアの強奪や併合ではなく、人々が今後どのように暮らしていきたいかについて意見表明の機会を与えることだった。もし彼らがウクライナの下で強い自治権を持ちたいというのであれば、それもよし。だが、もしそうではないならば、我々は彼らを見捨てる訳にはいかない！　住民投票の結果を受けて、我々はすべきことをしたのだ」

国家元首が堂々とウソをつき、その後、自らを正当化したのである。ロシアを理解するのにプーチンの発言は非常に重要だが、ナイーブに鵜呑みにしてはならないのだ。

番組のホスト役が質問する。

――彼ら（欧米）が軍事作戦に出ることはないと分かっていたのですか？

「そんなわけはない。あらゆる事態に備えて軍に指令しておく必要があった」

――核兵器の準備もしていたということですか？

「その準備はできていた。私は同僚諸氏（欧米の首脳）にクリミアがロシアの歴史的領土であること、そこに暮らすロシア系住民が危機に陥っていて見捨てられはしないことを率直に伝えた。『あなた方は何のためにクリミアで戦おうというのか。我々の目的は明確であり、その準備はできている』と。世界規模の紛争を望む者がいたとは私は思わない。我々は強引にやるつもりはなく、あのような行動はやむを得なかった」

クリミア・タタール人については次のように語った。「一口にタタールと言っても色々な人がいる。クリミアの（親露派）民兵組織に参加したタタールもいる。……クリミア半島に住む人々が一つの家族であることを望んでいる。タタールが抱える歴史的問題を解決するのは我々の義務だ。私たちは出身民族によって区分けすることはしない。現在では皆がロシア国民だ」

ロシア支配下のクリミアで一六年四月、地元裁判所がタタールの民族組織「メジュリス」を過激派団体に指定し、活動禁止を命令。一八年五月にはクリミア半島東端とロシアをつなぐ全長一九キロのケルチ海峡大橋「クリミア橋」が開通し、プーチンは自らトラックを運転して完成を祝った。

第五章
親露派支配地域の人々

地元紙記者がつづるドネツク

ウクライナ東部の親露派武装勢力による「独立」宣言から半年以上が経過した二〇一四年一一月、私は地元紙のヤナ・トカチェンコ記者に現状と展望をつづってくれるようモスクワから依頼した。

「ドネツクをゴーストタウンに変えた七カ月」。こんな表題のレポートがメールで届いた。

〈現在のドネツク市の特徴は、ひっそりとした街路と行列だ。春からの混乱と砲撃で大勢の市民が脱出した。行列は人道支援を受け取るためだ。残った人々はどうにか生き抜かなければならない。ドネツク州にドネツク人民共和国――ウクライナ政府が「一時的な被占領地域」と呼ぶ地域

親露派勢力をアピールする路上の広告看板（ドネツク、2015年3月14日）

――が設立されてから七カ月を経て、変革の多幸感は深い憂鬱と入れ替わった。五月にウクライナからの分離に賛成し、「ついにロシア入りだ！」とテレビカメラの前で踊った住民は、今やそんなことを考えもしない。五月一一日の住民投票も、ドネツク、ルガンスク両人民共和国による国家連合「ノヴォロシア」の成立も、一一月二日の独自選挙のいずれも、ロシア政府は公式には承認しなかった……〉

九月の停戦合意後も戦闘は散発し、対立激化の兆しがある。親露派による独自選挙の強行はウクライナ政府の態度を硬化させ、自治権付与などの和平措置は撤回された。

いつも現地取材を手伝ってくれるヤナは、ウクライナ全国紙「セボードニャ（今日）」のドネツク支局次長であり、夫と長女の三人で暮らす生活者でもある。

以下、再びヤナの記述より。

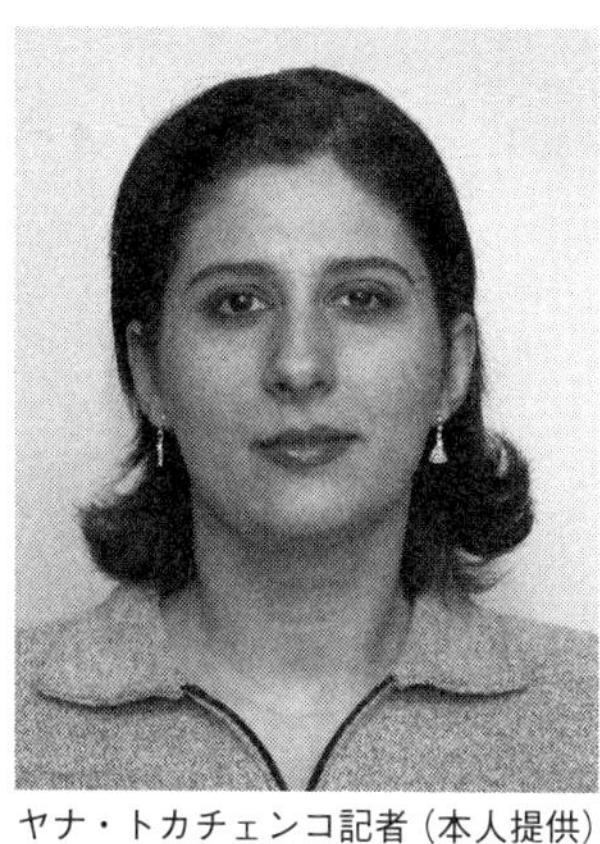
ヤナ・トカチェンコ記者（本人提供）

〈……東部二州の七〇〇万人の住民は、別々の方向へ進む自動車二台をつないだ縄の上にいる曲芸師のような状態に陥っている。かたやウクライナは、親露派支配地域の市町村に対する財政封鎖を発表し、年金や社会保障手当の支払いを拒否した。一方、非承認の人民共和国政府は年金や社会保障手当を支払うと約束したが実現していない。人々はウクライナ政府支配下の都市へ赴き、年金の手続きをしている。

人道支援や無料の食事が年金生活者を救っている。人道支援には、東部が基盤の新興財閥主アフメトフ氏からのものと、もう一つとがある。アフメトフ氏の方は、彼の財団の人道本部が配給を実施している。三歳までの子供がいる母親、高齢者、障害者が対象だ。子供用セットには、カーシャ（かゆ）、ミックスフード、ジュース、紙おむつ。大人用には、数種類の穀物、マカロニ、油、紅茶、缶詰。一袋、五〜七キロある。

もう一つの人道支援は、それを受け取る地元市民が固く信じるところによると、ロシアからだ。アフメトフ氏のものとは別に分配されている。いくらか質素で、瓶詰めの蒸し肉、ソバの実五〇〇グラム、お茶。缶詰が入っていることもある。

だが、高齢者たちは不平を漏らしている。彼らにさえ十分ではないのだ。このため、一日中、支給拠点を回り、いくつか袋を集めるはめになる。誰もそれを非難はしない。非難されているのは、例えば四駆車で援助物資を受け取りに来る人々だ。

街に残った若くて健康な事務系労働者はインターネットを介して自宅のパソコンで働く。勤勉な人々は半壊したような会社へ通っている。ある日、働いた分の給与をすべて受け取れるとの希望を抱きつつ。従来通り、スーパーはレジ係や販売員を募集しており、清掃や修理作業の求人もある。

ほとんどの会社や施設が警備員を募集しているが、こちらは不人気だ。倉庫の場合は特に。大部分が空港近くにあり、そこでは絶え間ない双方の砲火から自分の身も守らねばならない。企業は警備員に高給を払う用意があるが、自ら砲撃の下に行こうという住民はいない。誰にも帰るべき家があり、家族や子供がいる。

特筆すべきはドネツクの子供たちだ。砲撃に反応せず、戦時下で戦争ごっこをしている。ポケットには薬莢（やっきょう）と砲弾のかけら。破壊された建物の近くで拾い集めたものだ。彼らは砲弾が届かない安全な地区にある学校に通い、身を守るための授業も受けている。笛一回で床に伏せ、二回で玄関近くに整列し、三回で防空壕へと走るのだ。正当な理由で学校を休むこともある。「激しい砲声がしている」「検問所の行列にはまり込んだ」「一晩中、停電で宿題ができなかった」などだ。

電気やガスがない中で数日から数週間過ごすことを、ドネツク市民は学んだ。砲弾は破片になってガス管や電線へ飛び散る。復旧作業チームはいつも現場に急行できるわけではない。砲撃がやまないためだ。このため、ドネツクでは時々、携帯会社「ＭＴＳ」の電話がつながらなくなる。他の携帯会社「キエフスター」と「ライフ」は何とか人々をつなげている。だが問題は、地元市民の圧倒的多数が「ＭＴＳ」を使っていることだ。砲撃の最中やその後、別の地区の親族が無事かどうか確かめるために呼び出すには、タンバリンか鐘でのみ可能――とでもいった有り様だ。

ドネツク人民共和国には日常の問題の数々を解決する能力がないため、堅固で安定した国家になり得る力があるか疑問視されている。半年間に政府閣僚の九割が交代した。警察は少数のパトロール隊と三人の交通監視員で構成され、その詰め所はドネツク中心部にたった一つしかない。どこかに検察もあるはずだが活動は知られていない。裁判所は存在しない。

ドネツクにとって唯一の救いは、電力網をアフメトフ氏傘下の「ＤＴＥＫ」社が所有している点だ。電気技術者たちは律義に電線の切断箇所へ駆けつけている。ＤＴＥＫもガス会社も水道会社も砲撃の犠牲者の記録をつけている。今も砲弾は飛んできて、人々が犠牲となっていく。残念ながら記録はまだ閉じられそうにない。九月に発表された停戦について誰も思い出すことはない。

紛争当事者の双方が砲撃を続けている。これは既に立証された事実だ。毎朝、ドネツク市民はインターネットから情報を得ている。深夜にどこが砲撃されたか、どこに砲弾が落ち、何人死んだかを知る必要があるからだ。人々はぞっとしながら打ち明ける。砲撃に慣れはじめたことを。まれに平穏な日々があると、大規模な恐ろしいことが起こりそうだと逆に緊張を強いられることを。将来？　ドネツク市民に将来は見えない。人民共和国の崇拝者も、ウクライナの分裂に反対する人も、穏やかな夜がいつか訪れるかどうか語る気分にはなれない。人々の感情の中で失望が静かに沸き立っている。いつの日か、繁栄して独立した別の国で目覚めるという夢は、日常生活の困難にぶつかって打ち砕かれた。

バルコニーや物置には飲料水や缶詰の蓄えがある。買い物に行こうと外へ出たら、砲撃が始まる。空色のジーンズに黄色のシャツを合わせて着れば、ウクライナ国旗の色と同じ配色になってしまい、内務人民委員部――ドネツクにこんなもの（ソ連時代の秘密警察を想起させる組織）が存在している！――で長々と釈明させられる。右派セクター（反ロシアの極右勢力）の隊員でも破壊工作者でもないのだと。近所の住民と会話を交わさない方が良い。密告されるかもしれない。一度でもホラを吹いたなら、一生懸命謝るべし。さもなければ、これも内務人民委員部に記録される。

ドネツク人民共和国首長のザハルチェンコ氏は破壊された地域経済の復興を早急に始める意向

を表明しているが、その手段や資金源について答えはない。自力では社会・経済の課題を何一つ解決できないだろう。ドンバス地域にあるのは壊れた工場、水浸しの炭鉱、銀行システムの不在、そして数百万の貧しい人々だ。わずかな蓄えによってこの冬は何とか生き延びるだろう。だが、春ごろには恐らく次の動乱が起き、多くのことが一掃されるだろう〉

ヤナの手記は、親露派支配地域における大変動の予感で終わっていた。

四面楚歌プーチンの余裕と疲労

ドネツクの窮状を伝えるレポートが届いた一四年一一月中旬、オーストラリア東部ブリスベーンでは主要二〇カ国・地域（G20）首脳会議が開かれ、プーチン大統領も出席した。議長国の豪州では七月のマレーシア航空機撃墜事件で三八人が犠牲となっている。初冬のモスクワから晩春の現地へ飛んだ私は、ロシアに対する厳しい視線を感じた。

「プーチン殿、豪州国民が聞きたいのは『申し訳ない』の一言だ」。有力大衆紙「クーリエメール」は朝刊一面に怒りのメッセージを大きく掲載していた。それでもロシアが参加したのは、G20サミットを利用価値が高い外交舞台と見込んだからだ。クリミア編入を受けてロシアを排除したG7とは立場を異にする中国やインドなど新興国が多数参加し、「四面楚歌」の恐れがない。到着したプーチンはホスト役のアボット豪首相と並び、笑顔でコアラを抱いてみせた。

G7側では、オバマ米大統領が地元大学での講演でロシアを名指しして、「ウクライナに対する侵略行為は世界に脅威を与えている」と強く非難した。カナダのハーパー首相もプーチンと握

G20サミット最終日に記者会見するプーチン大統領（ブリスベーン、2014年11月16日）

手する際に「ウクライナから出て行くべき」と直言したが、「我々はあそこにいないので不可能だ」と一蹴。プーチンは英国、フランスなど欧州各国首脳との個別会談をこなし、「ウクライナ問題ではロシアは戦争当事国ではない」と従来の主張を押し通した。

ロシアの期待通りにG20の首脳声明では「ウクライナ」は一切触れられず、プーチンは最終日の記者会見で「結果にも雰囲気にも満足している」と余裕を見せた。このサミットの直前、プーチンは北京でのアジア太平洋経済協力会議（APEC）にも参加し、中国の習近平国家主席とロシア産天然ガスの供給拡大などで合意。ブリスベーンでは中露、インド、ブラジル、南アフリカでつくる「新興五カ国（BRICS）」の首脳会合も開き、経済面での結束を確認した。欧米の非難を受ける中、国際社会にロシアを受け入れる有力国が少なからず存在することをアピールしたのだ。

ただ、サミット最終日の昼過ぎ、ヒルトン・ホテルの小ぶりな会見場に現れたプーチンは精彩を欠いていた。顔は青白く、目の下には深いくま。咳で話を中断する場面も数回あった。「我々はここからウラジオストクまで九時間飛行し、そこからモスクワまでさらに九時間飛ばなければならない。さらに家までたどり着かねばならず、月曜日には仕事に行かねばならない。せめて四、五時間でも寝なければ……」。プーチンはそう言って二〇分ほどで会見を切り上げると空港へ直行した。サミット閉幕を待たない「早退」となり、臆測を呼んだ。

プーチンには疲労の色が濃く、もはや長距離外遊にびくともしない体力の持ち主ではないと、自らの発言でも示唆した。かつてのソ連やロシア、中国のような国において、最高権力者の健康状態は国家の行く末を左右する。ロシア人男性の平均寿命六四歳を目前に、六二歳のプーチンはそろそろ老境に入りつつあると私は感じた。

東シベリアとウクライナ東部の歴史的絆

「私は三歳ごろ、両親に連れられてウクライナ東部のルガンスク州からこちらへやって来ました。両親のお墓は向こうにあるし、親類や友人が住んでいる。一昨年までは毎年、休暇に訪れていました。今は彼らの生活を助けるために時々送金し、電話もしています」

シベリアの奥地、ロシア連邦サハ共和国ズィリャンカの、小さな新聞社の暖房が効いた一室。地元テレビ局支局長の女性ナタリヤ・ロマノワが熱を込めて語る。彼女にとっては、六〇〇〇キロ以上離れていてもルガンスクが生まれ故郷だ。その現況をまるで隣町のことのように言う。

先述の通り一五年一月、クリミア・タタールの老指導者ムスタファ・ジェミレフの足跡をたどるため、私はこの小さな田舎町を訪ねた。取材を続ける中で偶然出会ったのがナタリヤだ。

タイガに囲まれた極寒の町でウクライナ東部の話を聞くとは予想もしていなかった。ただ、そこには納得のいく歴史的経緯があった。ズィリャンカには支え合う兄弟のような町が六〇キロ離れて存在する。その名もウゴリノエという。ロシア語で「石炭の」という名前の通り、露天掘りで石炭を産出する鉱山町だ。ズィリャンカは東シベリア海へ注ぐコリマ川に面し、ウゴリノエ産石炭の舟運によって発展した港町。ロシア革命以前から流刑の地とされ、スターリン時代には強制収容所の囚人たちが重労働を課せられた。

一方、戦争が続くウクライナ東部ドネツク、ルガンスク両州は「ドンバス」の通称で知られる世界有数のドネツ炭田を擁する。帝政時代から鉱山開発が進み、ソ連屈指の重工業地帯となった。共に石炭を産出するドンバスとシベリアの奥地の接点はソ連時代の労働政策だ。ズィリャンカのような生活の厳しい遠隔地には好待遇を用意し、必要な労働者や技術者を集めた。

「一九七〇年代から八〇年代にかけて、こちらの方が好待遇だからとドンバスから大勢の人々が移り住んできました。だから、この辺りはかつて『小ドンバス』と呼ばれていたんですよ」ナタリヤはどこか誇らしげに言う。

ウクライナ東部の話が続く。「ルガンスク州に住む独身の女友達は地元の炭鉱で働いていたのですが、戦争の余波で職場が閉鎖されてしまった。それからは無給状態です。家庭菜園のジャガイモとビーツで何とかしのいでいるけれど、バターを買うお金もないって……」。砲声の下で空腹を抱える友人へナタリヤは支援の送金を続けている。

彼女の友人男性は情報戦が生んだ小さな悲劇に見舞われた。ウクライナ南東部ザポロージェ州出身でズィリャンカに暮らす彼は、電話した実家の母親に「ロシアの分離主義者」とののしられたという。両国のメディアが互いに相手国を敵視するニュースを流しているためだ。一方で、この男性は女きょうだいに頼まれ、ウクライナ政府軍の徴兵を逃れた甥っ子を預かっている。

ナタリヤは眉をひそめて言う。「ルガンスクに暮らしている知人はみんなウクライナ政府に反発している。『ウクライナなんて国名を聞くのも嫌だ。将来はロシアの一部に入りたい』と言っている」

分厚い扉を開いて木造の新聞社から出ると、静かな町に黒煙がたなびいている。地元の石炭を燃やして各戸へ暖房を供給しているのだ。その後、ズィリャンカで何人かに話を聞いたが、プーチン政権の対ウクライナ政策を強く支持する人ばかりだった。欧米の経済制裁と原油安の影響でルーブルが急落し、日々の生活にも影響は及んでいるはずだが、この国では政権の方針に反する報道や意見に触れる機会は少ない。それでもモスクワなどの大都市では異論派は健在であり、大都市と地方の温度差を感じた。田舎の素朴なロシア人こそがプーチンを皇帝のように仰ぎ、支えている。

三日間のズィリャンカ取材を終え、武骨な小型機でヤクーツクへ戻る日が来た。乗り込んだ機内は震えるほど冷え切っている。日本人に似た顔つきのヤクート女性の客室乗務員はくるぶしまである黒い毛皮のコート姿だ。後方座席には担架に乗った急病人の姿もあった。

エンジンをふるわせて翼は舞い上がった。白銀の山々と大森林、凍りついた河川を眺めながら、想像以上に広大なシベリアの姿を私は実感した。資源豊富とはいえ、冬は厳寒となる広すぎる地域を国土に抱えるロシア。そのジレンマは、維持コストの高さから西側の研究者に「シベリアの呪い」と表現されてきた。荒々しいタイガにぽつんぽつんと点在するこうした町の存在は、大海原の中の離島とほとんど変わらない。大学に行くため町を出た若者が戻ってこないという、典型的な過疎化が進んでいる。こんな町がシベリアにいくつあるのだろう。

ロシアの国土面積は約一七一〇万平方キロで日本の四五倍。もてあますほどの領域を保有する大国が、西の隣国ウクライナからクリミア半島を奪った。東の隣国・日本は北方領土を占拠されたまま七〇年以上が過ぎた。ロシアから見れば、どちらも「歴史的正義」を象徴する土地ということになる。

親露派に有利な停戦合意

「一月三一日から二月五日の市民の犠牲は少なくとも二六三人。昨年四月の紛争開始以来では五四八六人。避難民は九七万人……」。国連人道問題調整事務所（ＯＣＨＡ）が二〇一五年二月上旬に発表した報告書。ウクライナ東部で沈静化していた戦闘が一月中旬に再燃し、乗り合いバスや市街地への砲撃で市民の犠牲者が急増した。親露派側は攻勢を強め、支配地域を拡大していた。

危機的状況の中で二月一一日夜、ベラルーシの首都ミンスクにロシア、ウクライナと仲介する独仏という四カ国の首脳が集まった。プーチン、ポロシェンコ、メルケル、オランドの四首脳が膝をつき合わせて一六時間にわたるマラソン協議を続けた結果、新たな停戦合意がまとまる。ウクライナと親露派勢力、ロシア、全欧安保協力機構の各代表が署名し、「二月一五日午前〇時」から再度の停戦開始と決まった。

今回のミンスク合意は、破綻した一四年九月の停戦合意をより明確、詳細にした内容だ。まず、およそ二週間以内に火砲を撤収すること。具体的には射程の長さに従って五〇〜一四〇キロ、前線から引き離して緩衝地帯を設けること。撤収後直ちに、ウクライナ国内法に基づく親露派支配地域での地方選挙と将来の地域のあり方について、両者の協議を始めること。親露派地域で政府側が停止している年金支払いや銀行システムを復活させること。地方選挙が実施された後には、直ちに紛争地帯全域でウクライナ政府による国境管理の回復を始めること。外国の武装組織と兵器、傭兵はウクライナ領から退去し、非合法グループは武装を解除すること。一五年末までの施行をめどにウクライナ憲法を改正して、親露派支配地域の特殊性に考慮した地方分権を実現すること。「ドネツク、ルガンスク両州の一部地域（親露派地域）の特別な地位」に関する恒久法を年末までに制定すること——。ざっくりと言えばウクライナ国内法に基づき、親露派地域を特別な自治エリアにするという内容だ。

停戦で重要となる火砲の撤収では、ウクライナ軍側の引き離しの起点が「現状の前線」なのに対して、親露派側は「一四年九月に定められた前線」と決まった。最近の猛攻撃で支配地域を拡大した親露派にとって有利な緩衝地帯の設定となる。ロシアの秘密裏の軍事侵攻を阻止するために不可欠な国境管理の回復も先送りする内容だ。独仏が仲介する中でウクライナのポロシェンコ大統領は妥協を強いられ、「我々は即時停戦を主張したが、彼らは約七〇時間の猶予を要求し

銃殺されたネムツォフ氏を追悼するリベラル派のデモ行進（モスクワ、2015年3月1日）

た」と漏らした。

ポロシェンコが押し切られた停戦発効までの猶予期間は平穏では済まなかった。親露派の拠点都市ドネツク、ルガンスク両市の間にある交通の要衝デバリツェボで、親露派勢力が五〇〇〇人以上のウクライナ軍部隊を包囲して投降を迫ったのだ。停戦発効後の一七日には大規模な衝突が発生。「デバリツェボは停戦合意の枠外」と強弁する親露派が翌日に街を陥落させる。多数の戦死者が出た模様だ。その後、ようやく戦火は収まっていった。五〇〇〇人を大きく超えた戦争の犠牲者は、二度目のミンスク合意が果たされなければさらに増え続けるだろう。

＊　＊

ロシアでは二月下旬、野党指導者のボリス・ネムツォフ元第一副首相（五五）が深夜のモスクワ中心部で何者かに銃殺され、プーチン政権に批判的なリベラル派の活動家や市民を震撼させた。ネムツォフはウクライナへの軍事侵攻を批判し、反政権デモの実施を呼びかけていた。

「プーチンなきロシアを！」「戦争はいらない！」三月一日、クレムリン近くの車道が喪章付きのロシア国旗を掲げた人波で埋まる。ネムツォフを悼んで実施されたデモ行進は反政権色が濃く、高まる一方の愛国ムードに異を唱えた。反戦集会の色合いもあり、ウクライナ国旗を振る人も。一行は射殺事件現場までの約一・五キロを歩いた。参加者は七万人以上とされ、二〇一一年一二月にロシア下院選の不正疑惑を巡って約一二万人が集まった抗議集会以降では最大規模となった。ただ、地方で呼応する動きはほとんどなかった。

親露派の〝ドネツク人民共和国の首都〟へ

新たなミンスク合意による停戦から丸一カ月が過ぎた一五年三月中旬、私はウクライナ東部を再訪することにした。「ドネツク人民共和国」を自称する親露派の支配地域はどれほど国家の体裁を整えているのか。親露派指導部と市民はそれぞれ何を思っているか。三月一三日の早朝、モスクワからロシア南部ロストフナドヌーへ飛んだ。

ロストフの空港ターミナルを出ると外は小雨だった。予約しておいたタクシーで国境を目指す。運転手の男性は「ロシア人義勇兵は向こうにたくさんいる。知り合いも自分の車で行っている」と淡々と話した。雨足が強まる中、車は田園の一本道を飛ばす。春にはまだ早い。裸のポプラ並木が次々と後方へ過ぎていく。畑の黒土が音もなく雨を吸い込む。数十キロ先の「向こう」と同じ土地柄だ。

二時間後に到着したウスペンカ国境には、乗用車やトレーラーで十数台の列ができていた。国境管理施設はまだ新しく、特段の緊張感もない。私は徒歩で国境を越えるので、一人スーツケースを引いてゆく。出国審査を問題なく通過。ロシア側を出る際、若い職員から英語で「グッド・ラック！」と声をかけられた。

境界を越えてウクライナ側に踏み込むと景色は一変した。元々古びていた施設は戦闘でボロボロになっている。自動車検査場を覆う金属製の屋根は銃弾が貫通した穴だらけだ。迷彩服を着て小銃を下げた親露派戦闘員たちが何人もたむろしている。「入国」管理はさして厳しくなく、パスポートには何のスタンプも押されなかった。黒青赤三色のドネツク人民共和国旗が風に揺れている。

国境のウクライナ側では、約束通りいつものコンビが私の到着を待っていた。地元記者のヤナ・トカチェンコと、カメラマンのサーシャことアレクサンドル・フドチョープリ。早速、サーシャの車に乗り込み、ドネツク人民共和国の「首都」ドネツク市へ向かう。冬枯れの林を貫くのどかな一本道だが、ときどき昨夏の戦闘で折れた木や陣地の跡を見かける。大型トレーラーやバスが走っており、人と物資の往来は盛んだ。ロシア側へ向かう軍用ガソリン・タンク車の列ともすれ違った。

おしゃべりなサーシャはハンドルを握りながら、「コカコーラが飲みたい！　マクドナルドのハンバーガーが食べたい！」と叫ぶ。戦争で町から消えた商品だ。ドネツクには昼過ぎに到着し、親露派が陣取る州政府庁舎の広報部門で記者証を更新した。これなしに取材活動すると拘束のおそれがあるからだ。

二月の停戦合意が結ばれる直前、ヤナには電話でドネツクの状況を報告してもらっていた。

「砲撃が激しくなり、もう安全な地区はどこにもない。なるべく外出しないようにしている。人口の三分の一は市外へ避難した。学校はすべて休校。電気などのインフラは一部地域を除いて維持されている。市民は備蓄に努めてきたので、食料不足も起きてはいない……」。当時、危機一歩手前の状況だった。

カフェに入り、彼女に現状を尋ねる。「停戦後の今は、砲撃音が消えて町が静かだとかえって不安になる。明後日にも戦闘再開という噂も流れている」。カフェラテをすすりながら浮かない顔を見せた。彼女の夫の友人はドネツク空港近くで死亡し、妻と子供二人が残されたという。ドネツクでは誰でも身近に死が存在している。

日が沈んでホテルへ歩いて戻る途中、建ち並ぶ集合住宅の小さな異変に気がついた。暗くなっても明かりのついた窓が少ない。まるでクロスワード・パズルの黒白の枠のようにまばらだ。ヤナは「明かりのない窓は避難した家だから」とぽつんと言った。

色々なものが消えてしまったドネツクで、まだ残っているものもある。ウクライナ西部リボフ発祥のチョコレート店のカフェが営業を続けている。取材の合間にコーヒーを飲みに行くと、ヤナは「ここにはウクライナが残っている」と初めてほっとした顔を見せた。

親露派戦闘員のたまり場

ミラーボールがゆっくりと回る薄暗い空間に迷彩服姿の男たちがくつろいでいる。派手な女性たちをはべらし、腰には拳銃、傍らには自動小銃。見回せば三、四グループいる。水タバコをふかしたり、バックギャモンに興じたり、ひそひそ会話を続けるテーブルもある。ＤＪが今風の音楽を次々と流しており、彼らが何を話しているかは見当も付かない。残りの客は私のような外国人記者や国連関係者のようだ。

私が定宿にしている中規模ホテル「ラマダ・ドネツク」一階のレストラン・バー。そこは親露派戦闘員たちのたまり場の一つになっていた。バーのメニューは充実し、ドイツの白ビールや日本の濁り酒までリストにある。

「カッ、カッ、カッ……」と床に響く音に目を上げると、戦闘員の一人が若い女性と店の外へ出て行くところだった。カウンターにはもう一人、手持ちぶさたな様子で黒いミニスカートの金髪女性が座っている。そういえば、街頭では「マッサージ」と書かれたビラが貼ってあるのをよく目にした。実際には売春のことだという。戦争で外からやって来る男たちが増え、需要に応じて供給も増えたのだ。

「銃器持ち込みお断り」。ラマダをはじめ、どこのホテルやレストラン、カフェの入り口にもイラスト付きのステッカーが貼られるようになった。だが、注意書きは守られていない。ホテルの駐車場には、重火器を載せたピックアップ・トラックや戦闘用の四輪駆動車がよく止まっている。ある日にはロビーで待機するカフカス系の戦闘員一〇人ほどの姿も見かけた。戦時の風景がドネツク中心部でも日常となっている。

戦争が本格化して一〇カ月ほどが経った。ウクライナ最大の炭田を擁し、工業地帯として発展してきた地域は無残なほどに荒れた姿に変わっている。幹線道路を彩った広告の大看板はどれもこれも風雨ではがれ落ち、親露派指導者ザハルチェンコらをたたえるものだけが真新しい。猛スピードで走る車は戦闘員が乗っているとみて間違いない。交通事故を起こしても何の弁償もなく走り去るので、市民からは恐れられている。

「ここでの給料はお茶とたばこに足りるぐらいの最低限のもので、あとは衣食住が保障されるだけ。義勇兵は金のためにドネツクへ来ているのではない。自由な意思でやって来るのだ」

ドネツク市役所で見かけた戦闘員の中年男性に声をかけてみた。給料の有無について質問すると、こんな答えが返ってくる。全身迷彩服で固め、左胸にはトランシーバー、腹回りには弾薬などを収納できる軍用ポーチ。親露派幹部の護衛を担当しているという。男性は「エレクトリック（電気技術者）」という通称を名乗った。「元は物理教師だったからさ」と確かに教師らしい、よく通る声で言う。年齢は四〇歳。がっちりした体で自動小銃を構える姿は様になっている。

「エレクトリック」と名乗る親露派戦闘員（ドネツク、2015年3月14日）

「ドネツクに来たのはちょうど一年前、人民共和国ができる前だ。我々はレーニン像やソ連兵士の記念像が倒されるのを阻止しようと集まった。アングロサクソンに洗脳されていない連中はみんなやって来たってわけさ。ここはスラブ系国家の最後のとりでだ。俺の最初の戦闘経験はロシア南部チェチェン、次は中米ニカラグア、そして三度目がこのドンバスだ」

――今回はどんな戦争でしょうか？

「奴らは汚い。砲撃で市民が犠牲になっている。自国民に対する虐殺だ。西側にゾンビ化された向こうの連中と違って、ここに住む人々はアンクル・サム（米国）とか誰かの話は聞きたくない。自分たちの文化がある」。青い目でこちらを見据え、冗舌に話を続ける。

「各地から大勢の義勇兵が来ている。国に派遣されたんじゃない。個人の選択だ。平和に寄与したいからだ」

――その多くはロシアからでは？

エレクトリックは肩をすくめる。「大多数がロシアからだとは俺は言わない。イスラエルやカザフスタンから来た奴にも会った。米国のグローバリゼーションの脅威を感じている人間が世界中からやって来る。知り合った中でももう何人も死んでいる。だが、犠牲のない戦争などない。奴らの名前は永遠に俺たちの胸に刻まれる」

――あなたはどこの戦闘に参加したのか？

「昨夏、ここで戦った」。そう言って廊下に飾られた一枚の油絵を指さす。緑の丘に石段が続き、頂上には石造の記念塔が建つ。激戦地となったサウル・マギーラの丘だ。平原にある戦略的高地のため、第二次大戦時には独ソ間で激しい争奪戦が起きた。戦後、戦争記念の丘となっていたが、今回の戦いでモニュメントは大破した。そして多くの戦死者が出た。

「早朝、飛行機がやって来て、あらんかぎりのロケット弾を二回に渡って落としてきた。この日、俺たちへ六〇〇〇発もの砲弾が降り注いだ……」

――また学校で働きたい？

「もちろんだ。ただ、今は子供たちのためにすべきことをしている。この戦争で双方の傷ついた人々は、もう一緒に暮らすことはできない。統一されたウクライナは不可能だ。南北に分裂した朝鮮半島と同じだと思う。我々は西ウクライナ出身の兵士を殺し、向こうは我々を殺す。向こうの兵士たちの母親の目を見ることなどできやしない。あいつらも同じだろう」

エレクトリックは朗々と話を続けた。廊下を歩きながら、隣のヤナに見立てを聞くと「彼は軍務経験の豊富なロシア人だと思う」と答えた。

地元で取材を続ける彼女の情報では、親露派戦闘員には兵士レベルで月三〇〇ドルの給与が支払われている。これは戦争前の地域の平均月給に相当する額という。疲弊する市民に対して戦闘員の羽振りの良さが目立つのも道理だ。エレクトリックが言うように金のために男たちが集まっているとは思わないが、所持金が彼らに優越性を与えているのは間違いない。

＊　＊

エレクトリックに出会う前の晩、「ドネツク人民共和国・国防省」の副司令官を名乗るエドワルド・バスリンの定例記者会見をのぞいた。毎日の会見は、ソ連時代にはウクライナ共和国石炭産業省だった重厚な構えの建物で開かれている。レーニン広場に面した建物は正面に列柱があっ

親露派の「国防省副司令官」エドワルド・バスリン（ドネツク、2015年3月13日）

て威圧的だ。大ホールを半分に仕切った会場に入ると、ロシア・メディアばかり約一〇社の記者たちがいたが、広すぎてがらんとしている。

　バスリンは時間通りにマイクの前に座った。迷彩服こそ着ているものの、地方自治体の中間管理職といった雰囲気だ。細身、面長で髪は薄くなりかけている。胸には十字の勲章一つとスターリンの横顔をかたどった小さな金属バッジ。親露派の主張を早口で語る。

「この一昼夜、敵からの挑発は増えたものの、人民共和国の情勢は比較的平穏を保っている。我々はミンスク合意の全項目実現にのみ関心がある……」

　内容に乏しい会見の後、私たちはバスリンを引き留め、立ったまま話を聞いた。

――あなた方はどのように兵器を調達しているのか？

「兵器に関してはウクライナ軍が非常に我々を助けてくれている。作戦ごとに大量の軍用車や弾薬を残して退却していくからだ。我々にとっては十分過ぎる」バスリンはニヤッと笑う。

――軍事資金の調達は？

「寄付だ。戦闘には多額の資金が必要だが、世界中から巨額の寄付が集まっている。そのお金で足りない物資を調達する」

――国外から武器を買っているというのか?

「もちろん。公式にはどの国も我々に武器を売ることはできないが、闇市場では何でも買える。闇市場はどこにだってある。日本にだってあるだろう」

地味な風体の副司令官は、したり顔で語った。だが、ウクライナ東部が国境を接するのはロシアだけ。政府軍から奪う以外では、ロシアの他に武器の出所があるとは考えがたい。「世界中から巨額の寄付」という説明も荒唐無稽に響いた。

戦火の犠牲者

激烈だった戦闘に巻き込まれて負傷した子供たちがいる。そう聞いて、ドネツク市中心部にある国立外科病院へ向かった。ここにはドネツク州で最大の小児科がある。クリーム色の建物は重厚な造りで手入れが行き届いている。穏やかな雰囲気のエフゲニー・ジリツィン医師が状況を説明してくれた。戦火が激しさを増した二〇一四年六月以降では子供三七人がケガで入院し、五人は今も治療中という。

――子供たちはどのように負傷したのでしょう?

「まず砲撃によるケガがあります。また、道ばたでクラスター爆弾の子爆弾を見つけ、爆発したケースもあります。昨年は夏以降に医療物資が不足する中で負傷者が相次ぎ、大変苦労しました」三十代半ばの医師は淡々とした口調で振り返る。

「例えばこんな例があります。昨夏、郷土博物館近くで花屋へと歩いていた一五歳の男子が砲撃

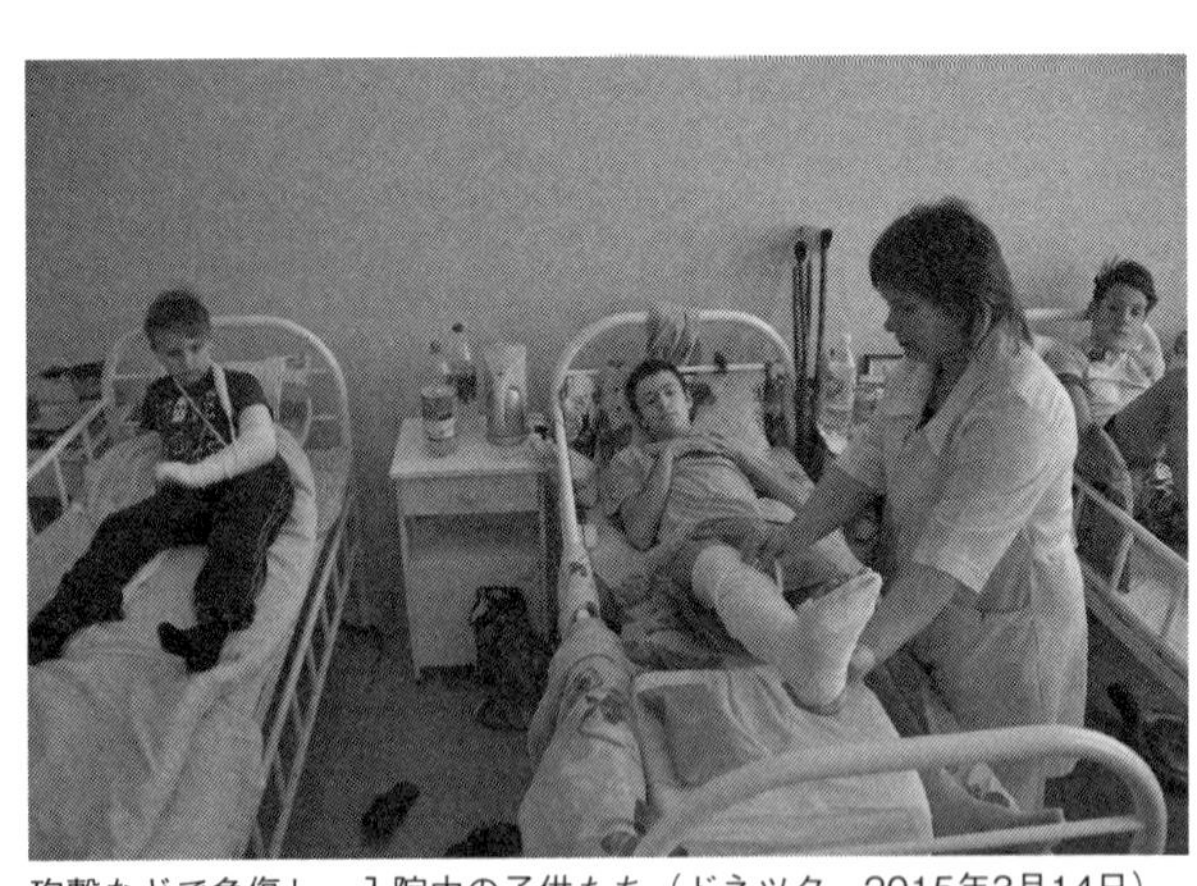

砲撃などで負傷し、入院中の子供たち（ドネツク、2015年3月14日）

に遭い、両脚をやられた。手術したが、翌日亡くなりました。両目、両脚を失った子供もいます。ここは州内で最も設備の整った小児科です。人民共和国支配地域の子供も、ウクライナ政府支配地域の子供も、分け隔てなく受け入れています。医療は政治と無関係ですから。何よりも戦闘が再開しないよう祈っています」

病院はウクライナの国立医療機関だったが、ドネツク市が親露派支配地域となったために厳しい状況に置かれた。小児科だけで医師一三人、看護師一二人が働く。ウクライナ政府からの給与は停止して久しい。一時期は無給のボランティア状態が続き、その後、親露派から給与が出るようになった。カンパや食料の寄付が病院の運営を支えている。

「戦争が終わったら静かに暮らしたい。将来はサッカー選手になりたい」。薄暗い病棟の廊下のソファで、一四歳の少年デニス・ペニコフはぼそっと言った。

英国の人気サッカー選手だったデビッド・ベッカムの全盛期のように髪を立てているが、表情は暗い。うつむいた視線の先には、三回手術した左脚が包帯に巻かれている。ソファの脇には二本の松葉づえ。家はドネツク東郊の町ズグレスにあり、母親は週二回見舞いに来る。

けがをしたのは一四年一〇月のことだった。仲良し七人組が池のほとりで遊んでいたとき、突然体ごと吹き飛ばされた。仲間の一人が小さな不発弾を拾い、危険と知らずに放り投げたのが原因だった。「あのとき僕は気絶してしまい、友達の一人が電話で救急車を呼びました。二人が亡くなり、他の五人も大けがを負った。悲しくて恐ろしくて、思い出したくない……」少年は力なく首を横に振った。爆発したのはクラスターの子爆弾とみて間違いないだろう。

病室に入ると、脚や腕に包帯を巻いた男子四人がベッドにいた。痩せぎすで短髪のミハイル・セメネンコ（一五）は停戦一週間前の二月九日、バス停近くで砲撃に見舞われた。

「砲声が三発聞こえたと思ったら、近くに落下した。そこにいた五人ぐらいがみんな倒れて、二人は死にました。地面には血が流れ、何が起きたかも分からず、僕は痛みで叫んでいた。そのとき、義勇兵が来てくれて『大丈夫か、我慢しろ。救急車を呼ぶから』と言ってくれた」

ミハイルは右脚を負傷した。「以前にも建設現場でのアルバイト中に近くへ砲弾が落ちたことがある。ドネツクに安全な場所なんてない。停戦したのに今も砲声が聞こえてくる。将来は調理師になりたかったけれど、今はまず戦闘員になりたい。ウクライナ軍に報復したいんだ！」少年は天井をにらんだ。砲撃被害が相次ぐ中、ウクライナ政府を「市民を殺すファシスト」と憎む住民は少なくない。その影響は子供にも及んでいた。

病院を出てからヤナは言った。「砲弾がどこから飛んできたのか、はっきりしないことには注意した方がいい。前線の両側から弾が飛んでくる。人々はみんな自分が信じるように語ってい

前線に近いため、ソ連時代の地下防空壕で暮らす人々（ドネツク、2015年3月14日）

る」。近距離での砲撃合戦のため、個々の被害がどちらの攻撃によるものかは容易に判断できないという冷静な指摘だった。

＊　＊

ドネツク市内でも、前線に近い西部ペトロフ地区には防空壕で暮らす人々がいる。灰色の空の下、ソ連時代のまま時間が止まったような炭鉱。近くに親露派の武装拠点があり、停戦後も砲声が完全にはやんでいない。ピラミッド型のボタ山を背景に錆びついた竪坑櫓がそびえる。荒れ野に建つ四角い小屋が防空壕への入り口だった。第二次大戦後、核戦争に備えて作られたという年代物だ。

三月の肌寒い屋外から壕の中へと短い階段を下りる。小さな木製の扉を開くと、もわっと暖かい空気に包まれて眼鏡が曇った。湿気に満ちてカビ臭い室内は四部屋に分かれ、予想以上に広く明るい。学校の教室三つ分はありそうだ。中では女性と小さな子供たちがくつろいでいた。天井から洗濯物がぶら下がり、壁には幼いタッチで描かれた戦車や花の絵が飾ってある。床はコンクリート打ちっ放し。壁際に置いたベッドを昼間はソファ代わりに使っている。戦火を恐れる四〇人の地域住民が寝泊まりしている。うち半数は子供だ。「防空壕で暮らしてもう四カ月。電気も暖房もあって安心なんです。家の周りは砲撃を受けて怖いから」。赤ん坊を抱いたジーンズ姿の若い母親イリーナ・バトゥラは語る。壕内にいても砲撃で地面が揺れることがあり、子供たちはおびえるという。「今は静かだけれど逆に何かが起きそうで怖い。とても、とても平和を望んでいます」。イリーナは一歳から六歳まで四人の子供を持つ。「だから夫には戦闘員にはなってほしくない」

無邪気に遊ぶ幼児を笑顔で見守る高齢女性にも声をかけた。マリア・レペテワ（七五）。彼女は昨秋に砲撃で家の屋根を破壊され、一二人の家族と共に防空壕暮らしを余儀なくされている。「他にどこにも行くところはありません。人民共和国の兵士たちが助けてくれて感謝しています。第二次大戦？　あのとき私は五歳だった。今の方が恐ろしくて、つらくて……」。腰の曲がったマリアおばあさんは涙をぬぐった。

少年たちは屋外でのびのび遊べず、退屈そうだ。壕の外のベンチに四人組が腰掛け、おしゃべりに興じている。その一人、アントン・カザク（一五）は言う。「この辺りでは遠くへ避難した一家も多く、学校の生徒数はずいぶん減りました。戦争は嫌だ。前はサッカーをして遊んでいたけど、今は危ないからできない」

救助隊員だったアントンの父親は志願して戦闘員になり、めったに会えなくなったという。

ゴーストタウンの配給所

滞在三日目、激戦が続いた地域の様子を知るため、ドネツク州の北東部を訪ねる。停戦直後に親露派側が制圧したデバリツェボに入る許可は得られなかったが、隣町ウグレゴルスクまでは行けることになった。朝、車で出発。ドネツク市からは約五〇キロ離れている。案内役の中年戦闘員一人が同乗した。後部座席で隣に座り、「狭くはないか?」とこちらを気遣う。丸刈りで白髪交じりのゴマ塩頭、迷彩服を着て自動小銃を持つ。胸には予備の弾倉、腰には拳銃。彼もまた戦闘経験豊富なロシア人だろうか。

車窓から外を眺めると、ドネツク中心部ではまぶしい朝日の下でレーニン広場に遊具を並べる人たちの姿があった。子供が乗って遊ぶ小さな足こぎ自動車の各種。日銭の稼げる商売なのだろう。平和な日曜日の光景だ。

車は幹線道路を進む。隣の戦闘員からふいに「日本ではこの戦争をどちらの側から見ているのか?」と聞かれ、「客観的に報じている」と答えた。停戦監視に当たる全欧安保協力機構(OSCE)の白い四輪駆動車二台とすれ違った。親露派部隊のワゴン車も見かける。前後をパトカーに護衛されたガソリン・タンク車一〇台が隊列を組んでドネツク市へと向かっていた。

東隣のマケエフカでは市場に多くの人が出ている。双子のピラミッドのような石炭のボタ山二つが遠くに見える。石炭くずを積んだだけの素朴な検問を通り過ぎる。快晴だ。枯れて茶色い林と野原の間を走り抜け、小さな炭鉱が次々現れては消えた。鉄鋼の町エナキエボではソ連時代の集合住宅が並ぶ大通りを新型路面電車が走っていく。

出発二時間後、ウグレゴルスクに到着した。「石炭の山」という名前を持つこぢんまりとした炭鉱町だ。停戦五日後まで戦闘が続いた町では大破した建物が目立つ。特にウクライナ政府軍の

政府軍の現地司令部だった建物。激戦で大破した（ウグレゴルスク、2015年3月15日）

現地司令部だったレンガ造りの三階建ては屋根が落ち、焼け焦げて無残な姿となっていた。町の入り口に築かれた検問のコンクリートブロックにはウクライナ国旗がペンキで描かれたまま残っている。「ウクライナ軍の狙撃手がまだいるかもしれない。あまり奥には行くな！」案内役の戦闘員が声を張った。

外壁に砲撃の大穴が開いた集合住宅に近付いたときだった。何の気なしに歩いていたが、「周囲には地雷が残っている可能性もある」と注意される。一〇〇戸はありそうな灰色の集合住宅は静まり返り、人の気配はない。よく見れば周りの地面には割れたガラスや食器が散乱している。見上げれば、ガラスのなくなったいくつもの暗い窓でカーテンが風をはらんで揺れていた。平時には約八〇〇〇人いた町の人口は一〇分の一近くまで減ったという。戦火を逃

れて大勢が避難したためだ。ゴーストタウンのようになった目抜き通りを冷たい北風が吹き抜ける。

唯一活気があるのはパンの配給所だった。パンは五〇キロ先の町から毎日運ばれ、一日に一人一個ずつ無料で配られている。

顔にニキビが残る坊主頭の少年戦闘員が小銃を背中にかけたまま、パンの配布を手伝っていた。二〇人ほどの列に並ぶ白ひげの老人は「戦争で年金が受け取れなくなり、この先どう生活すればよいのか」と途方に暮れる。

停戦後も続いた戦闘の結果、周囲一帯の支配勢力はウクライナ政府から親露派へと変わった。住民に話を聞くと「戦争さえなければどちらでもいい」と言う人が少なくない。荒れ果てた町では人々の気持ちもささくれ立っている。配給の列にカメラを向けると、不快感をあらわにする女性もいた。

帰り道、太陽は雲の後ろに隠れた。ビニール袋が散らばった荒れ野や立ち枯れたヒマワリ畑を通り過ぎる。くたびれた風景だ。ウクライナ東部に住む人たちは天気の話をするように戦争の話をしている。それが日常だからだ。「戦争はいつ終わるんだろうね」というフレーズは、あいさつ代わりとなって、もはや深い意味を持たない。ドネツク市に戻ると公園の入り口に風船売りの老人が立ち、迷彩服を着た若いカップルが品定めしていた。

＊　＊

「ドネツク人民共和国」の首都とされるドネツク市は、元は約一〇〇万人が暮らす大都市だった。

戦火からの避難と停戦後の帰還で人口は変動し、現在は七〇万人程が生活するとみられる。食料品や医薬品など生活物資の販売は続いており、スーパーや商店の棚に品物はある。だが、「検問通過料」などのせいで価格が戦争前の二倍以上に跳ね上がっていた。ウクライナ政府はこの半年前、年金などの社会保障給付を停止した。その一方で親露派の行政部門は十分に機能していない。貧しい高齢者や失業家庭にとっては人道支援が命綱となった。

複数ある人道支援組織の中で、最も頼りにされているのはウクライナ一の大富豪アフメトフが運営する財団「パモージェム」だった。ロシア語で「我々は助ける」という意味。ヤナが手記につづった団体だ。彼の財団はドネツク州内に約三〇カ所の配給所を開いた。二〇一四年夏からの半年間に、四週間分の食料セットを大人用一七〇万パック、幼児用一〇万パック配布したという。幼児用には貴重品となった紙オムツも含まれる。

アフメトフが所有するドネツク拠点の強豪サッカー・チーム「シャフタール」のスタジアム「ドンバス・アリーナ」でも、中のグッズ販売店が支援物資配給所になった。欧州選手権も開かれたガラス張りの最新スタジアムが人道支援の場になるとは誰も想像していなかっただろう。

この配給所の責任者アンドレイ・サニンは言う。「状況は深刻で、多くの市民が支援物資で命をつないでいます。いつまで配給を続ける必要があるかは分からない……」首を振った。サニンは平時、シャフタールの職員だった。

アフメトフはロシア寄りの前大統領ヤヌコビッチを支えていたが、今では親欧米路線をとるポロシェンコ政権への支持を公言する。政権側についた大富豪が私財を投じて、親露派地域の住民を支える。その支援は政治性を帯びないよう配慮しており、責任者のサニンも「政治的な話はしない」と最初に断った。それゆえ親露派側からの妨害も受けていない。かたや、子供用の配給を受け取りに来た三十代の男性マクシムは「ここにはファシズムの脅威がないからウクライナよりも良い」と語った。どこか不条理な世界だ。

ドネツク中心部ではボランティアが慈善食堂を開設している。元はレストランだった地下フロア。昼前、無料の温かいスープとパンを目当てに高齢者ら約二〇〇人が列を作っていた。「小麦粉も肉も砂糖もみんな戦争前の数倍に値上がりしてしまった。市民の三分の一は困窮しています」。仲間と二人で食堂を切り回す中年女性タチアナ・フィルカロは額の汗をぬぐう。調理場ではスープの大鍋が湯気を立てている。「大変だけれど、戦争が終わるまではお互い助け合わないと」。食材はロシアの人道支援物資や余裕がある市民の寄付でまかなう。来る者は誰でも拒まず、食堂に来られない老人や障害者のために持ち帰っても良いことにしている。その入れ物は各自が持参するペットボトルやガラス瓶だ。

定時より少し早めに扉が開かれた。すり切れたコートなど貧しい身なりの人々がどっと押し寄せ、体臭とスープの匂いが混ざり合う。「年金がもらえないので助かる」「仕事がないので感謝している」。寄る辺のない老人たちは拝むように言い、次々とタチアナに皿を差し出す。室内は咀嚼の音と熱気でいっぱいになった。同様の食堂は市内に数十カ所ある。

慈善食堂を出た一人の老人が路上で叫び始めた。「ザハルチェンコはわしらに年金を払わない！私腹を肥やしているに違いない！」。年をとって何の恐れもないのだろう。親露派指導者への怒りをぶちまけた。市場でも親露派を支持しない男性に出会った。元商店経営者のアンドレイ・ポチャフスキー（三八）は声を潜めて言う。「普通の人間はここでは生きていけない。二歳の娘と妻が大事なので、ウクライナ南部オデッサへの脱出を計画している」

市民の不満は水面下で蓄積されている。軍事面ではロシア軍の直接侵攻でウクライナ政府軍を圧倒した親露派勢力にとって、最大のネックは経済問題だ。荒廃した未承認国家を歩くうちに、ジョージ・オーウェルの小説『動物農場』を思い出した。親露派の人民共和国に従順な「羊たち」はやっていけるかもしれないが、反発する人々は出ていくか、息を潜めて暮らすかの二つに一つしかない。

ロシアはドネツク、ルガンスクをどうしたいのか

親露派指導部は将来の展望をどう考えているのか。民生部門の幹部に対するインタビューの約束を取り付け、市庁舎へ向かった。

「ドネツク市長」を務めるイーゴリ・マルティノフ。戦争前は公園を管理する公営企業のトップだった。小奇麗で会議スペースも備えた市長室には、ひしゃげた砲弾や軍用ヘルメットが飾ってある。執務机には数十発の弾丸が並び、指導者ザハルチェンコに肩を抱かれた自身の写真も立ててあった。本来の市長であるルキヤンチェンコは既に市外へ避難している。

ノーネクタイのスーツ姿で私たちを出迎えたマルティノフはでっぷりと太り、仏頂面は番犬を思わせる。黒い革張りの椅子にふんぞり返り、質問に答えた。

親露派の「ドネツク市長」イーゴリ・マルティノフ（ドネツク、2015年3月14日）

――人民共和国は現在、税金を徴収しているのでしょうか？

「徴収しているが以前と同じようにはいかない。大企業のオーナーたちは我々に税金を払っていない。社会問題の解消に必要な金額を集められるよう奮闘中だ」

　年金はどうなっているのだろうか。停戦合意によれば、ウクライナ政府には親露派支配地域の年金支払いを復活させる義務もあるが、実現の気配はない。

「ウクライナは停戦合意を何一つ守るつもりはないだろう。ロシアの人道支援が年金生活者の暮らしを守ってくれている。我が国のリーダーは、年内には安定的に年金支給できるようになると語った。その通りになるだろう」

――人民共和国はこの先どうなるでしょう？

「我々には石炭、鉄鋼、化学工業がある。戦争が終われば独立国家として何の問題もなく自立できる。もちろんロシアが政治、経済における戦略的パートナーだ」

　ロシアの支援がなければ「独立」を維持しがたいのは明白だが、マルティノフは強気な発言を続ける。「我が共和国の国境は元々のドネツク州境と同じであるべきだ。占領地域を取り返す必要がある」。現在、ドネツク州内で親露派が支配するエリアは三分の一ほど。平和的に支配を拡大することができるわけもない。親露派市長はうなずいて言った。「ウクライナ次第だ。奴らが軍を撤退させればそれでよし。そうでなければ戦闘だ」

＊　＊

親露派の裏にいるロシアの狙いは何か。私はドネツクへ入る直前、信頼するモスクワの軍事評論家アレクサンドル・ゴルツに会い、意見を聞いていた。

――プーチン政権の狙いをどう見ていますか？

「私の見るところ、ロシアにとって重要なのは、ドネツク、ルガンスク両州を分離独立させずにウクライナの一部として残しておくことだった。両州は表向きウクライナにとどまりながら、現実にはロシアに操られることになる。そのうえでウクライナ憲法を改正させ、中央政府のあらゆる決定に対する拒否権を両州が確保することを狙っていた。そうすれば、ウクライナのNATO入りやEUへの接近など、ロシアに不都合なすべての政策を阻止することができる。その一方で、両州を資金的に支えるのはロシアではなく、ウクライナ本国という構図だ」

――ロシアの思惑はポロシェンコ大統領も感づいているのでは？

「そう、ウクライナ側はこのシナリオに抵抗している。だから、現実には戦争の一時凍結が起きるだけだろう。ロシアの現在のプランは、ドネツク、ルガンスクの両人民共和国をアブハジアや南オセチアのような未承認国家にすることだ。ウクライナの領域内に未承認国家があって戦争が続いているという、まさにその事実が、欧州への統合を希求するウクライナの動きを封じることになる」

ロシア周辺の旧ソ連諸国には親露派勢力による未承認国家が既に三地域ある。ジョージア（グルジア）の南オセチアとアブハジア、モルドバの沿ドニエストルだ。成立の経緯はそれぞれ異なるが、いずれもロシアの軍事、経済両面における支援がなければやっていけない存在であり、ロシアにとっては手駒といえる。ウクライナ東部の動きはゴルツの指摘に沿っており、二つの未承認国家による支配が定着しつつあった。ヨーロッパの東に「銃を持つ者が偉い」という荒涼とした世界が立ち現れている。

ドネツクの学校

モスクワへ帰る月曜の午前、ドネツク市内の学校を訪ねた。ヤナの一人娘ダリーナ（八）が通う第三五物理数学学校。市中心部から少し東のカリーニン地区にある。頑丈な造りの校舎へ入ると子供たちの活気が伝わってくる。校長のリュドミラ・マッテンコワが迎えてくれた。教師生活二六年というベテラン。旧ソ連圏では小中高一貫制が一般的で、新年度は九月に始まる。彼女に状況を聞く。

授業に集中する三年生のクラス（ドネツク、2015年3月16日）

――授業はいつ再開したのでしょう。

「今年度は例年より一カ月遅れの一〇月にスタートしました。ところが一月中旬、ドネツクへの砲撃が始まった。そこから一カ月、子供たちは自宅でインターネットを通じた遠隔授業を受けたのです。停戦を受けて、ようやく通常授業に戻りました。戦争の影響で子供たちは変わった。彼らはこの町ですべてを目にしている。ニュースに詳しくなり、政治にも関心がある。みんな真面目に勉強するようになりました。そして安全に関する情報は必須です。学校には非常事態省の職員がやって来て、無害化した砲弾の実物を見せます。子供たちが外でうっかり触れないように」

――学校に防空壕は?

「当校にはありません。その代わり廊下が分厚い壁に挟まれているので一時的に避難できる。恐怖に震える日もありましたが、子供たちは状況を理解していました。以前から『民間防衛の日』に訓練してきたので。何か起きたら廊下に整列！　すぐ近くで爆発音がとどろいた際にも三分で避難完了しました」

――生徒数に変化は?

「現在の全校生徒は四〇九人です。市外へ転出した生徒もいれば、転入してきた生徒も。デバリツェボやドネツク市のキエフ地区といった戦闘エリアから転入した子供は二六人。彼らはいたずらもして平常通りに見えますが、教師は配慮しています。多くを経験した子供たちですから……」

地域を支配する親露派勢力との関わりはいかなるものか。

――子供たちの政治への理解は？

「最終学年の生徒たちは人民共和国に強い忠誠心があり、地元での進学を考えています。ドネツクで暮らし、学びたいと。ときどき卒業生が遊びに来て、大学生活について後輩たちに話してくれます」

ただ、未承認国家の大学を卒業しても域外では正規の学歴として認められない。

――ロシア進学を希望する生徒は？

「一人いますね。でも、教育課程が異なるうえ、ロシアの国家共通試験を受ける必要もある。もし彼がうまくいけば、後に続く生徒もいるかもしれない」

――学校の運営費はどこから？

「もちろん人民共和国です。遅配はありますが、給与も以前同様に受け取っています。すべてがだんだん落ち着くでしょう」

ふくよかなマッテンコワ校長は楽観的な見方を強調した。最後に戦争についての思いを聞いた。

「どんな戦争も悲劇です。こんな事態になるなんて誰も予想できなかった。子供たちが可哀そうです。特に犠牲となった子供たち。何の罪もないのに……」

三年生の教室を見せてもらった。ヤナの娘ダリーナのクラス。休み時間、子供たちはウサギのように跳ね回っている。カメラを向けると笑顔の花が咲いた。戦争の影はそこには見えない。ダリーナら三人に話を聞いた。

アンナ・エリョミチェワは激しい戦闘を間近で体験していた。ドネツク空港近くに自宅があるためだ。

――怖かった？

「爆弾が何度か落ちて、グラート（あられ）も降ってきて」。グラートは多連装ロケットシステムの通称だ。「そういうときは地下室に避難しました」とあどけない表情で振り返る。

男子のニコ・メスヒも「一度、寝ていたらすごい爆発音がして、ベッドから落ちたことがあるよ」と経験を語った。子供たちは兵器に詳しくなっている。ダリーナはある日、自分で考えたカラフルな狙撃銃の絵を描いて、母親のヤナに軽いショックを与えた。

親露派戦闘員についてはどう思っているのだろう。路上で武器を携行する迷彩服姿は怖くないのだろうか？　三人は口々に言う。「そんなの普通のこと。他の兵士から私たちを守ってくれるんだよ」

医師になりたい、デザイナーになりたいと、それぞれが子供らしい夢を持っている。だが、いま彼らが望むのは戦争が終わって、遠くへ避難した友達や親戚が戻ってくることだ。歓声にあふれていた教室は、授業開始と同時に静まり返った。子供たちは勉強に集中している。教室の掲示板には、不発弾など路上の危険物に触らないよう注意するポスターが貼ってあった。

九年生の教室も訪ねた。生徒は一〇人程で空席が目立つ。教壇から「この戦争についてどう思う？」と尋ねると、数人が手を挙げた。

「日常生活の中で恐怖を感じるようになりました」髪の長いユリア・クカフスカヤは、はきはきとした口調で言った。「地下室に避難して座っていると、これが戦争なんだと感じる。死と直面

給食を食べる一年生の子供たち（ドネツク、2015年3月16日）

するのは恐ろしいです。いえ、悲劇の現場を自分の目で見たわけじゃない。でも、たとえば近所の住宅は砲撃を受けて一家が全滅しました。私にとっては十分過ぎるぐらいの体験です」

少しぽっちゃりとしたカリーナ・ビタロワは皮肉っぽく話す。「初めは怖かったけど慣れました。まあ、すぐ近くに砲弾が落ちれば、それは怖いです。停戦で平穏になって、夜中も安心して寝られる。自分が大砲の標的になっていないって、本当に最高です」。ひどいときには、一五分ごとに地下室へ逃げ込む日もあったという。

男子からはグレフ・シャビキンが答えた。「夜中に近隣の基地が砲撃を始めて、僕の部屋の窓からも砲弾が飛んでいくのが見える。砲弾はどこかへ、もしかしたら誰かの町に落ちて市民が死ぬ。その後、自分に問いを投げかける。次は砲弾が自分へ飛んでくるかもよ、と。またベッドに入るけれど、翌朝、再び目を覚ますかどうかは分からない……」

取材の最後に食堂で給食を味見させてもらった。この日のメニューは一枚の皿に盛られたサバの水煮、カーシャ（おかゆ）、キャベツサラダ、そしてコップ一杯の甘いお茶。食材には支援物資も使っている。ベテラン調理師の女性が腕をふるったシンプルな料理は優しい味だ。程なく一年生の集団がやって来て、長机でにぎやかに食事が始まった。ミント色の壁にはチューリップの絵、窓辺には観葉植物の鉢。よくある学校生活の一コマが春の日差しに輝いていた。

第六章
裏切られた戦争

ウクライナ政府軍の脱走兵

気持ちの良い秋晴れの朝、ロシア人の若者二十数人が巨大な赤旗を広げて持ち、大通りを進んでいく。二〇一五年九月二日、サハリン（樺太）の州都ユジノサハリンスク。「豊原」と呼ばれた日本統治時代に整えられた碁盤の目の街並みは緑豊かで、北海道の地方都市と似る。赤旗にはソ連の「鎌と槌」のマークが描かれ、第二次世界大戦で戦った人々の名前が書き連ねてある。一行は栄光広場へ向かった。かつて樺太神社の鳥居前広場だった場所だ。

炭鉱労働者を讃える銅像（ドネツク、2016年7月18日）

一九四五年九月二日、大日本帝国政府は米国、ソ連など連合国に対する降伏文書に調印し、長い戦争が終わった。現代のロシアは九月二日を「第二次大戦終結の日」と定める。事実上の対日戦勝記念日だ。戦後七〇年の節目となったこの日、街は高揚したムードに包まれていた。サハリ

対日戦勝七〇周年を記念するロシアの軍事パレード（ユジノサハリンスク、2015年9月2日）

ウクライナ政府軍を脱走したイワン・リトゥス（ユジノサハリンスク、2015年8月31日）

ン初の大規模な軍事パレードが実施されるためだ。

午前一一時過ぎ、パレードが始まる。軍人約七〇〇人が行進し、戦車、装甲車、大砲が地響きを立てて走り抜けた。軍用ヘリコプターや戦闘機が青空に編隊飛行を見せる。

「七〇年前、多大な犠牲を伴って南サハリンとクリル諸島（北方四島と千島列島）が解放された。我々には英雄的行為の記憶を守る義務がある」。コジェミャコ州知事代行がスピーチで訴えた。

ウクライナ危機の発生から一年半が過ぎた。東部では二月の停戦合意後も政府軍と親露派武装勢力の小規模な衝突が続く。そんな中、ロシアのプーチン政権は「我が国は第二次大戦の戦勝国だ」と殊更にアピールしていた。ウクライナを巡って米欧との対立が長引く中、内外に自国の「歴史的な正しさ」を強調する狙いが透けて見えた。この日の軍事パレードは東シベリア・ザバイカル地方のチタでも初めて実施された。北京へ向かう途中でチタに寄ったプーチンは戦没犠牲者の記念碑に献花した。

＊　＊

私は軍事パレードの二日前、ユジノサハリンスク市内で疲れた顔の若者と面会していた。彫りの深い顔にカールのかかった金髪を伸ばしたイワン・リトゥス（三二）は、ウクライナ政府軍からの脱走兵だ。

「……僕が前線で見たのは防弾チョッキもない薄汚れた兵士たちだった。遠隔地にいる指揮官が携帯電話で指示を出す。敵側も同様だ。手探りの砲撃で市民が犠牲になっていた。これは内戦なのか、そうではないのか、僕には分からない。少なくとも七〇年前の戦争とは全然違う」

イワンは一〇カ月前、ウクライナ中部ポルタバ州から遠くサハリンまで逃れてきた。この島に父方の親族が多いという縁がある。仕事も家族も失ったが、「機関銃の弾の下にいるよりはずっといい」。脱走に至る経緯をぽつりぽつりと語る。

昨春、召集令状が届くまで長距離トラック運転手を務めていた。人並みに愛国心を持ち合わせているつもりだったが、やがて幻滅したという。徴兵支部の軍幹部は「一〇〇〇ドルの賄賂で徴兵を回避できる」とささやき、軍の訓練施設では貧弱な装備と不十分な訓練とを目の当たりにした。「僕は戦うために生まれてきたんじゃない。なにか人助けでもして静かに暮らしたい」

戦争のことを忘れたいイワンだが、その願いは叶わない。「どこへ行っても皆この話題に触れる。サハリンにはウクライナに親戚がいる人たちが多くて、東部情勢に心を痛めている。見方の違いで怒鳴り合う人たちもいる」

元妻と暮らす子供たちや両親と会えないのは辛いが、故郷へ帰るつもりはない。「戻れば終身刑になる可能性もある。ロシアは大きく豊かな国だ。僕は多くは求めない」。しばらく前にパソコン修理の仕事を始めた。できるだけ早くロシア国籍を取るつもりだ。

第二次大戦後、ロシア本土やウクライナから多くの国内移民が仕事を求めて渡ってきたサハリンに、今回の戦争難民は一〇〇〇人以上いるという。戦勝七〇年の祝賀ムードの陰で現在進行形の戦争に苦悩する人々がいた。一五年二月の停戦合意で高まった和平実現への期待は、半年も経ないうちに戦闘の再燃によってしぼんでいた。地方分権へ向けた憲法改正や親露派支配地域での地方選挙実施など合意事項のほとんどは実現しないままだ。ミンスク合意から一年を経た一六年二月、私はキエフを再訪することにした。

ウクライナ人避難家族の幻滅

砲弾の音はしない。差し迫った命の危険もない。だが、室温は氷点まで下がっている。一六年一月下旬、キエフ市内にある法務省研修センターの寮。幼い子供を含む三二家族、約一〇〇人が各部屋でじっと身を寄せ合っていた。暗闇の中で歯をガチガチ鳴らしながら、痛いほどの寒さに耐えるしかない。彼らは命からがら東部の戦火を逃れた国内避難民だ。この時点で東部二州では九〇〇〇人以上の死者が出ていた。

寮では妙なトラブルが起きていた。法務省の寮運営者が「避難民は退去通告に従わず、利用料も払っていない」と一方的に断じ、電気と水道の供給を止めてしまったのだ。厳寒期に暖房が使えなくなり、肺炎にかかる子供もいた。

「一部の法務官僚が寮をホテルに改築して私腹を肥やすため、避難民を追い出そうとしているのです」。二月早々に寮を訪ねた私に、ドネツク市出身のオメリチェンコ夫妻は怒りを抑えながら訴えた。共に四十代の医師。ドネツクで親露派武装勢力の支配が強まった一四年夏、四人の子供を連れて自宅を離れたという。苦労の末にたどり着いたのがこの寮だった。ウクライナではおなじみの汚職が避難民を苦しめている。

私は夫のロマン・オメリチェンコにあえて尋ねた。

――キエフの政変後、東部では多くの人々がロシア編入を望んだのでは？

「あれは外から来たグループが扇動していたのです。私はドネツク州の市民評議会メンバーとして情勢の変化を観察していました。一四年五月と六月にはウクライナ政府支持の大集会が開かれています。『ドネツクの人々は自分たちで親露派を招いた』と言われますが、事実ではない。明らかにロシアによって作られた事態です」

法務官僚の腐敗を訴える東部避難民のオメリチェンコ夫妻（キエフ、2016年2月9日）

――ドネツクで暮らし続けるのは難しかったのですか？

「無理です。あそこは自動小銃が支配する疑似国家ですから。子供の安全を考えて避難を決めました」

だが、頼りにしたウクライナ政府には失望を感じつつある。「政府の支援はまったく足りません。避難先での暮らしが成り立たないために、大勢が東部への逆戻りを余儀なくされている。国民の一部を失いつつあるのです」

親露派地域に住む人々は政府に見捨てられた、というのが夫妻の実感だ。ロシアが強行編入したクリミアからは約三万人が逃れ、東部からは一五〇万人以上が避難したと推定される。その多くが生活苦にあえいでいる。

＊　＊

オメリチェンコ一家が暮らす寮から五キロ北には、政変の舞台となった独立広場がある。汚職や縁故主義が横行したヤヌコビッチ政権の崩壊で、市民には「民主的な国に生まれ変わる」との期待感が広がったが、道は遠い。

「ヤヌコビッチ氏を追い出せば次の日からすべてうまくいくと思っていた。だが、そうはいかなかった」。キエフ郊外で建設会社を営むドミトリー・ボイツェフ（三七）は苦笑いして言う。政変当時、カンパなどでデモ隊を支援した。二四〇人の社員を抱える経営者として、汚職に苦労していたからだ。

「私たちは二一世紀に生きているのだから、民主的に暮らしたい。税金の他に賄賂を払うなんてごめんだ。政変が無駄だったとは思いません。警察改革など進歩はある。問題は、私益のために議員を買収するオリガルヒだ。政界と財界を分離できれば状況は改善する」

変化の兆しもゼロではない。市民団体「改革蘇生パッケージ」がその急先鋒だ。果敢にロビー活動を展開し、二〇一五年には反汚職法や司法・警察改革など七二の法案を可決に導いた。創立メンバーの女性ジャーナリスト、ナタリヤ・ソコレンコ（四〇）は「どんな政権も当てにしてはダメ。市民社会が活発な国でのみ、改革は進むのです」と言い切る。

キエフの著名な政治評論家ヴォロディーミル・フェセンコは指摘する。「中東の民主化政変『アラブの春』と比べれば、ウクライナでは政治危機は避けられている。国会では親欧米派政党が多数を占め、ヤヌコビッチ前政権を支えた旧与党系の議員は一割に過ぎない。一方の極右勢力に対する支持も国民の一割以下だ」。ポロシェンコ政権の親欧米路線に変更はあり得ないとの見方だ。東部での戦争については厳しい見方を示す。「国民の三分の一は妥協を望んでいない。お互いに敵対した後、一つの国でやっていくのは困難だ」

ウクライナ政府兵士のトラウマ

突然の銃撃。敵は待ち伏せていた。相手の姿は見えないが撃ち返すしかない。まるで霧の中にいるようで恐怖は感じない——。ウクライナ政府軍の応召兵として東部ドンバスで戦った三四歳のマクシムは回想する。ドネツク州デバリツェボ近郊で体験した最初の戦闘では無我夢中だった。

数カ月後の一五年二月中旬、彼の部隊はデバリツェボでの激戦に巻き込まれる。交通の要衝として政府軍支配下にあった町が、親露派武装勢力に包囲された。独仏露ウクライナの四カ国首脳による停戦合意の発表から間もなくの出来事だ。停戦発効を挟んで続いた攻防戦により、町は陥落。政府軍は一〇〇人以上の死者を出した。

坊主頭のマクシムは目を伏せ、多くは語らない。「戦場には二度と戻りたくない……。一回の包囲でたくさんだ。旅団指揮官が撤退命令を出しそびれたせいで包囲された。どのみち脱出できた仲間は多くなかっただろうけれど……」

辛くも生き延びた彼は一年後の今、キエフ郊外イルペニにある民間施設「元兵士の家」に暮らす。静かな生活は四カ月続き、心理セラピーも受けている。だが、死線を越えた記憶は薄れない。「無傷で戻れたが精神的には元に戻らないんだ。いつも死の予感にとりつかれている」。除隊後、金属クズ処理場などで働いたが続かなかった。ガールフレンドとも別れた。

ドネツクでの戦闘を回想してうつむく元政府軍兵士マクシム（キエフ、2016年2月12日）

キエフの政変について尋ねると、マクシムは鼻で笑った。「成果なんてわずかだ。俺は最初からポロシェンコには反対さ。ドンバスでの対テロ作戦を二週間で終わらせると公約したが、人々は今も死に続けている。参謀本部は間抜けばかり。この戦いはロシアとの戦争だ。あそこにはロシアの戦車がいて、ブリヤート人（ロシアのモンゴル系民族）の戦車乗りがいる。敵には俺たちに無い兵器もある」

元兵士の家は、政変で活動した若者たちが寄付金だけで運営する。国の支援はない。戦場で精神的ダメージを負った人々に回復の時間を与えている。一五年秋の開設以来、四〇人が滞在した。若い女性ボランティアのオリガ・ハリキナは「東部で戦った元兵士には家族との不和や失業で行き場を無くした人も多い」と語る。かつてソ連のアフガニスタン侵攻に動員され、精神を病んだ元兵士が国内に大勢いた。「まったく同じ事が起きているのです」

＊　＊

ドンバスでの戦場体験は一人一人異なる。マクシムとは違う形で戦った男たちにキエフで会った。

ドネツク出身のティム（三三）は戦闘服姿で待ち合わせ場所のホテルに現れた。元はジャーナリストだったが、キエフのデモの支援活動にのめり込み、政変の日を迎えた。その後は東部での親露派勢力台頭を受けて、特殊な作戦に従事したという。

「相手の基地を巡って情報を集め、キエフに送った。それから彼らに拘束された人々を救出し、親露派支配地域から脱出させた」。記者や親露派戦闘員に変装して任務を果たしたと明かす。一四年秋には志願して治安機関・ウクライナ保安庁の傘下で一年間、戦闘に参加した。「除隊から半年経ったらまた志願できるから、前線に戻るつもりだ」

ドネツク出身のティム（キエフ、2016年2月11日）

あっけらかんとした彼に尋ねる。

――この戦争をどう思う？

「原因はウクライナの暫定政権にある。戦争勃発を防ごうとしなかった。彼らが正しく行動していれば、クリミア半島にだってロシア軍部隊は現れなかっただろう。恥ずべきだよ。ドンバスでも当初、大勢の市民がデモに繰り出してウクライナ軍の派遣を訴えていた。異変は小規模グループによる扇動で始まり、行政庁舎が占拠されていった。早期に軍を出せば戦争は防げていたはずだ。プーチンがひどいというよりも、我々が愚かだった」

上級中尉の階級を持つというティムは真剣な表情で語る。「東部でウクライナ政府に抗して戦う者たちは半分に分けられる。一つはロシアの正規軍、もう半分はある種のごった煮。地元のろくでなしや、プロパガンダに洗脳された市民、ロシアの特殊機関に雇われた奴らだ」

マクシムとは政治観も異なるようだ。「ポロシェンコ大統領は国際社会における我が国のイメージを大きく改善してくれた。ただ、閣僚や官僚が役目を果たしていない。戦争が続いているのも大統領の責任とは言えない。我が国には保安庁があり、軍参謀本部があり、国防省があり、国境警備隊もいる。それぞれバラバラで協力体制が取れていない。混乱状態だ」

ティムは最後に大胆な予想を語った。「きっと第三次世界大戦が起きるだろう。プーチンがこのまま止まるとは思えない。ロシアの目的はウクライナじゃない。オーストリアやポーランド、そしてドイツだ。少なくとも東欧には関心を抱いている。ドネツク空港の攻防戦がなぜあんなに激しかったと思う？　滑走路が頑丈で、ロシアにとって戦略的な空港になるからさ。あそこからならルーマニアやチェコへ楽に飛べる……」

小雪がちらつく戸外へとティムが去ってすぐ、黒いパーカ姿の男がホテルのロビーに現れた。アンドレイ・シャラスキン（三八）。彼もまた一四年夏から一年間、東部の最前線に赴き、あのドネツク空港で戦った。親露派の攻勢に耐えて空港を長く死守したウクライナの兵士たちは「キーボルク（サイボーグ）」と呼ばれ、畏敬されている。アンドレイもその一人だ。そして著名な民族主義指導者ドミトリー・ヤロシの右腕としても名を馳せる。ヤロシは三カ月前に辞任するまで反ロシアの極右連合「右派セクター」のリーダーだった。

アンドレイは開口一番、政権批判を繰り出した。

「現状は二年前よりなお悪い。前大統領は教養に欠け、国民経済を圧迫した。現大統領には教養はあるが、同様の圧迫を続けている。実際のところ、ウクライナは独立以来ずっと植民地のような状態に置かれてきた。ロシアやその他の外国勢力に良いように利用されてきたんだ」

ウクライナ西部テルノポリ出身の彼は政変前、舞台人だった。子供向けの演劇学校を主宰していたという。なるほど低音の声は心地よく響き、苦み走った顔が人を引きつける。

ロシアのメディアや政府高官は、政変当時から右派セクターを「邪悪な集団」「ネオナチスト」と激しく糾弾していた。彼らがキエフの反政権デモを過激化させたのは事実であり、クリミア半島では「右派セクター襲来」のうわさがロシア系住民を突き動かした。ドンバスの戦闘にも義勇部隊として参加し、ロシアでは「凶暴」と報じられた。

アンドレイは悪評を強く否定する。「そんな話は真実じゃない。ロシア側が分かりやすい敵のイメージを作り上げるのに、右派セクターを利用したんだ。『子供を食べた』とか『市民を虐殺

元右派セクター幹部のアンドレイ・シャラスキン（キエフ、2016年2月11日）

している』とか大量のフェイク・ニュースが流された。現実には、我々は捕虜にも友好的に接した。親露派から転向した奴だっている」

確かにロシアでの偽ニュースのひどさは度を超していた。そして多くのロシア国民はそれを信じているように見えた。

――ロシアでは「右派セクターはネオナチ」とされている。

「まったく正しくない。我々が目指すのは国民国家の建設だ。まずは強い経済と主権を守り通す防衛力を持つこと。そうすれば他国と対等に話し合える。東部で戦争が始まって以降、ウクライナの各地域が団結するようになった。人々はなすべきことを理解しつつある」

ヤロシとアンドレイは右派セクターを脱退して新たな政治運動を始めていた。極右組織への支持は限定的だからだ。「我々は国のシステムを根底から変えたい。そのために準備している」

――ミンスクで結ばれた停戦合意はどう評価する？

「あの合意には断固として反対する。そもそも一九九四年のブダペスト覚書で米国、英国、ロシアは、核兵器の放棄と引き換えにウクライナの安全を保障すると約束した。ところが、だ。署名国の一つ（ロシア）がクリミアを奪い、東部の親露派を軍事支援しているのに、残り二カ国（米英）は停戦交渉に参加すらしていない。一体これはどういうことだ。ドイツとフランスに至ってはロシアとの経済関係と引き換えにウクライナを売り渡そうとしている！」

民族派のアンドレイは「ウクライナ・コサックの子孫であることに誇りを持っている」と顔を引き締め、がっちりした握手で別れを告げた。この日最後のインタビューのため、私は指定された場所へタクシーで向かった。

ウクライナも米露の代理戦争

キエフ最古の教会ソフィア大聖堂の裏手に位置する「ドベリ」という名のカフェ。扉を意味する店名で、ドアの形の看板が入り口横に掲げられている。どんよりと曇った夕方、約束の相手は少し遅れてやって来た。

ウクライナを代表する作家、アンドレイ・クルコフ（五四）。ロシア系の出自を持ち、作品もロシア語で書いているが、ウクライナ国民としてのアイデンティティを強く持つ。独立後まもない時期の自国の不穏さを描いた『ペンギンの憂鬱』など、彼の小説は海外でも読まれている。自身がキエフで体験した一四年の政変については『ウクライナ日記』と題した手記にまとめた。この国の有りようを洞察する作家に語ってもらいたい。

「コンニチワ！」日本語を学んだこともあるクルコフは私にあいさつして席に着いた。禿げ頭と刈り込んだヒゲが達磨を連想させる。着心地の良さそうな消し炭色のカットソー姿。優しげな顔つきだが、目は鋭い。

作家のアンドレイ・クルコフ（キエフ、2016年2月11日）

コーヒーを注文すると、私は質問を切り出した。

――ウクライナは変わりましたか？

「一四年の政変で国は大きく変わりました。市民社会はより強固になり、古来の伝統である無政府主義的な要素も復活した。一五から一六世紀、コサックたちは国家を持たないまま独立した領域を保っていたのです。それゆえ、集団主義的なロシア人に対して、ウクライナ人は個人主義的なのだ」

――政変に至った反政権デモへの評価は？

「デモと政変はウクライナの独立を救った。怒れる市民の行動がなかったら、ウクライナはロシア主導の経済ブロック『ユーラシア経済同盟』へ統合され、ベラルーシのようなロシアに従属した国になっていったでしょう。反露感情の強いウクライナ西部の人々はこれに我慢できず、内戦になっていたかもしれない」

――ポロシェンコ大統領はいかがでしょう？

「現状において選ばれうる中では最良の大統領です。同世代の他の政治家よりも改革志向がある。ただ、司法・検察システムに問題が残っている。政治家や官僚が収賄で検挙されても、結局訴追されずに復職している」

根の深い汚職は旧ソ連各国に共通する病だ。クルコフは身を乗り出すようにして話を続けた。

「ウクライナにとって汚職は最大の問題です。国民のうち正直に納税しているのは一割ほど。汚職を根絶できれば、賄賂へ回っていたお金が税金として国庫に収まるはずだ」

――では、ロシアとの関係はどうあるべきでしょう?

「ウクライナにとって方法は一つしかない。しばらく国境を閉鎖して人の行き来を止め、ロシアから流れてくる情報も遮断することです。プーチン氏が過去の人物となり、ウクライナが何をすべきかロシアが強いてくるのをやめるまでは」

――ロシアでは時に「ウクライナはロシアの一部」とまで言われます。

「キエフはモスクワより古い都ですよ。まさにキエフから古代国家キエフ・ルーシが生まれた」

歯に衣着せないクルコフにプーチン評を聞いてみた。

「プーチンの下でロシアは事実上の君主国家に戻り、反体制派は排除されてしまった。彼は死ぬまで権力の座にいるでしょう。私にはロシアの明るい未来は見えない。政権に対する国民の支持を得るため、モスクワは常に戦争を必要としている」

最後に私はウクライナにおける戦争の展望を尋ねた。

「いま起きている戦争、これは米国とロシアの戦争です。ロシアは再び超大国になることを目指し、巨大な地政学プロセスの一部分でもコントロールしたがっている。もし米国が圧力を加えるのをやめれば、ロシアの野心に屈することになる」

クルコフの話はここで欧州の難民問題に転じる。中東や北アフリカからの大量の難民流入が欧州各国の政治と社会を揺るがしていた。

「プーチンは難民を欧州へと放っている。さらに多くの難民を生みだそうとしている……」

一見唐突にも感じるが、半年程前の二〇一五年九月、ロシアはシリアでの空爆を開始していた。ロシアの支援でアサド政権軍の反体制派に対する攻勢は強まり、難民がさらに生まれる構図となっている。ロシアのシリア介入は、ウクライナ情勢から欧米の目をそらす狙いもあるはずだ。

「……大量の難民が出現したことで欧州では反移民のネオナチ的感情が高まり、難民に対する襲撃まで起きている。その裏にはロシアのプロパガンダの影響もある。ロシア流の『我々』と『奴ら』という二分法は欧州でも強まっていくだろう」

暗い予想だが、的を射ているように感じられた。

――では、ウクライナの戦争はいつ終わると思いますか？

「国連平和維持軍が導入されなければ一〇年は続くでしょう。事態の推移は親露派支配地域の経済状態にもよります。今はロシアが年間数十億ドルの支援を続け、現地の人々は生活できている。ロシアが占拠したクリミア半島？　今後一五年は現状のままではないだろうか」

芸術家の戦い

キエフで出会った人々はそれぞれに異なる考えを私に語った。政変から二年を経たこの街で、希望の一つは自分の思いを口に出して表現できることかもしれない。少なくともクリミアやドネツクよりは自由だ。この開放的な空気は戦争で傷ついた人々の心を救っていた。

マレーシア航空機撃墜事件が起きた二〇一四年七月、親露派支配下のドネツク市では小さな事件が起きていた。路上に不思議なアート作品が次々現れたのだ。子供の背丈ほどのベニヤ板をカンバス代わりにしたカラフルな人物画で、わざわざ人の形に切り抜いてある。テーマは親露派への痛烈な風刺だった。

街頭に出現したのは次のような作品群だ。顔がドクロだったりピエロだったりする戦闘員たちは邪悪な笑みを浮かべる。死に神は血塗られた飛行機のイラストを掲げる。これは撃墜事件の比喩だ。親露派の「国防相」として名を馳せたイーゴリ・ストレルコフは自分のこめかみに拳銃を押し当て、その下に英語で「JUST DO IT（実行せよ）」の文字。

計八枚の作品が掲げられたのはショッピングモールやホテルの周辺、路面電車の停留所など目立つ場所ばかりだった。いずれもすぐ撤去されたが、匿名のホームページに現場写真が掲載され、さざ波のような反響を呼んだ。痛快なる犯人は誰だ？

「占領への抵抗として、あれが私にできることだった……」。反逆的なアート作品を匿名で発表した「犯人」にキエフで会うことができた。ドネツク市で暮らしていた芸術家セルゲイ・ザハロフ（四八）。撮影担当の友人とコンビを組み、自身のアトリエで制作した作品をこっそり車で運んで街に展示した。親露派のパトロール隊に止められた際にトランクまで調べられず、危うく難を逃れたこともあった。

実のところ、セルゲイは一四年春に親露派が出現した当初は高をくくっていたという。「深刻でもなければ長続きもしないと思ったんだ。反対派の集会にも参加しなかった」。だが、事態は刻々と変化し、鉄パイプを手にした集団が町中をうろつくようになる。「レーニン広場はどこだ?」とロシア人のアクセントで尋ね、モスクワ時間の腕時計を付けた男もいた。地元民ではないことは明らかだった。扇動と銃による支配が広がる裏でロシアの工作員が暗躍していた。

長髪をかき上げながらセルゲイは回想する。当時は産業デザイナーとして働いていた。「ドネ

親露派支配の実態を描き（上）、風刺した看板（下）を作成した芸術家、セルゲイ・ザハロフ（キエフ、2016年2月12日）

ツク州北部のスラビャンスクで戦闘が起きて、いよいよ大変なことになったと気づいた。それで作品に取り組み始めたんだ。ドネツク市はもう現実に占拠されていた」。文字通りゲリラ的で危険なアート活動に踏み切った。

一カ月後、セルゲイは親露派によって「反国家プロパガンダ的破壊行為の疑い」で拘束される。風刺作品が自身の作と認めると、保安庁支部の地下室に監禁された。室内には数十人が詰め込まれ、戦場で捕虜にされた政府軍兵士も後から送られてきた。

「最初の尋問を行ったのはロシアの特務機関員だったと思う」

いきなりの一撃で肋骨を折られた。拷問の目的は作品の「発注者」を突き止めること。殴る蹴るの日々が続く。別の拘束者と一〇日間、一つの手錠でつながれた時期もあった。顔が広いガールフレンドが親露派幹部に話をつけ、ようやく一カ月半後に釈放された。キエフへ脱出した後も当時の恐怖は消えない。

「家も車も命と比べれば何物でもない。財産すべてを奪われても五体満足なら十分幸せだ。このことを心底理解した」。セルゲイは自ら体験した親露派支配の実態を描くことに決めた。「あれは誰も写真に撮ることができない。だが私は絵で伝えることができる。あのドネツクで黙って暮らし続けるなんて人生じゃない。いまここには自由がある」。再び闘志を燃やすセルゲイは、東部出身で作家の友人の助けを得て、実録絵本の制作に取り組んでいる。

彼へのインタビューは「イゾリャツィヤ（孤立）」という名のギャラリーでおこなった。実はこのギャラリーも親露派支配下のドネツクから移転してきた。造船工場の一部を間借りしたホールでは、クリミア半島やウクライナ東部を逃れた一一人の芸術家による現代アート展を開催中だ。セルゲイも風変わりな作品を出展していた。金属棒の構造物にマクドナルドのハンバーガーや紙コップ、サッカーの応援グッズが取り付けてある。

「これは何？」と聞くと、彼は静かにほほ笑んだ。「マクドナルドもサッカーもドネツク市民にとって日常だった。これらが街に戻るとき、私たちも家に帰る」

恋人との別離

芸術家のセルゲイが親露派風刺の作品を仕掛けた一四年七月、同じドネツク市内で二十代後半のカップルが口論を続けていた。「ウクライナ政府が何をしているのか見てみろよ！」と男が言えば、女は「それはそうだけど」と反論を試みる。二人は戦争を巡る立場の違いで衝突していた。男の名はフセボロド、愛称はセーバ。女はアナスタシアで愛称ナスチャ。共にドネツクの地元テレビ局の社員だった。

セーバはこの年の春、ドネツク占拠が始まった当初は親露派を支持していなかった。だが、五月にウクライナ南部の港湾都市オデッサで親露派活動家約五〇人が死亡した事件が転機となる。分離独立反対派と衝突した親露派がビルに逃げ込んだ直後、そこで火災が発生したのだ。ロシア・メディアは、極右連合「右派セクター」構成員が放火したと断定的に報じた（右派セクター幹部だったアンドレイ・シャラスキンは私のインタビューに「いったい何のために放火したというのか？」と語気を強め、組織の関与を否定した）。

悲惨な事件とその報道は東部のロシア系住民の恐怖心に火を付けた。血に飢えた極右が襲ってくる――。セーバも衝撃を受けた一人だ。自身もかつて地元に現れた極右グループに殴られた経験があった。彼の心の中で親露派支持の態度が固まっていった。

七月のマレーシア航空機撃墜事件後、東部の戦況は激化。ナスチャはキエフへの一時避難を決める。恋人のセーバには黙って出発した。また口論になるのが怖かったからだ。「二週間もすれば状況は落ち着いて故郷へ戻れる……」。そう思っていた。だが、砲撃と流血はやまない。ドネツクへ帰れなくなったナスチャはキエフのテレビ局で記者として働き始めた。セーバはテレビ画面を通して恋人の「裏切り」を知り、二人は絶交した。

半年後の一五年二月上旬、セーバはドネツク州デバリツェボ付近にいた。政府軍応召兵のマクシムが親露派に包囲され、地獄を見た町だ。ナスチャが去った後のセーバは親露派武装勢力への参加を望むようになり、二週間の軍事訓練にも参加していた。デバリツェボへは負傷者救出要員として赴いた。そして砲弾が直撃。即死だった。

ナスチャは翌日、知人の短いメッセージで彼の逝去を知る。「私がドネツクを去らなければ彼は生きていたかもしれない……」目を赤くした彼女の口から思いがあふれ出す。「セーバはユーモアの感覚に優れ、詩の才能もありました。鉄道旅行が好きでウクライナやベラルーシの各地を訪ねていました」

彼女はいま、避難民が自身の体験を観衆に話す「ドキュメント劇」に語り手として参加している。つらい記憶を繰り返し語ることで、彼の死を受け止められるようになってきたという。「私は祖国を愛しています。いつか戦争が終わって国が一つになってほしい」

この戦争によって身近な存在を奪われ、心に傷を負った人々は無数にいる。

親露派幹部、辞任の真相

モスクワの中心クレムリンから南東約三キロ、古びた街区にある目立たない建物。私と支局助手のオクサナ・ラズモフスカヤは会議用テーブルを挟んで男と向

取材に応じる元親露派幹部イーゴリ・ストレルコフ（モスクワ、2016年4月25日）

き合った。面長の顔に古風な口ひげ、ぺったりとなでつけた髪形、カーキ色のＴシャツ姿。男はぎょろりとした二重の目でこちらを一瞥し、質問を促した――。

ウクライナ東部での戦争勃発から約二年が経過した二〇一六年四月下旬、親露派武装勢力の元幹部に対するインタビューが実現した。戦争初期に「ドネツク人民共和国・国防相」の肩書で名を馳せたロシア人、イーゴリ・ストレルコフ（四五）である。本名はイーゴリ・ギルキン。「ロシア軍参謀本部情報総局（ＧＲＵ）の将校」と報じられていたが、本人の説明によると、治安機関・連邦保安庁（ＦＳＢ）出身の退役大佐で、チェチェン紛争などでの活動経験を持つという。ＦＳＢは旧ソ連の国家保安委員会（ＫＧＢ）の後継組織で、エリツィン政権時代にプーチンが長官を務めたこともある。ギルキンは、プーチン政権と近い関係にあるロシアの富豪コンスタンチ

ン・マロフェーエフの周辺人物だ。

インタビュー場所に指定されたのは彼の現在の活動拠点だった。カーキ色のTシャツと軍用ズボン姿の男たちが出入りしている。執務室に案内されると机の上で寝ていた茶色の大型猫メインクーンが飛び降り、廊下へ走り去った。ギルキンは前線にいた二年前と比べ、一見して太った印象が強い。ほおが膨らみ、腹もぽっこりと出ている。さまざまなストレスのためだろうか。

ギルキンは一四年四月からウクライナ東部で武装勢力の指導者として注目され、一時はロシア・メディアから英雄扱いされた。しかし、その年の七月、ウクライナ政府軍の攻勢を受け、彼が率いる親露派の一団はドネツク州北部の拠点都市スラビャンスクから撤退。ギルキンは翌八月に「国防相」を辞任して現地を離れた。その裏には一体何があったのか。私は質問を始めた。

――あなたはなぜウクライナでの事変に身を投じたのですか?

「一四年一月下旬、私は反政権デモが続くキエフの独立広場を訪れた。ヤヌコビッチ政権が倒れる一カ月前だ。当時、私はマロフェーエフの私的な護衛チームを統括していた。キエフでタクシー運転手や商店員らと会話を交わし、政権転覆は必至だとはっきり理解した。そして、反露勢力と極右活動家が政権を奪取することになると悟った。そうなるとクリミア半島では必ずや暫定政権への抵抗運動が起きるということも予想できた。

私はクリミアで抵抗運動を指揮できる人物を探し、アクショーノフが最適と考えた。その詳細を語るのは控えたい。いずれにしても、抵抗の機が熟したときに私はクリミアへ飛び、アクショーノフの影の補佐役となった。クリミアでの動きが始まる前夜のことだ」

セルゲイ・アクショーノフは親露派政治家で、キエフの政変後にクリミア自治共和国首相に就いた人物である。ギルキンはクリミアの異変の裏を仕切っていたと主張する。回想が続く。

「私は現地で義勇部隊の指揮も執っていた。クリミア半島には事態が終結するまでおり、四月九日に離れた。そしてドネツク州のスラビャンスクへ向かった」

プーチンによる三月一八日のクリミア編入宣言の後もしばらくとどまり、続けてウクライナ東部の親露派勢力に合流したということか。

「私と一緒にいたロシア人義勇兵は最初、全部で五〇人だった。スラビャンスクの占拠は我々と地元勢約一五〇人で敢行した。現地の治安庁舎からピストルや自動小銃を押収し、政府軍部隊からも銃器や装甲車、火砲を奪った。これらの武器は非常に役だった。我々の仲間に加わった政府軍兵士もいる。派遣された空挺部隊員の多くはロシア系で、地元住民から政府軍が支持されていないのを知って苦悩していたからだ」

一四年四月上旬にドネツク、ルガンスク両州で政府庁舎の占拠から始まった親露派勢力の台頭。その年の初夏までは勢いを増すばかりだった。だが、七月のスラビャンスク撤退を境に政府軍優勢へと一時、潮目が変わった。

――撤退について現場ではどんな判断があったのでしょうか？

「スラビャンスクは死守すべきだったが、ウクライナ軍に包囲され、これを解くのは不可能だった。我々には対戦車兵器もなかったからだ。ギリギリまで重火器の補給を願っていたが、実現しなかった。私は正面から戦って華々しく散るという判断はせず、撤退を選んだ。ドネツク市を守備するためだ。撤退までの最後の日々、ウクライナ軍は市街地にまで激しい砲火を浴びせていた」

スラビャンスクに立てこもった親露派勢力が補給を期待した相手はロシアに他なるまい。撤退後、ギルキンはなぜ「国防相」を辞め、戦線を離れたのか。

――なぜだったのです？

「……圧力をかけられたからだ。弾薬を補給しないという行為で圧力は強化された。補給なしでは戦闘を続けられない。『司令官は地元出身者でなければならない』として、私はウクライナから出るよう言われた。一兵卒としてすら残ることができなかった」

ギルキンは誰が圧力をかけたのか、ここでは明言しなかった。だが、ロシア政府であることは言わずもがなだ。この戦争が内戦ではなく、ロシアが当初から裏で関わっていたことを示す当事者の証言と受け止めた。現地の局面が変化したのに合わせて、クレムリンはロシア出身で好戦的なギルキンを排除する必要があったのだろう。ギルキンの「国防相」辞任後、ロシア軍がウクライナ東部へ侵攻したとみられ、八月末には政府軍有利の形勢が一気に逆転した。

クレムリンの意思

――戦線を離脱したとき、何を思いましたか？

「何とも言い難い。地元住民の八割は私たちを支持していた。彼らはクリミア同様にロシアへ編入されることを願っていた。当時、現地には私が指揮する部隊の他にもいくつか部隊があった。

だが、バラバラに分かれた部隊を一元化しようという私の試みはうまくいかなかった……」

モスクワの軍事評論家アレクサンドル・ゴルツの見方はこうだ。「ギルキンがドネツク州へ派遣されたのは、地元住民を扇動して蜂起させるためだった。だが、失敗して排除された。そして、ウクライナ政府軍に対抗するには中途半端な武装勢力では不可能と判明したため、ロシア軍が直接侵攻したのだろう」

ギルキンのインタビューに戻る。親露派指導部についても聞いておきたい。

――「ドネツク人民共和国」、「ルガンスク人民共和国」の指導部をどう評価しますか？

「彼らは独立した存在ではないし、指導者の資格をまったく欠いている」ギルキンは語気を強めた。「他者依存的で指令に従う用意があるからこそ、スルコフ（ロシア大統領補佐官）はザハルチェンコとプロトニツキーをそれぞれのトップに選んだのだ。（ウクライナ東部をロシアへ強行編入するという）クリミア方式を放棄したときから、ロシア政府に必要なのは操り人形だけとなった。『戦え』と言われれば戦い、『降伏しろ』と言われれば降伏する者たちだ。だからこそ、現地はあいまいな状況にある。彼らはクレムリンが決定を下すのをただ待っている。ウクライナ政府も独立した存在ではない。キエフでも米欧の操り人形が政権の座にいる」

ウラジスラフ・スルコフ大統領補佐官（四九）はチェチェン人の血をひき、プーチン政権を支える理論家として重用されている高官だ。過去には官製の愛国青少年組織「ナーシ」を創設し、全国の若者数万人をプーチン親衛隊に仕立て上げたこともある。現在のクレムリンではウクライナ情勢を担当する。表の外交面のみならず、裏の軍事面にも深く関わるとの情報があった。

窓の閉じた部屋にギルキンの怒気を含んだ声が響く。壁には最後のロシア皇帝ニコライ二世のポスターが掲げられ、執務机にも小さな肖像画が飾ってある。入り口横にはロシア正教のイコンをいくつも飾った棚があった。帝政時代を理想とする思想が透けて見えた。

「クレムリンがドンバスを戦場に変えた。私はプーチンの行動に賛同しかねる。すべてはクリミアと同時進行で動かすべきだった。実のところ、私はロシアによるクリミア編入を想定していなかった。もしクリミアがウクライナから分離独立してアブハジアや南オセチアのようになっていたら、まだ外交的取引は可能だっただろう。クリミア編入は『ルビコン川』だ。米欧も国際社会もこんな挑戦を看過しないと理解しておく必要があった」

アブハジアと南オセチアはロシアの隣国ジョージア（グルジア）で独立を一方的に宣言した親露派地域である。クリミアの編入は一線を越えるものだった、との主張にはうなずけた。ギルキンは自説をさらに展開する。

「疑問の余地なくクリミア編入は必要であった。だが、それと同時にウクライナ東部ハリコフから南部オデッサにかけての一帯もすべて編入すべきだった。我々ロシアは事実上、戦争へと踏み込んだ。にもかかわらず、何も起きていない振りをするのは偽善だ。ロシアにとってもプーチンにとっても高くつくだろう。プーチンはルビコン川を渡った後で立ち止まり、にっちもさっちもいかなくなっている」

ウクライナで起きているのは紛れもなく戦争である。それを否定するのは「偽善」との指摘はその通りだ。だが、ギルキンは主戦論者であり、超強硬派といえる。彼の主張通りにウクライナの東部と南部を編入しようとすれば、ロシアの国際的孤立は現在の比ではなくなる。両国間の全面戦争を導きかねない極めて危険な道だ。ギルキンがロシア政府から利用され、そして捨てられた理由が分かったような気がした。

彼は現在、モスクワで自己の主張に基づく独自路線の政治活動を続けている。戦線離脱後、プーチン政権に批判的な立場に転じたことから取材に応じたのだろう。

「我々は第三極と自称している。ロシアの愛国者による独立した政治的プラットフォームを構築する試みだ。アレクセイ・ナバリヌイ（ロシアの著名な反政府活動家）にも、現在のプーチンにも反対だ。二〇一四年までのプーチンはもはや存在しない。無論、私がいま試みていることにリスクがあるのは承知のうえだ。兵士が『自分は殺されるかも』と考え始めたら、何もできなくなる……」

帰り際、ふと玄関ホールの壁を見るとプーチンの肖像写真が一枚飾ってあった。使い捨てられた存在であるギルキンには、ある種の哀れさを感じた。

マレーシア機撃墜から二年の現実

二年ぶりに訪ねた撃墜現場には、ただ穏やかな田園風景が広がっていた。すかっと晴れた夏空の下、黄色や白の野花が咲き乱れ、放牧牛がのんびりと草をはむ。広大な麦畑は風にうねって海のようだ。ウクライナでの戦争が生んだ巨大な悲劇を想起させるものは少ない。小さな追悼碑と、そこに供えられた縫いぐるみ、花束だけだ。ウクライナ政府軍と親ロシア派武装勢力の交戦は少し離れた前線で続いている――。

二〇一四年七月一七日の夕方、ドネツク州の上空で撃墜されたマレーシア航空MH17便。乗客と乗員の計二九八人が一瞬にして犠牲となった。事件二日後、機体の主要部分が落下したドネツク州グラボボ村に入った私は、惨状にしばらく現実感を失った。黒く焼け焦げた野原に転がる大きくゆがんだジェットエンジン。無数に散らばる原形をとどめない機体の破片。溶けた金属塊の間に見えるいくつもの犠牲者の白い遺骨。麦畑には機体の大きな残骸が燃えずに落ちている。近くにはスーツケースや手荷物の数々。そして、マネキンのような姿で横たわる十数の遺体……。

事件から丸二年がたった一六年七月一七日、私は撃墜現場の隣、ペトロパブロフカ村へまず向かった。当時、ミサイル攻撃で破壊された機体は三つの村に降り注いだ。ペトロパブロフカはその一つで、毎年小さな慰霊式典を開いている。会場は平屋建ての村役場の前だ。親露派支配地域の象徴である黒青赤三色の「ドネツク人民共和国」旗が翻る。

午前八時過ぎからの式典には数十人が集まった。白と黒の正装の若い男女はバラや菊を手にしている。黙禱が終わると、ナタリヤ・ボロシナ村長（四五）があいさつに立った。「あの日もヒマワリが咲き誇り、青空が広がっていました。けれど、あの日は私たちのカレンダーにおいて『不幸な日』となってしまったのです。ご遺族に哀悼の意を表します。この悪事が必ず罰せられるよう、世界の国々に呼びかけたいと思います……」

子供たちは追悼の詩を朗読し、犠牲者の白黒写真の前にロウソクがともされた。MH17便には家族連れが多く、子供の犠牲者は八〇人に上る。八〇の紙飛行機も並べられ、そよ風が小さな翼

消防署長のセルゲイ・ミシェンコ（トレス、2016年7月18日）

を揺らした。

式典後、村長のナタリヤに声をかけると、「私たちはあの悲劇を決して忘れない。今後も毎年集まります」ときっぱり言った。村周辺は撃墜事件後、激しい戦闘の舞台となり、住民の大半が一時避難した。当時は危険で捜索できなかったエリアがあり、今でも機体の破片が見つかっている。

続いて訪ねたグラボボ村は静まり返っていた。慰霊碑前にも人の気配はない。村人は教会に集まって祈りをささげていた。事件当日、ボーイングの巨大な残骸が村に落下したが、地上では人的被害がなかった。それ以来、元々信心深かった人々がより信仰心を深めたという。

翌日、墜落現場となった村々から約一五キロ南にある町トレスを訪ねた。親露派支配下にある地元消防署は事件当時、遺体回収で中心的な役割を果たした。

「あの日、大きな爆発音が聞こえて、『グラボボ村方面で火事』との通報が入った。だが、到着した消防隊が見たのは飛行機の残骸と遺体だった。追加部隊を派遣し、捜索活動を始めた」巨体のセルゲイ・ミシェンコ署長（四三）は振り返る。炭鉱労働者ら地元のボランティアも加わり、一四〇平方キロに及ぶ捜索が続いた。現場付近では戦闘が続いており、一匹の警察犬もいない状況だった。

部隊長のワレリー・プリンスキー（三三）は真っ先に現場入りした一人だ。「村の幼稚園や住宅、家庭菜園にも遺体は落下していた。ヒステリックに『早く回収して！』と迫る住民もいたが、多くの人々は作業に理解を示してくれた。小さな子供の遺体もあり、私も父親だからとてもつらかった」。夏のさなか、臭気は強烈だった。上空からの落下で激しく痛んだ遺体を運ぶ作業は容易ではなかった。

ロシアの軍事パレードに登場した「ブク」ミサイルシステムの輸送起立発射機（モスクワ、2016年5月9日）

トレスの消防署とペトロパブロフカ村役場には、小さな金属製の置物が飾ってある。遺体回収への感謝のしるしとしてオランダ政府当局から贈られたものだ。置物の中央にはぽっかりと穴が開き、遺族の心の痛みを象徴している。

＊　＊

マレーシア航空機を誰が、どうやって撃墜したのか。その謎は二年以上たっても完全には解明されていない。機体やミサイルの破片、犠牲者の遺体、ボイスレコーダーなどを分析したオランダ政府安全委員会は一五年一〇月、詳細な最終報告で次のような結論を出した。

〈上空約一万メートルを飛行中のMH17便は、地対空ミサイルシステム「ブク」により、撃墜された。蝶ネクタイ型の破片が見つかったことから、使用された弾頭は「9N314M」型である。この弾頭を使用できるミサイルは「9M38」（旧型）か「9M38M1」（改良型）である。発射地点は（墜落現場から南東十数キロから数十キロに位置するスネジュノエ近郊の）約三二〇平方キロのエリア内とみられる〉

ロシア語でブナの木を意味する「ブク」はソ連・ロシア製の自走式地対空ミサイルシステムで、ロシア軍もウクライナ軍も保有する。最終報告では「誰が撃ったのか」という最大の争点については、「職務権限を越える」として踏み込まなかった。ただ、安全委のヤウストラ委員長は「発射エリアを支配していたのは分離主義派（親露派武装勢力）だった」と指摘し、親露派側による犯行の可能性が高いとの認識を示した。

一方、ブクの製造会社を傘下に収めるロシア政府系兵器メーカー「アルマズ・アンテイ」社は、オランダ側の発表に反論するノビコフ社長の会見を同じ日に開いた。独自に実施した地上での爆破実験などを基に、「ブクによる撃墜であれば、使用されたミサイルは旧型の『9M38』である。この型は一九八六年を最後に製造されなくなり、ロシア軍では二〇一一年以降は保有していない」と主張。さらに発射地点についても、「墜落現場から南西二十数キロのザロシンスコエ村付近」と断定し、「そこはウクライナ軍の支配下にあった」と訴えた。オランダ安全委員会は後日、ロシアの爆破実験は予告も国際的な立ち会いもなく実施されたため「国際調査の一部としては認められない」と通告。その主張についても「新たな証拠となる事実はない」と一蹴した。

ロシア側が主張を二転三転させてきたことは見過ごせない事実だ。ロシア国防省は「ウクライナ軍のブクが事件当日に稼働していた証拠がある」と発表したほか、「ウクライナ空軍の攻撃機が接近していた」とも発表。その後、ロシア連邦捜査委員会は「撃墜当日、離陸前に搭載したミサイルが帰還時には無くなっている攻撃機をウクライナ空軍の基地で見た」と話すウクライナ人の「証人」まで登場させた。空対空ミサイル説だ。

しかし、ブクによる撃墜の可能性が高まると、アルマズ・アンテイは改良型の「9M38M1」による撃墜との説を打ち出した。だが、「改良型もロシア軍は既に保有していない」との主張はその後、誤りと判明する。最終的に旧型の「9M38」ミサイル説に切り替えたのである。

事件直前のウクライナ東部情勢も重要だ。事件三日前には政府軍の輸送機アントノフ26、一日前には攻撃機スホイ25が親露派に撃墜されていた。地対空ミサイルによる攻撃とみられる。また、マレーシア航空機の撃墜直後、親露派「国防相」のイーゴリ・ギルキンは「たった今、アントノフ26を撃墜した。我々の空を飛ぶなと警告していた」と交流サイトへ書き込み、のちに削除したと報じられている。ギルキンは真相を知るキーマンのはずだ。だが、モスクワでの私のインタビューに際し、撃墜事件に関する質問は一切受け付けなかった。沈黙の背景には強い圧力があると想像させられた。

そして、墜落現場に最も近いトレス消防署のミシェンコ署長は事件当日を振り返り、こう証言した。「私たちは当初、ウクライナ軍機が撃墜されたのだと思っていた。そのような連絡を受けていた」。ギルキンが書き込んだという内容とぴったり符合する。親露派武装勢力がウクライナ軍機と誤認して旅客機を撃ち落とした――。その可能性が濃厚と言うほかない。

（オランダ、マレーシア、ウクライナなど五カ国の合同捜査チームは二〇一八年五月下旬、調査結果を発表。ロシア南西部クルスクを拠点とするロシア軍「第53対空ミサイル旅団」が親露派支配地域に運び込んだ「ブク」システムによってマレーシア機が撃墜されたと断定した。衛星写真やソーシャルメディア上の多数の写真などを分析し、特定に至ったという。クルスクはドネツクから約四〇〇キロ北方に位置する。当該の旅団が発射にも直接関与したかは捜査を継続するとした。多数の犠牲者が出たオランダ、オーストラリアの両政府は調査結果を受けて「ロシア政府には撃墜の責任の一端がある」と表明。ロシア国防省は直ちに全面否定した）

未承認国家「ドネツク人民共和国」

マレーシア機撃墜二年の現場取材では、親露派支配下の最大都市ドネツク市を再訪した。戦争で一万人の死者が出ている中、人々はどのように暮らし、何を思っているのか。出現から二年が過ぎた未承認国家「ドネツク人民共和国」の姿を紹介したい。

一六年七月中旬、私はロシア南部ロストフナドヌーから陸路で国境を目指した。四十代のタクシー運転手はざっくばらんにおしゃべりを続ける。「ウクライナ紛争は米露間の戦争だと思う。プーチンは好きじゃないが、彼がいなければロシアもウクライナのようになっていただろう」。田園の一本道をひたすら西へ。青空の下、ヒマワリ畑とポプラ並木が連なる。「プーチンはいつだって外敵を必要としている。三年前、ウクライナとロシアが殺し合いを始めるなんて聞いても信じなかっただろう……」

　ウスペンカの国境に到着し、ロシアの国境管理官にパスポートを提出すると別室に導かれた。嫌な予感がする。閉ざされ、がらんとした部屋で男性係官の尋問が始まった。両親の名前と住所は？　あなたの勤務歴は？　日本の特務機関との関係は？　軍務経験は？

　質問攻めがいったん収まると、「こちらへ来てもらおう」と小部屋に通された。薄汚れたベッドとトイレ、小さな洗面台がある。一人残され、ガチャリと外から鍵をかけられた。冷や汗をかくこと一〇分。係官は何食わぬ顔をしてドアを開き、一緒に尋問部屋に戻った。取り調べは一時間を超えた。その最後、係官は「ジャーナリストはみんな調べているんだ。帰りもよろしく」と言ってニヤッと笑った。

　親露派側の検問はこともなく通過し、迎えのヤナ・トカチェンコ記者と合流した。少しやせたように見える。荒れ野をタクシーで走っていると、墓地の新しい十字架や花輪が目に付いた。低い台形のボタ山が見え隠れし、ドネツクに近づいていることを実感する。いつものように停戦監視中の全欧安保協力機構の白い四輪駆動車二台とすれ違う。

　親露派支配下の町はどこか乾いている。日焼けした道路看板に「五月一一日は共和国の日」とあった。二年前に住民投票が実施された日付だ。旧式の黄色いミニバスは乗客を満載して走ってゆく。ドネツク市に到着し、定宿のホテル・ラマダに入ると二階のレストランでは結婚式の最中だった。「ゴーリカ（苦いぞ）」と甘いキスをうながす歓声が吹き抜けを通ってロビーまで響いた。

＊　＊

「ドネツク人民共和国」が発行する独自の郵便切手

　ドネツク中心部を歩く。まず目に入るのは、オープンしたばかりのハンバーガー店「ドンマック」だ。戦争によって閉鎖された米国系チェーン・マクドナルドの空き店舗を使い、地元企業がそっくりに似せた。明るい音楽を流して開業を盛り上げている。店内は満席だ。人々は親しんだファストフードの味に飢えていた。女子学生（一六）は「ずっとマクドナルドで食事したかったんです。わざわざロストフに行ったこともあります。この店の味はまずまずかな」と笑顔でポテトをつまんだ。

　大型商業施設「ドネツク・シティ」も一部再開している。営業中の店は全体の三分の一ほど。ブランド物の香水や高級腕時計まで扱っている。物価上昇に苦しむ庶民とは異なる裕福な人々が存在するのだ。地下一階の大型スーパーにはロシア、ウクライナ、ベラルーシなど各国産の商品が並んでいた。運送業者は境界を越える際に徴収金をとられ、その分値段は高くなっている。

　中央市場では迷彩柄の戦闘服や軍靴、ワッペンなど軍事関係の品を商う店が並ぶ。意外なことに土産物店も多い。マグカップ、メモ帳、マグネットなど、ドネツク人民共和国をアピールするグッズは様々。指導者ザハルチェンコの肖像写真もあった。ある店の女性店主は「『キエフへのお土産に』と買っていく人もいます。向こうでも目覚めつつあるのよ」と笑った。

カリーニン記念炭鉱で働く人々（ドネツク、2016年7月19日）

　一五年二月の停戦合意後、ウクライナ政府との和平交渉が動かない中で、親露派側は独立国家の体裁を着々と整えていた。独自の切手を発行し、黒青赤三色の国旗が街中に翻る。通貨はウクライナのフリブナではなくロシア・ルーブルを流通させ、独自の携帯電話会社まで開業させた。だが、表面上の「繁栄」とは裏腹に、外部からの支援で地域の崩壊を免れているのが実態だった。

「戦火に苦しむ住民は今も大勢いる」。赤十字国際委員会ドネツク事務所のピエール・ライシェル副所長（六二）は流暢（りゅうちょう）なロシア語で強調した。スイス出身の彼は紛争直後のチェチェンにも駐在した経験を持つ。赤十字はドネツクに一三五人のスタッフを配置している。前線に近い居住地域へ食糧や衛生用品を届けたり、砲撃を受けた住宅の復旧資材を提供したりとフル稼働が続く。「以前よりは平穏かもしれないが、深夜には砲撃や爆発が続いている。戦争は続いているのです。停戦なんてどこにもない」

地元出身の大富豪アフメトフの財団も高齢者と障害者、乳幼児を抱える家庭に食料セットを無料配布している。ロシアからの人道支援も続く。

そんなドネツク市内で増えているのは委託販売方式の中古品店だ。不用品を売って現金を手に入れたい市民の需要がある。そのうちの一店を訪ねた。

店長の女性は淡々と話す。「みんなお金がないので安く物を手に入れたいのです。洋服でもアクセサリーでも何でも。手持ちの現金がまったくないため、家にある品物を持ち込む人々も多い。住人が避難した空き家から盗んだ物を売ろうとする人もいます。化粧品を子供の食べ物に換えたいという母親もいました。市内に同じような店が数十はあるでしょうね」

帝政ロシア時代から採炭業で栄えたドネツクは、町のシンボルも炭鉱労働者を讃える銅像だが、この基幹産業も深刻な状況に陥っている。中心部で五五年の歴史を持つカリーニン記念炭鉱を訪ねると、採炭要員数人が鋼鉄製の武骨なエレベーターで地下の坑道へと降りて行くところだった。操業こそ続くが著しく活気を欠いている。

炭鉱支配人補佐のワレリー・ネドルシュコ（六四）はとつとつと語る。「こちらで採れる石炭は製鉄用に使われます。以前は労働者が四五〇〇人おり、一昼夜に二〇〇〇トンを採取していました。しかし、今は七〇〇人で一昼夜に四〇〇トンです。かねて斜陽化が進んでいましたが、紛争発生以降は給与遅配の頻発で働き手は減ってしまったのです。炭鉱がもし砲撃されれば、復旧は不可能でしょう」

――ドネツクにとって炭鉱とは何でしょうか？

「給与そのものであり、家族を支えるものです。この街には製鉄工場も繊維工場もありますが、基盤はずっと炭鉱でした。炭鉱が私たちを養ってきたのです」

報道は検閲、プロパガンダ

形ばかりの停戦合意、命綱の人道支援、空洞化が進む産業。厳しい現実にあっても、親露派指導部を強く支持する人々が少なからずいる。その中心は高齢者だ。砲撃被害を受けて間もないドネツク市西部クイビシェフ地区で話を聞いた住民たちも親露派を支持していた。

「人民共和国軍は重火器を前線から撤収し、停戦条件をすべて守っている。それなのにウクライナ軍は毎日砲撃してくる。ウクライナの年金はこちらでは支給されず、検問を越えて受給しに行くのも難しい。我々はまだ完全に分離独立していないのにウクライナ政府から見捨てられた！生活は苦しいが、人民共和国の年金支給が始まった。そのうち増額されるだろう」年金生活者のニコライ・ボルコフ（七〇）は勢い込んで話した。ウクライナ政府を敵視する一方で、その政府から支援がないと不満も漏らす。

ボルコフの熱弁は続く。「奴らはドネツク州を包囲しようとしているが、我々は耐えている。独立あるのみだ。人民共和国指導部は素晴らしい。首長のザハルチェンコは何だってしてくれる」。さらにこんなことも言う。「私はテレビをよく見ているから何でも知っている。ウクライナ

市内で売っているザハルチェンコやプーチンの肖像写真（ドネツク、2016年7月18日）

ではすべての工場が止まっているそうだ」。全工場の操業停止などもちろん起きていない。彼は地元で流れる報道を鵜のみにしている。親露派支配地域には自前のテレビ局や新聞社があり、ロシアの放送も受信できる。一方、ウクライナ発の情報はインターネットを通じなければ入手困難で、ほとんどの高齢者は接する機会を持たない。

　親露派によるプロパガンダの実態について「ドネツク人民共和国・情報省」に務める元ジャーナリストの男性が、匿名を条件に取材に応じた。「我々の情報省ではソ連時代の先例が大いに参考となっている。地元住民は昔のことをよく覚えているからだ。ブレジネフ政権当時、一九六〇年代後半から八〇年代前半までの『停滞の時代』が主なモデルになっている」

——市内には指導者ザハルチェンコの顔写真を載せた大看板が多数並び、ソ連時代のようです。

「彼にはカリスマ性がある。砲弾を恐れないといった勇敢な姿勢を示している。ただ、言行不一致や不可解な点があまりに多い」

――情報省における検閲の実態は？

「検閲は非常に厳しく行われている。人民共和国にとってプラスとなる報道しか許されない。『我々の側はすべてがうまくいっており、ウクライナ側は何もかもひどい』と。建設的な批判は本来必要なはずだけれどね……。それから、砲撃被害のあった地区について報じることもあまり好まれない。情報省のほかに国家保安省や首長府も目を光らせており、地元で発行される新聞はすべて事前検閲を受けている」

細面に眼鏡をかけ、学者肌と見える男性は乾いた声で現状を語る。がらんとした昼下がりのカフェにはほとんどお客がいない。

「ただ、ウクライナ側にも検閲は存在している。この戦争が始まったころはまだ、私は全国紙の新聞社で働いていた。ある日、ドネツク駅近くで政府軍の攻撃によって市民が犠牲になり、私は現場の写真を出稿した。ところが、翌日にキエフの編集局から電話があり、国防省が問題視していると告げられた。『これは合成写真だ。こんな事態はありえない』と言われたのだという。編集局から被害写真はもう送らなくて良いと指示された。ウクライナでも国防省の許可なしには新聞を発行できないのだ」

――ドネツクでのテレビの状況は？

「プロパガンダだ。ウクライナ側もこちら側も共にプロパガンダが必要だ。敵対関係はずっと続くだろう。少なくとも私が生きている間は……。もっともそんなに長生きすることはないと思う。

遅かれ早かれ、何かを理由に密告されて人生を閉じることになるだろう」

親露派指導者ザハルチェンコへの質問状

私は親露派指導者ザハルチェンコに単独インタビューを申し込み、前向きな反応を得ていた。だが最終的に面会は実現せず、書面で各質問への回答が送られてきた。

最初の質問は一五年二月の停戦合意（ミンスク合意）について。ウクライナ、親露派勢力、ロシアなどの各代表が署名した。火砲の撤収、外国の武装組織や傭兵の退去、親露派支配地域の特別な自治地域化などを定める。しかし、NATOやウクライナ政府は「親露派地域にロシア軍部隊が存在している」と非難していた。

――ミンスク合意に対する考えは？

ザハルチェンコの回答。「ウクライナ軍が大規模攻勢を始めたとき、停戦合意は破綻したとみなす。攻勢をかけられた場合、我々が反撃して首都キエフまで進攻する可能性も否定しない。我々の目標は人民共和国の領域をドネツク州全体まで広げることだ。次に、外国人雇い兵がいるのはウクライナ側だ。我々にはロシアをはじめとする各国出身の義勇兵しかいない」

――質問その2。ドネツク人民共和国の現状は？

「我々はロシアの援助に依存している。だが、ウクライナに経済封鎖されて二年経ったが、我々はあちら側よりも経済的にうまくいっている。年金など社会保障の問題、物価上昇の問題も解決した。戦時なので一定の制限はあるが、言論の自由も確保されている。明らかにウクライナより優れている。避難民が出たのは戦争が続いていたためであり、既に大勢が戻ってきた。現在、住宅やインフラの復興に取り組んでいる。経済面ではオリガルヒ抜きの新たな経済構造を作ろうとしている。我々の主たる貿易相手はロシアに他ならない。欧州や南米、中東など他の国々との貿易関係もあるが、未承認国家という立場が障害になっている。追って解決していく」

――質問その3。ロシアとの関係は？　特にクレムリンでウクライナ問題を担当するスルコフ大統領補佐官との関係について。元親露派幹部のイーゴリ・ストレルコフは、あなたのことを「ストレルコフの操り人形だ」と言っているが？

「ストレルコフは私のことをよく知っている。そして、私が操られるような人間ではないと理解しているだろう。スルコフ補佐官はドンバスのため、我々が試練を耐え抜くため、多大な貢献をしてくれた。彼には敬意を抱いている。だが、私が彼の指図を受けている事実はない。私たち二人は協力関係にある。……ドンバスの市民は当初、クリミア同様にロシアへ編入されることを期待していた。その後では、虐殺から我々を守るためにロシア軍が派遣されるのを待っていた。だが、どちらも実現せず、それでも我々は勝利を収めた。ロシア政府は正しかったのだ。ロシア軍がもし介入していれば、戦火は広がってより多くの犠牲者が出ていただろう」

予想通りだが、ザハルチェンコはロシア軍の侵攻や駐留を否定した。ただ、プーチン大統領は一五年一二月の年末記者会見に際して「我々は軍事分野の問題にあたる人々があそこ（ドンバス）にいないと言ったことはない」と述べ、ロシア軍の関与を濃厚に示唆している。さらに、一六年六月の講演では「（米欧は）ウクライナで流血のクーデターと内戦を引き起こして南東部やクリミアのロシア語話者の住民を恐怖に陥れ、我々に住民保護の手段をとることを余儀なくさせた。これは一つには、NATOの存在意義となる外敵を必要としたためだろう」と踏み込んだ。ザハルチェンコは回答文書の末尾で「現在、我々はロシアとほぼすべての問題で認識が一致している。我が人民共和国は『ルースキー・ミール（ロシア的世界）』の前衛だ」と、その一体感を強調した。

住民の不安と不満

東部ドネツク、ルガンスク両州でザハルチェンコら親露派勢力が支配するエリアは全体の三分の一程度だ。その人口はウクライナ国民の約一割に当たる四〇〇万人弱とみられる。戦争が二年以上続く中、親露派支配を歓迎する住民ばかりではない。

「人々は貧しくなり、失望と不満が渦巻いている。気分良く暮らしているのは権力に近い人々くらいでしょう。私や友達はずっとウクライナ政府を支持しています」。二人目の子供を妊娠中のスベトラーナ・レフェンコ（三五）は胸の内を率直に語った。ドネツク市内の広々としたカフェで話を聞いたが、あまり周囲を気にするそぶりも見せない。

彼女の一家は戦争が本格化していった一四年六月に隣州の親戚方へ避難し、一年後に戻ってきた。夫が自動車修理工場を経営しており、高価な機械類を運び出すのが困難だったためという。雇用する従業員の生活もあり、廃業を選ぶことはできなかった。避難先で仕事を見つけるのに難渋したことも帰還の理由だ。

スベトラーナ自身はインターネットを介してウクライナ企業の会計士として働く。「しばらくはこの町で暮らしていこうと思っています。でも、状況が変わらなければ移住することになるでしょう。私たちはドネツク市郊外のキーロフ地区に住んでいて、ときどき深夜に砲撃が聞こえます。住宅地に近い林の中から親露派が撃っているのです」

彼女の情報入手方法は念入りだ。ウクライナ・メディア、ロシアのテレビ、海外放送をそれぞれチェックし、交流サイトのフェイスブックからは地元の口コミ情報を得ている。ただ、義母は親露派を支持しており、家の中で政治の話題はタブーだ。

「私はウクライナを愛しています。でも、国家としては我慢できない。私はウクライナ企業で働いて税金も払っているのに、児童手当も何の支援も受け取れない。和平が成立して、ドンバスがウクライナであり続けることを願っています」

――親露派を支持する人たちについて、どう思いますか？

「彼らの頭には今もソ連的な思考が残っていて、テレビは決してウソを流さないと思っているのです。ドネツク人民共和国はそう長く続かないと思います。かつては社会的に低い地位にいた人たちが指導部を占めていますから」

ドネツクで世話になったタクシー運転手のアレクセイ（三五）も親露派支配下で暮らす苦い思いを隠し立てなく話した。彼は妻と一〇歳の娘と三人で暮らしている。

「町の人々は、ロシアと人民共和国連中のプロパガンダに夢中になっていた。そして普通の暮らしが奪われてしまった。なにが人民共和国だ！　人民が何一つ決めることもなく、人民は何一つ所有していない。奴らは初めみんなロシアからやって来たのだと思う。そして、武装集団に加わると三〇〇ドルから四〇〇ドルもらえるからと地元の下流層が参加するようになった。老人たちも親露派を支持した。彼らはソ連が復活する、ロシアに編入できると思っていたんだ。支持、不支持で地元社会は分裂してしまった。でも、今となっては誰もが普通の暮らしを取り戻したいと願っている」

——あなたの人生も変わりましたか？

「ああ、悪い方にね。友人を訪ねてウクライナ側へ行っても、ロシア側へ行っても彼らの暮らしはそう悪くない。銀行は営業し、食べ物は安い。ドネツクだけがひどいことになっている。大勢の人々がここを出て行き、もう戻ってこないだろう。俺はまだ考え中だ。故郷であるこの町が好きだから。今、商店はみんな親露派の旗を掲げなければいけない。違反すれば罰金だ。あれは本当に気にくわない」

——かつてのソ連に似ている？

「昔の東ドイツのようだ。最近ネットで見た映画、『ブリッジ・オブ・スパイ』の舞台が東ベルリンで、夜間外出禁止令もある今のドネツクとよく似ていた。きっと今後一〇年はこのままだろう」

* *

銃撃で穴だらけの道路標識がぽつんと立ち、アスファルトには砲弾の赤茶色に錆びた破片が散乱している。林の向こうには廃墟と化したターミナルビルが見える。ドネツク市北部に位置するドネツク国際空港は市街地に最も近い激戦地だった。戦略的要衝を巡る争いは完全には収まらず、滑走路を隔てて今も対立する両者がにらみ合っている。

空港付近は今回の現地取材でぜひとも再訪したかった。一〇〇万人都市を巻き込む戦争は二〇一四年五月二六日に、ここで本格化したからだ。夢中で写真を撮っていると、「ドーン、ドーン」と砲声が鈍く響いた。

戦闘で破壊されたドネツク国際空港のターミナルビル（ドネツク、2016年7月16日）

前線エリアである空港周辺の取材は「ドネツク人民共和国・国防省」の許可と案内役の同行が義務づけられている。この日の朝、私とヤナは市内中心部で親露派戦闘員二人と落ち合った。彼らは黒色のつや消し塗装が施され、ナンバープレートのない乗用車に乗り込み、私たちの車を先導する。

午前一〇時過ぎ、ドネツク駅付近を通り過ぎた。二年前のあの日、ウクライナ政府軍の戦闘ヘリによるという攻撃に遭った男性の遺体を駅前で目撃した。今は駅の南側では人通りが回復している。駅前市場の周りには路上で服や日用品を売る人々がいた。

だが、跨線橋を北側へ渡ると景色は一変する。空港に最も近い住宅街、ストラトナフトフ通り。砲撃を浴びて崩れた家屋が連なり、塀もバス停も弾痕だらけだ。住民の姿は見えない。壁や門に「この家には何もない！」と目立つように塗料で書いてあるのを見かけた。空き巣狙いへ向けたメッセージだ。

車を降りて、若い方の戦闘員に現場の情勢を聞いた。彼の名はウラジーミル、「大尉」だという。

「この場所は空港ターミナルから五〇〇メートルは離れている。ターミナルビルはまさに前線基地だ。そこから敵までの距離は一キロ。毎日毎晩、敵は迫撃砲や大口径の機関銃で攻撃してくる。大砲や戦車が使われることもある。敵の特殊部隊が侵入して地雷を仕掛けていくこともある」

——どのように応戦している？

「銃かグレネードランチャーだ。我々の大砲はきちんと前線から撤去してある」

大砲の使用は停戦合意違反だ。ウクライナ政府側も親露派側も「相手が合意を破っている」と主張し合う。ただ、親露派からの砲撃を目撃した地元住民も少なくない。質問を続ける。

——空港の戦略的な意味は？

「敵にとってはドネツク市に攻撃をかける際の拠点となり得る場所だ。空港の戦闘ではこれまでに数百人が死んでいる。遺体がたくさん残っているはずだが、ウクライナ軍は回収しようともしない。遺族への弔慰金支給を避けるために行方不明の方が都合良いのだろう」

路上でウラジーミルの話を聞いていると、大きなズッキーニを数本抱えた中年女性が近づいてきた。彼女、リュドミラ（五七）は夫と二人で今もこの近くに暮らしているという。口を開くと不満の言葉があふれた。

「ここでは市民が窮地に陥っています。ずっと前に砲撃を受けてから、いつまでたっても停電したまま。夫は六カ月も給与が払われなかったので、ある公的機関の仕事をやめました。ひどい生活状況ですよ」

ひとしきり私に胸の内を吐き出した後、年長の戦闘員に食ってかかり、延々と苦情を訴え始めた。親露派にとっては不都合な真実の一端だ。私はリュドミラが話す姿をビデオ撮影していたが、後から「苦情の場面はカットを」と強く要請された。

木立の間から空港ターミナルを望める交差点へ車で移動する。取材を許されたのはここまでだ。二年前の五月二六日も私は同じ場所に立っていた。ウクライナ大統領選の実施を親露派が実力阻止する様子を取材するため、ドネツクに来ていた。選挙翌日のあの日、未明から空港を占拠していた親露派グループに対し、ウクライナ政府軍はターミナルの空爆と地上からの奪還作戦に踏み切った。現場近くで取材していた私たちは、応戦に急行する親露派戦闘員の一団を目の当たりにし、退避を余儀なくされた。その後、八カ月間続いた空港争奪戦は一五年一月に政府軍の退却で一旦幕を閉じた。激戦の中でターミナルの守備に踏ん張ったウクライナ将兵は「まるでキーボルク（サイボーグ）だ」と国内で称賛され、勲章も授与された。

ターミナルへと続く道路は野放図に生えた夏草に半ば埋もれている。ドネツク市民が誇った真新しいターミナルビルは往時の面影もない。砲撃、爆撃に削られ、コンクリートと鉄骨の骨組みだけが残っている。不気味な静寂が辺りを支配する中、空港方面から一台のダンプトラックが走ってきた。再利用できる鉄くずを運び出しているという。やがて砲声が聞こえ始めると、年長の戦闘員が「リスクを取るのはやめよう」と出発を促した。

戦士たちの墓

ドネツク入りの直前、私は二日間だけ首都キエフに滞在していた。ウクライナ国防省から東部前線地帯の取材許可証を受け取る必要があり、併せてこの戦争に深い関わりを持つ人たちを取材した。その一人がニーナ・ブラノビツカヤ（六五）。彼女は、ドネツク空港の戦闘に加わった政府軍兵士の長男イーゴリ（当時三八歳）を失っている。撤退時、負傷した仲間を助けようとして親露派の捕虜になり、まもなく射殺されたのだ。

キエフ中心部にある独立広場のベンチで彼女の話に耳を傾ける。青空と白い雲。盛夏の広場を行き交う人々の表情は明るい。木陰に座るニーナ一人が悲しみを胸にたたえているように見えた。

「あのころ、ウクライナ東部では地域の分離独立に反対するウクライナ人が殺されるようになっていました。私の息子もそのように殺されたのです。『祖国を守るために来た』と言ったがために……。息子はウクライナ領内にロシア兵がいることを望みませんでした。ウクライナ人同士で和解することを望んでいました」

――イーゴリさんが軍に入ると言ったとき、どう思いましたか?

「子供が戦い、死ぬことを望む母親はいません。自分の望むような人生を送ってほしかった。息子が入隊すると言ったのは一四年七月のことです」

——その際、何か言葉をかけましたか？

「私は涙を流し、説得もしました。けれど、息子は『僕がお母さんの後ろに隠れていたら、他の誰かが戦って死ぬ。戦火がキエフまで迫ったら手遅れになる。戦争を止めなきゃいけない』と言いました。彼は過去に兵役を務めあげ、平和維持部隊の一員としてアフリカのアンゴラで三カ月過ごした経験もありました」

イーゴリの部隊は激戦地のドネツク空港に配置された。一五年一月一九日、最後の電話があったという。「電話はとても短くて、『そちらはどう？　こちらは万事順調。電波が良くないから電話してこなくていい』と……」

この直後、ウクライナ軍が空港から退却するなか、イーゴリは親露派に拘束された。ニーナは生還した息子の戦友から何が起きたかを知らされ、尋問を記録し

政府軍兵士の長男イーゴリを殺害されたニーナ・ブラノビツカヤ（キエフ、2016年7月12日）

た映像も見た。

「彼らは息子を尋問し、『お前は誰だ？』と問いかけました。息子は『私はウクライナ国民、ウクライナ軍人だ。自分たちの領土で、自国の自主独立を守っている』と答えたのです。尋問の後、息子は殺されました。処刑を命じたのはザハルチェンコです」

ニーナは目に涙を浮かべ、話を続けた。「子供を戦争に行かせるために育てる親などいません。ロシアさえ介入しなかったら……。プーチンはウクライナを自国の勢力圏にとどめたいのでしょう。私たちにはロシアは必要ありません」

彼女の手元には、息子の最後の日々に撮られた写真と勲章が残された。空港ターミナル内で待機中にたばこを吸う姿の一枚がある。軍用ヘルメットの下で両の目は中空をじっと見つめている。

（ザハルチェンコは一八年八月三一日、ドネツク市中心部のカフェで起きた爆発によって死亡した。享年四二歳。ロシア政府や親露派が直ちに「ウクライナ政府によるテロ行為」と断定したのに対し、ウクライナ側は「親露派の内部分裂の結果」との見方を示した。プーチンは「ザハルチェンコ氏は真の指導者であり、ドンバスの志士だった。ご遺族とドンバスのすべての住民に哀悼の意を表する。ロシアはいつもあなたたちと共にある」との声明を出した）

＊　＊

ドネツク市西郊の荒れ野は猛暑に乾いていた。その一部は柵で囲われ、木製の十字架がいくつも立つ墓地だ。故人の肖像写真が飾られ、樹脂製の花輪が手向けられた墓の数々はまだ新しい。戦争で命を落とした親露派戦闘員たちが葬られている。

墓地には簡素な白い十字架だけ数十本並ぶ一角もあった。黒いプラスチック・カードの墓標には「身元不明戦士」と書かれ、命日と整理番号が白い文字で記されている。同行した地元記者のヤナは「戦死したロシア軍人が埋葬されている可能性が高い」とささやいた。目立たないように撮影を続けたが、戦闘服姿の男がこちらをいぶかしむ様子を見せ始めた。彼が携帯電話を取りだしたところで、私たちは速足で車に乗り込み墓地を離れた。親露派支配下のドネツクでは用心するに越したことはない。

「身元不明戦士」の簡素な墓（ドネツク、2016年7月16日）

ウクライナ東部へのロシアの侵攻は、二〇一四年春に現地での扇動工作から始まったとみられる。ウクライナ政府軍の攻勢が強まった一四年夏には、ロシア軍は戦車部隊などを直接侵攻させ、形勢を逆転させた――。国際的にはこうした見方が有力だ。だが、プーチン政権による厳しいメディア統制により、ロシア国内で侵攻に関する調査報道に踏み込んだのは少数の独立系メディアだけだ。

ロシア軍はウクライナの戦地に兵士を何人送り、どれだけの死傷

ロシアの人権活動家セルゲイ・クリベンコ（モスクワ、2016年5月12日）

者が出ているのか？　軍情報機関ＯＢが率いる民間軍事会社「ワグネル」の暗躍も伝えられており、全体像は闇の中だ。ドネツク郊外の墓地に永眠する身元不明戦士は氷山の一角に過ぎない。ロシア政府が軍事侵攻の一切を否定し続ける中、国内でも問題視する声はある。私はモスクワで著名な人権活動家たちに話を聞いた。

軍事専門の人権活動家セルゲイ・クリベンコ（五三）は死亡軍人に関する地方紙の報道などを分析し、軍人への聞き取り調査も行っている。ロシア大統領直属の人権・市民社会評議会メンバーであり、クレムリンも一目を置く存在と言える。

「昨年五月、プーチン大統領が国家機密の範囲を拡大する大統領令に署名し、戦時の軍人の死者数のみならず、平時の死者数も機密扱いになってしまいました。しかし、地方メディアは地元軍人の死亡情報について報じているので、私たちはその内容を精査しています。私たちの調査では、一四年から一五年にかけて全国で一六〇人の死亡軍人の個人情報が得られましたが、その約半数について死因や死亡場所が不明なのです。法律では軍人が死亡した際には必ず調査が行われることになっています。場合によっては刑事訴追が必要なためです。

この件で捜査当局へ照会しましたが、あいまいな回答しか得られなかった。『死亡については知っている。必要な手続きはした』と……」。クリベンコは眉間に深いしわを寄せ、話を続ける。

「私たちは軍人たちと面談し、どのようにウクライナ東部へ送られたか、どんな指令を受けたかなど実態を聞き取りました。ただ、その詳細を公表することはできません。彼らは今も現役だからです。彼らは、死亡軍人について裁判が提起された場合には公開の場で証言する用意があると言っています。

ロシア軍の侵攻について確実な証拠を握っているとは私は言えません。しかし、ロシア南部ロストフナドヌーでウクライナ派遣命令を受けた軍人たちの訴えが複数届いています。拒否した士官は解雇されるそうです。ロシア軍の契約軍人は十分な報酬を受け取り、満足のいく住居も与えられているため、解雇を恐れています。そうして彼らは指令に従っているのです。ウクライナ東部で現在大きな戦闘は起きていませんが、ロシア軍の駐留は続いているはずです」

——どれぐらいの規模でしょうか?

「はっきりとは言えません。五〇〇〇人から一万人ぐらいの可能性がある。一四年六月に彼らは部分的な急襲攻撃を実施し、八月には本格参戦しました。現在は当時とは異なる状況です。兵器について言えば、クリミア半島でウクライナ軍から奪ったものをドンバスに運び込んだと言われています。その後、我が国からも移送したと。確証はありませんが、実際の戦況から専門家たちが分析している。

複数の兵士の証言によると、一四年八月に彼らは所属表示の無い迷彩服へ着替えさせられ、身分証や首に下げる個人の認識票も置いていくよう指示されたそうです。そのうえで進軍したため、向こうで死んでも身元確認できないのです」
——大統領直属の評議会メンバーとして何か動いているのでしょうか？
「私たちの調査資料は人権問題担当の大統領顧問であるミハイル・フェドトフ氏へ届けましたが、はかばかしい回答は得られていません……。すべてはクリミアから始まりました。ある国が好き放題な振る舞いを続けることは、世界にとって大きなリスクです。ロシアでは人権状況も悪化し、市民社会への圧力が強まっている。今後も一層ひどくなる恐れがあります」

＊　＊

独立系のノーバヤ・ガゼータ紙が詳報したアントン・トゥマノフという死亡時二〇歳の下士官のケースがある。伍長だった彼の部隊は一四年七月、ロシア南部チェチェン共和国の駐屯地からウクライナ東部国境に近いロストフに派遣された。婚約者や母エレーナとの電話でアントンは「僕らは戦争に行く。義勇兵を支援するためにドネツクへ行かされる」と話していた。最後の電話は八月一〇日。その一〇日後、母の元に遺体と軍の死亡証明書が届く。死亡は八月一三日、場所は「一時的な配置先にて」、死因は「軍務中の爆発による受傷」とあった。

エレーナを訪ねてきたアントンの戦友たちが死亡の真相を明かした。八月一二日、総勢一二〇〇人の部隊はウクライナへと国境を越えた。命令によって身分証や携帯電話は持たず、迷彩服に着替えて親露派戦闘員に偽装した。翌日、ドネツク州東部の町スネジュノエでウクライナ軍のミサイル攻撃を受け、一二〇人が死亡、四五〇人が負傷したという。

母親はロシア軍に真実を認めさせることをあきらめていない。ロシア北西部の旧都サンクトペテルブルクに拠点を置く軍事関係の人権団体「兵士たちの母」が支援を続けていた。代表の中年女性エッラ・ポリャコワは私の取材に答えて言う。「エレーナは表だって声を上げた唯一の母親です。彼女には息子の死亡について弔慰金が支給され、同時に口をつぐむよう脅されました。それでも私たちに支援を依頼し、最後まで真相究明するつもりでいるのです」

「軍人にとって秘密裏の埋葬は侮辱以外の何ものでもない。『こんなやり方は軍法違反だ』と言う将校もいるぐらいだ」。ロシア軍のウクライナ侵攻について早い段階から追及してきたレフ・シュロスベルク（五二）は語気を強める。

ロシア北西部プスコフ州でリベラル派野党「ヤブロコ」支部長を務める反体制派の政治家。彼は、地元の空挺師団から出た死者とウクライナ政府が発表した敵方の戦死者リストを照らし合わせるなどの手法でロシア軍の侵攻を確信し、主宰する小さな新聞で調査報道を続けた。

「軍は兵士の葬式までは隠せなかった。だが、弔慰金を与えて遺族を黙らせたり、治安機関FSBに脅迫させたりといった隠蔽の手法が使われている。さらには、ドンバスで戦死した軍人について『自ら希望して戦地へ赴いたコサック義勇兵』として処理することまでしている。その場合、遺族には何の補償も与えられない。死んだ途端に軍人ではなくなってしまうのだ。遺族は迫害を恐れて口をつぐんでいる。戦死した軍人の多くは三〇歳未満の契約兵、エリートである特殊部隊員だ」

小柄な地方政治家は濃い眉毛を上げ下げしながら語る。「クリミア半島ではウクライナ軍は抵抗しなかったが、ドンバスではそうはいかなかった。地元住民の反応もクリミアとは違った。ウクライナ軍の士気は思いのほか高く、簡単には制圧できなかったのだ。ロシア軍人の戦うモチベーションは低く、ウクライナ軍人には自国領を守るために戦う気概があった」。シュロスベルクの推計では、この戦争におけるロシア軍の戦死者は数千人。彼らもまた、宣戦布告なき戦争の犠牲者だ。

終　章

皇帝プーチンの戦略

ロシアにとっての歴史的勝利

北海道根室市の港を出てから約三時間半後、国後島に船が近づくとスマートフォンの電波はロシア大手携帯会社「ＭＴＳ」の回線へ自動的に切り替わった。画面の時刻表示も、日本より二時間進んだロシア極東時間に変わっている。土砂降りの中、はしけで上陸した島の中心部、古釜布（ロシア名・ユジノクリリスク）。緑にこけむしたレーニン像と金色に輝く円屋根のロシア正教会が並び立ち、携帯電話の電波塔がそびえる。

クリミア半島を一方的に編入したプーチンの風刺画（キエフ、2014年5月）

ウクライナ危機が起きる半年ほど前の二〇一三年七月上旬、モスクワ赴任を控えた私はビザな

舗装道路が整備された古釜布中心部（国後島、2013年7月）

し訪問団の一員として北方領土に足を踏み入れた。ロシアは国後、色丹（しこたん）の両島を「サハリン州南クリル地区」とする。行政トップのソロムコ地区長は「人口は国後に六八〇〇人、色丹に三三〇〇人。平均年齢三四歳で州内一若い地区だ。子供は毎年増えている」。誇示するように数字を並べた。島側の自慢は子供の増加だけではない。ロシア政府が巨費を投じる「クリル諸島（北方四島と千島列島）社会経済発展計画」の進展がある。市街地の一部と海沿いの幹線道路は舗装され、新築住宅も目に付いた。色丹島で地区議員を務める英語教師、アンドレイ・ダネリア（五二）は言う。「領土問題は複雑な問題だが、現状を変えるのは良くない。ロシア人はみんな国を愛し、島を愛している。日本人の気持ちも理解するが、ここは私たちの故郷だ」。島民にとって日本はあくまでも「隣国」なのだ。

八カ月後の一四年三月、ロシアはクリミア半島を一方的に編入した。領土に対するロシア人の意識が急速に先鋭化していくのを私はモスクワで感じていた。そして、そのムードは北方領土問題とも当然無関係ではあり得なかった。

＊　　＊

「クリミアに関する出来事が生じた今、北方領土問題に対するあなたの態度、アプローチは変化しましたか？」

クリミア編入と北方領土について語るプーチン（モスクワ、2015年4月16日）

クリミア編入から一年あまりが経過した一五年四月中旬、私たち内外記者団はモスクワのホールでプーチン大統領を取り囲んでいた。毎年恒例で生中継される国民とのテレビ対話番組の終了後、設定されたぶら下がり会見。日本人記者は私と民放二社の計三人。冒頭の質問は共通の関心事であり、指名されたテレビ朝日のロシア人助手が切り出した。

「平和条約と領土問題についての対日関係における我々のアプローチは、クリミアとの関連でどんな変化も生じていない」。長時間の番組を終えたばかりのプーチンは滑らかな調子で口を開いた。

「我々がクリミアについて語るときは、古くからロシアに帰属していたことだけでなく、そこに住む人々や民主主義についても話している。クリミアは単なる領土ではない。人々が住民投票へと足を運び、ロシアとの再統合賛成に投票した。彼らの選択を尊重する必要がある。あなたが言及した島々に関しては、日本との合併に賛成しないであろう人々が暮らしている。クリミアとはまったく異なる状況であり、第二次大戦の結果に結びついている。

ついでに言えば、もし歴史の奥深くまで分け入ったとすれば、ロシアはこれらの領土について異なる態度を取ることも可能だ。我々は一九五六年の文書（日ソ共同宣言）に基づくものも含めて日本と話し合う用意はあるが、現在、対話は止まっている。その責任は日本側にある」

＊　＊

プーチンはクリミア編入を経ても引き続き、日本との領土問題では日ソ共同宣言を重視する姿勢を示した。同時に、ウクライナ危機を受けて米欧同様にロシアと距離を置く日本政府を批判した。その二点はよく分かった。ただ一つ、「歴史の奥深くまで分け入ったとすれば」という聞き慣れない主張が気になり、私は日露関係に詳しいモスクワ国際関係大学のドミトリー・ストレリツォフ教授を訪ねた。

教授の解説は明快だった。「その意味は、日本とロシアどちらの国にとっても北方領土は『固有の領土』ではないということです。たとえばアイヌの固有領土と考えてもよいでしょう。誰が最初にここを経済的に開発したのか。それはロシアなのか、日本なのか、その点もさまざまな証拠が必要です。ロシアもアイヌとの交易があった。無限の話になります」

——ロシアは「第二次大戦の結果としてクリルを獲得した」と主張していますが、もっとさかのぼっても議論ができるということ？

「特に下田条約の前の時代はどうだったのか。その点もまた議論ができるという主張です」

下田条約は一八五五年、日露間で初めて調印された和親条約だ。択捉島と北隣のウルップ島の間を両国の国境と定め、樺太（サハリン）は「両国人の雑居地」と決められた。その後、一八七五年の樺太千島交換条約でウルップ以北の千島列島はすべて日本領となり、樺太はロシア領になる。一九〇五年、日露戦争の講和条約として結ばれたポーツマス条約で南樺太は日本に割譲された。そして第二次世界大戦。ソ連軍は一九四五年九月上旬までに南樺太や千島列島を次々と占拠した。

日ソ両国は五六年の日ソ共同宣言で戦争状態を終結し、国交を回復する。この際、北方領土問題に関しては「ソ連は平和条約締結後、歯舞（はぼまい）群島及び色丹島を日本に引き渡す」と記され、国後、択捉の両島については触れられなかった。さらなる交渉は進まず、平和条約が結ばれないまま現在に至る。

クリミア編入後、プーチンは北方領土問題について「我々のアプローチはどんな変化も生じていない」と発言したが、実際にはより強硬になったとも考えられた。「ロシア領だったクリミアの編入は歴史的正義」と訴え、世論の強い支持を獲得したからだ。ウクライナ問題で米欧と対立する中、プーチン政権は第二次世界大戦におけるソ連の勝利を「ロシアが一貫して『正義』であることの証（あかし）」として重視する。北方領土はソ連の勝利と直結するテーマだ。

日露首脳山口会談

ウクライナ危機の発生から二年がたった二〇一六年。この年は日本外交において北方領土問題が最大のテーマとなった。問題解決に意欲を燃やす安倍晋三首相が自身の選挙区のある山口県長門市にプーチンを招き、日露首脳会談を開くことになったからだ。一二月一五日に迫るプーチン訪日へ向けて、日本国内では北方領土問題で大きな進展があるのではないかと、派手な予想が飛び交った。

ジャーナリストのミハイル・ズィガリ（モスクワ、2016年11月17日）

私はプーチン訪日の一カ月前、モスクワで気鋭のロシア人ジャーナリストに会いに行った。灰色のカットソー姿で現れたミハイル・ズィガリ（三五）は、プーチン政権の内幕を赤裸々に描いた著書『クレムリンの軍勢――現代ロシア小史』（邦訳なし）がベストセラーになっていた。有力紙コメルサント記者として国内政治や中東紛争を報じた後、独立系テレビ局「ドーシチ（雨）」で編集長を務めた経験を持つ。

――最近の日露関係をどう見ていますか？

「ロシアの政権エリートの間には揺るぎないコンセンサスがある。『島（北方四島）の問題は不変である』ということです。かつて、『安全と物質的安定を保障される代償としてロシア社会は政治的自由の一部を放棄した』という理論がありました。しかし、原油価格下落でこの『協定』は改変された。現在、ロシア国民は愛国心保持のために豊かさをも犠牲にする覚悟があります。愛国心はロシア国家の基盤であり、最重要です。この原則論から言えば、北方四島に関するどんな交渉も不可能です。現政権の主たるイデオロギーの方向性と真逆だからです」

――ロシアでは北方四島は第二次大戦におけるソ連の勝利と結びついていますね。

「そうです。ロシアにとっては神聖なるテーマです。日本では多くの人が領土問題でのロシアの変化を期待していますが、実際的な変化はあり得ない。ロシア政府が『話し合いは可能だ』という振りをする可能性はあるでしょうけれど」

政権の内情に詳しいズィガリは「領土問題でロシアは譲歩しない」と断言した。その説が正しければ、日本にとっての北方領土は、ウクライナにとってのクリミア半島とほとんど等しくなる。ロシアによる返還は期待できないということだ。

＊　＊

首脳会談を前にクレムリンの本音を探りたい。私は、一六年八月まで大統領府長官を務めていたセルゲイ・イワノフ大統領特別代表（六三）に狙いを定めた。ＫＧＢ出身で国防相や第一副首相も歴任した重鎮であり、プーチンとは同じレニングラード（現サンクトペテルブルク）出身で盟友関係にある。プーチンやパトルシェフ安全保障会議書記と共に一四年のクリミア奪取を決めた「四人組」の一人と言われる。

北方領土についても「クリル社会経済発展計画」を指揮したキーマンで、現地を何度も訪れている。大統領府長官を辞した後も、国家の重要課題を討議する安全保障会議の常任メンバーに残り、政権の枢要を知る立場にある。彼の担当は自然保護、環境、交通問題。私は北方領土の環境問題をテーマにしたインタビュー依頼文を送付して関心をひくことを狙い、もくろみは成功した。プーチン訪日の直前にインタビューが設定された。ただし、大統領府からは「領土問題は担当外なので質問しないように」と注文がついた。

イワノフ

クレムリンで取材に応じるセルゲイ・イワノフ（モスクワ、2016年12月6日）

インタビュー当日、赤の広場は吹雪に襲われていた。外気温は氷点下八度。迎えの職員に導かれ、私たちはクレムリン内部へ足を踏み入れた。厳重な警備を通り抜け、ドーム屋根が特徴的な元老院へ入る。ここに政権の中枢、大統領府がある。レーニンもスターリンもかつて執務した建物だ。女帝エカテリーナ二世の命令で一八世紀後半に建てられ、宮殿の雰囲気を今に伝える。ホールの巨大なシャンデリアにまず目を引かれた。五メートルはあろうかという天井高、長い廊下には油彩画がいくつも飾られ、静まり返っている。

約束の正午きっかり、執務室の扉が開いた。イワノフは機嫌良さそうに私と支局長の杉尾直哉を迎え入れ、長テーブルの奥にどっかりと腰を下ろす。程よい広さの部屋には見るからに高級な執務机が置かれている。その上にはパソコン、液晶テレビが並び、片隅には新聞。机の横にはボタンのない直通電話二台と特殊な大型電話もある。イワノフはロシアに生息する野生のヒョウやトラの愛好家として知られ、壁にはそれら大型獣の写真パネルが飾ってあった。棚の上にはプーチンと並んで撮った写真も数枚。

「それでは——」私は日本から近いロシア極東の展望を尋ねる質問でインタビューを始めた。イワノフは朗らかに答える。「ロシア大統領と政府は過去一〇年間、極東開発に取り組んできた。問題は過疎だ。面積は西ヨーロッパの数倍あるのに住民は約一〇〇〇万人しかいない。鉱物資源、水産資源、農産物など経済発展の潜在力は大きく、観光業の発展にも可能性がある。日本からの投資も歓迎する。ロシア極東から日本に送電線を引く案や、天然ガスのパイプラインをサハリンから日本へつなげる案もある」。日本の大型投資に対する強い期待を示した。

イワノフはこんなことも語った。「時として、原油とガスの高値はロシアにとって恵みではなく災厄だ。日本のようにハイテク分野や代替エネルギー分野を発展させようという動機を失わせるからね。黄金の雨が降っているとき、別のことに強い関心を持つ者はいない」

原油とガス——。豊富なエネルギー資源を有するロシアでは、軍需・宇宙産業や原子力など一部を除いて産業の発展が伸び悩んでいる。いわゆる「資源の呪い」である。一方でロシア経済が二〇〇〇年代の原油価格高騰によって急成長を果たし、ソ連崩壊後の惨めな状況から立ち直ったのも事実だ。軍の再建もこの資源高なくしては実現しなかっただろう。そして、ドイツなど欧州各国にパイプラインで天然ガスを送ることによって経済的な影響力を有している。ウクライナでのハイブリッド戦争をロシアが戦う基盤としてエネルギー資源が存在している。

イワノフはＫＧＢ諜報員として欧州やアフリカで活動したとされる。協力者を得る仕事を続ける中で、人当たりの良い雰囲気を身につけたのだろう。質問には上機嫌で答え、声がかすれた私にさりげなくコップの水を勧める配慮も見せた。予定時間の四五分を過ぎたが、時間を気にするそぶりはない。私は北方領土問題について質問をぶつけた。

――日露両首脳間では今、北方領土での共同経済活動について議論されています。この展望をどう見ますか？

イワノフは眉を少し上げ、口を開いた。「私は南クリル（北方四島）がとても好きだ。日露間の問題は島々ではない。平和条約が存在しないことだ。島を日本人観光客が訪れることを誰も禁止してはいない。とても美しく、手つかずの自然がある。我々にとって最も大事なのは、過疎という南クリルの主たる課題を解決したことだ。空港、舗装道路、立派な仕事があり、人々は島を去りはしない。現代的な水産加工コンビナートもあり、経済が動いている」

首脳会談の九日前、プーチン政権高官が「問題は島ではない」と言い切った。「ロシア政府は譲歩しない」とするズィガリの見立ては正しかったようだ。インタビューが終わると、イワノフは野生動物の写真を私たちに見せて相好を崩し、最後まで冗舌だった。「記事が載ったら送ってほしい。興味深いからね。毎日新聞は日本では有数の大手紙でしょう。知っているよ、私は元スパイだからね……」

プーチンの北方領土認識

プーチン大統領が訪日して開かれた二〇一六年一二月一五日の長門会談、翌一六日の東京会談は、領土問題について大きな進展がないまま終わった。安倍、プーチンの両首脳は首相官邸での会談後、共同会見に臨み、北方領土での共同経済活動に関する交渉を進めることで合意したと発表。漁業、観光、医療などの分野で四島での共同事業を模索するものだが、島の返還に直接つながるものではない。

プーチンは会見で、北方領土を巡る歴史について堰を切ったように語り出した。四島に関する自身の歴史認識を明確に示したのだ。話は一九世紀の日露和親条約までさかのぼった。

「一八五五年、ロシアのプチャーチン提督が政府と皇帝の同意を得て日本に南クリルを引き渡した。ロシア人航海者が発見したので、そのときまでロシアはこれらの島々を自国領とみなしていた。その五〇年後、日本は一九〇五年の戦争（日露戦争）の後にサハリンの半分を取った。さらに四〇年後、一九四五年の戦争の後、今度はソ連がサハリンを取り戻しただけではなく、南クリルの島々もすべて取り戻した。これらの領土に関する歴史的なピンポンをやめる

日露首脳会談が開かれた長門市のホテル（山口県、2016年12月14日）

べきだ」

北方四島へ日露どちらが先に足を踏み入れたかは議論があり、プーチンの歴史認識はロシア側としては間違ってはいない。しかし、「プチャーチンが南クリルを引き渡した」とまで主張し、第二次大戦で「取り戻した」と語った。これは日本の「固有の領土」論を完全に否定する発言だ。歴史的経緯の議論は無意味だと迫ったのである。「神聖なるロシア固有の領土」と語るクリミアに対して、クリル（北方領土）は日本固有の領土ではないとの宣言だ。

会見でのプーチンは安全保障にも話を広げた。「ロシアにはウラジオストクと少し北方に艦隊基地が二つある。私が念頭に置いているのは日米安保条約上の義務だ。日本の友人たちがこの問題に関するロシア側の懸念を考慮することを望む」

日露の今後の課題としてアジア太平洋地域における安全保障問題を挙げ、対露配慮を強く求めた。ロシアはオホーツク海に核弾道ミサイルを搭載した原子力潜水艦を配備し、米国をにらんだ自国の安保戦略において不可欠の地域としている。その南方に位置するのが、米軍基地を擁する日本列島だ。ウクライナ危機以降、米国やNATOとの対立が激化する中で、ロシアは特定の国境地帯を要衝として重視している。西方はポーランドとバルト三国に挟まれた飛び地カリーニングラードであり、南方はクリミア半島、東方がクリル諸島（北方領土と千島列島）だ。

プーチンの発言はさらに続いた。対日姿勢の核心ともいえる内容だ。

「私たちが経済関係の調整だけに関心があり、平和条約は後回しと見なすなら、それは正しくない。最も大事なのは平和条約の締結だ。これが長期的な関係にとっての条件を作り出すからだ。

日露両国は深い協力関係なしに戦後七〇年を過ごしてきた。これは正しくない。もし力を合わせれば、双方の競争力や経済は何倍も強くなる」

ロシア経済はウクライナ危機を受けた米欧の制裁や世界的な原油安によって低迷していた。外交・経済の両面で中国依存が強まっている。どちらも中長期的にプーチン政権の基盤を揺るがす恐れをはらむ。

カーネギー国際平和財団モスクワセンターのアジア専門家、アレクサンドル・ガブエフは「アジアに新たな可能性を求めるロシアの『東方シフト』が本格化したのは、ウクライナ危機が起きてからだった。危機によって、ロシアの可能性の幅が急激に狭められたためだ。さらに東アジアにおいて対中バランスをとるため、日本と協力関係を打ちたてたいという希望を持っている」と分析する。政権の中でプーチンはその姿勢が突出して強い。

一六年末の首脳会談で日露が「今後の出発点」と定めた北方領土での共同経済活動の交渉は、ロシア側から見れば日本を当面引きつけるための材料に他ならない。日本との関係強化で真に欲しているのは極東における大規模プロジェクトや、ロシアの国益に十分配慮した外交・安保姿勢だろう。プーチンは東京での会見で「共同経済活動が実現すれば、クリルは露日にとって〝不和のリンゴ〟（争いの種）ではなく両国を結びつけるものとなりうる」と強調した。したたかである。ウクライナ危機後のロシアにとって、G7の一角を占める安倍政権の日本は外交における手札の一枚となっている。この状況を逆手にとって一部でも領土返還を導くのは並大抵ではない。

フルシチョフの次男

クリミア半島、東部のドンバス、さらには北方領土。ウクライナ現代史と日露関係史の双方に深く関わる歴史的人物がいる。一九五〇年代から六〇年代にかけてソ連最高指導者として君臨したニキータ・フルシチョフだ。

フルシチョフは一八九四年、ロシア南部クルスクの炭鉱労働者の家庭に生まれ、一四歳のときに一家でウクライナ東部ドネツク市（当時の名称はユゾフカ）近郊の鉱山へと転居した。少年時代から機械工場や炭鉱で働いていた。ちなみにドネツク市内には彼が働いた工場が残っているが、今では親露派武装勢力が兵器修理工場として使っている。一九一七年に起きたロシア革命の翌年に共産党へ加わり、続く内戦では赤軍に身を投じた。党専従として頭角を現し、やがてスターリンの側近の一人となる。

ウクライナ共産党第一書記などを経て、一九五三年のスターリンの死後、ソ連共産党第一書記に就任した。平和共存外交を打ち出し、東西の緊張を緩和させたことが業績とされる。ただ、五六年のスターリン批判は中ソ対立を生み、六二年には米国とのキューバ危機も起きた。六四年に最高指導者の地位を解かれ、七一年死去した。五四年にクリミア半島をロシア共和国からウクライナ共和国へと移管したことは、これまでに記述した通りだ。そして五六年には日ソ共同宣言の調印を主導した。

フルシチョフの次男セルゲイ（八一）が米国で暮らしていると知り、私はインタビューを申し込んだ。彼はかつてソ連のロケット・ミサイル開発技術者で、父ニキータの失脚後にその回想録執筆を助けている。九一年、米国への長期派遣中にソ連が崩壊し、そのまま移住して現在に至る。米露の二重国籍を持ち、地元大学でロシア現代史を教えている。フルシチョフの業績や思考を熟知する歴史家であり、証言者だ。

自宅で取材に応じるフルシチョフの次男セルゲイ（米国ロードアイランド州、2016年9月28日）

二〇一六年九月下旬、モスクワからパリ経由で大西洋を越え、まずワシントンＤＣへ飛ぶ。さらにターボプロップ機で約六〇〇キロ北東のロードアイランド州へ向かった。空港からほど近い静かな住宅街に庭付きの一軒家が並ぶ。大きく茂った庭木が目立つ角の家がセルゲイの住居だ。約束の時間ぴったりに呼び鈴を鳴らすと、すぐに薄暗い居間へ通された。頭には白髪がわずかに残り、顔には深いしわが何本も刻まれている。やせた姿は老いを感じさせるが、目の光は強い。空色のシャツを着たくつろいだ姿でソファにゆったりと腰掛けた。

一九五六年に日ソ共同宣言が調印されてから六〇年という節目にあたった。共同宣言は日本の国連加盟に道を開き、抑留者の最終帰還を実現させたが北方領土問題は解決しないまま残った。

——フルシチョフは当時、なぜ日本との関係改善を目指したのでしょうか?

セルゲイはおもむろに口を開いた。「第二次大戦後、スターリンは米国との戦争は避けられないとの認識を持っていた。だがスターリンの死後、フルシチョフは平和共存路線を打ち出し、第二次大戦時の旧敵との交渉を始めたのだ」

——当時の日ソ交渉で、なぜソ連は歯舞・色丹二島の引き渡しを決めたのでしょう?

「フルシチョフは日本側に『クリル諸島は戦争の結果としてソ連領になり、返還の義務はない』とまず強調した。その上で、『これらの島々はオホーツク海の出入り口を監視、制御する防衛の観点から重要である。ただし、歯舞と色丹はこの防衛ラインに位置していないので、善意の行為として日本に贈与する用意がある』と続けた。

彼は世界の安全保障システムは米ソが決めるものとみなし、NATOや日米同盟を壊せないことは分かっていた。それでも、欧州の大国や日本との関係を改善することによって、これらの国々の対米依存を弱められる可能性があると考えていたのだ」

譲歩の裏には冷徹な安保上の判断があった、とセルゲイは指摘する。こうした戦略思考は今のロシアに引き継がれているのだろう。日ソ共同宣言を重視するプーチン大統領も対日交渉で安保上の観点にも重きを置いている。

セルゲイの話は続いた。窓の外は灰色の曇り空で吹きすさぶ風に庭木が揺れている。

「日ソ共同宣言によって領土問題は終わるはずだったが、米国は非常に不満を持った。その後、日本は米国と新安保条約を結び、ソ連との関係は難しくなった。だから、この問題は冷戦における対立の帰結といえる。現在も米国は『冷戦に敗れた』としてロシアを罰する政策をとっている。もし、ロシアが島々を日本に譲ったとしても、依然としてロシアは困難な状況に置かれたままだろう。日本人が世界のムードを決めるのではなく、米国が決めるからだ。米国にとっての利益は、ロシアと日本が緊張状態にあることだ。米国には、ロシアがソ連復活を欲しているとの偏執的な考えがある。ジョージア（グルジア）紛争もウクライナの出来事についても、そう捉えた。だが、これは幻想だ」

ウクライナ危機で米国が対露制裁へ踏み切ったのは、ロシアの一方的なクリミア編入の動きがきっかけだった。

当時、ソ連時代にクリミア半島の帰属を変更したフルシチョフの判断がロシアで改めて問題視され、プーチンも演説で「憲法違反だった」と非難している。私はこの点について尋ねた。セルゲイは少し語気を強め、父親を擁護した。

「理解してもらいたい。当時はソ連という国家内部での境界変更に過ぎず、ウクライナ本土からクリミアへと通じる運河建設に資するとの合理的理由があった。ソ連崩壊時、クリミアのウクライナ帰属を認めてしまったエリツィンに問題がある。今回のウクライナでの政変後、住民の圧倒的多数がロシア編入賛成に投票し、編入を決めたプーチン氏の支持率は急騰した。一方で米国にロシアを罰する合法的な理由を与えてしまった。ロシアがクリミアを編入すべきだったか否か、私には分からない」

ウクライナについても聞いておきたい。フルシチョフは一九三八―四九年、ウクライナ共産党第一書記として現地を統治していた。

「最大の難事はウクライナ西部だった。あそこは常にロシア帝国に対して敵意を持つ地域だったのだ。彼らは正教徒ではなくカトリック教徒だ。一九四五年、現地で激しい戦闘が始まった。ウクライナ民族主義者がソ連・ロシアに抵抗したのだ。冷戦が始まると、彼らは米中央情報局（CIA）のミュンヘン駐在員から強力な支援を得るようになった。武器と資金を受け取り、五〇年代末まで戦い続けた。ウクライナの東部と西部とはイスラム教のスンニ派とシーア派のようなものだ。異なる考えを持ち、対立してきた。

この米国だって共和党員と民主党員が互いを嫌っている。ウクライナ人も米国のように大統領を替えてきた。西のクラフチュク、東のクチマ、西のユーシェンコ、東のヤヌコビッチと。もし米国が介入しなければ、次は再び西の大統領になり、そうやって両者はだんだんと接近していったのではないだろうか。今となってはウクライナがこれからどうなるか予想するのは難しい。国の経済は厳しい状況にあるが、欧州諸国は距離を置いている。ロシアとの関係は断絶した」

セルゲイは疲れを見せることもなく語り続けた。最後に書斎を見せてもらった。壁には父ニキータの大判写真が飾られ、自身が世界初の宇宙飛行士ガガーリンと一緒に撮った写真や勲章の額も並んでいた。

初代ウクライナ大統領

もう一人、会っておきたい人物がいた。ウクライナ独立の立役者というべき政治家だ。一七年二月中旬、私はキエフ中心部にあるこぢんまりとした三階建てのビルを訪ねた。案内された会議室で待っていると、ゆっくり扉が開き、白髪の老人がおぼつかない足取りでやってきた。レオニード・クラフチュク（八三）。この国の初代大統領だ。ウクライナ共産党中央委員会政治局員やソ連共産党中央委員を歴任した一方、ソ連崩壊を決定づけたロシア、ウクライナ、ベラルーシ三首脳による「ベロベージ合意」（一九九一年一二月八日）の当事者でもある。紫色のネクタイを締めたウクライナ政界の長老は椅子にもたれ、私の質問を待った。

――自身が大統領だった当時を振り返って、二〇一四年のウクライナ危機が起きないためには何をしておけばよかったと思いますか？

「その質問に答えるには、ソ連時代について理解してもらう必要がある。ソ連は軍事と政治が一体化した国家だった。五〇〇〇万人の軍人がいる核大国であり、一九〇〇〇万人の共産党員がいた。共産主義者が指導していない職場、学校、新聞は一つとして存在せず、教会や宗教は事実上存在しなかった。このソ連邦の一部であり、ロシア共和国に次ぐ規模を持つウクライナ共和国から民主的で文化的な新国家を建設する必要があった。

ウクライナには三五〇〇万人の共産党員、一五〇〇万人の軍人がおり、一七〇〇基もの核ミサイル（ＩＣＢＭ）が存在した。すべてが共産化され、軍事化され、『共産主義社会の建設』という唯一の思想に従属していた。そんなときに私は独立ウクライナを創設するという大仕事を引き受けた」

ウクライナ初代大統領のクラフチュク（キエフ、2017年2月16日）

老人は思いがけず雄弁だった。「なぜ引き受けたのか？　この大地の古い歴史が私に語りかけたからだ。ロシアではなくウクライナこそが最初の国家だった、と。それはキエフ・ルーシと呼ばれていた。ウラジーミル聖公をはじめ、人々はドニエプル川で洗礼を受けた。ここから東方における文明化が始まったのだ。

九一年一二月一日、ソ連からの離脱と独立国家建設の是非を問う国民投票を実施し、九一％の人々が賛成票を投じた。市民は揺るぎなき声を発したのだ。『自由で独立した存在でありたい。偉大な歴史に立脚して現代的で文明的な暮らしを打ち立てたい』と。私はウクライナを新国家にする仕事を始めた」

クラフチュクはほおを紅潮させ、回想を続ける。「私が大統領を務められたのは九一年一二月からの二年半だけだった。共産主義者たちが力を回復し、繰り上げ大統領選が実施されたからだ。だから、考えていたプランを実現できなかった。もっと民主化を進め、政治、経済、文化と幅広い分野で中央政府の権限を地方へ移譲しておくべきだった。そうすればクリミア半島もドンバスもリボフもそれぞれ土地の現実にあった自治を行えていただろう。それが実現しなかったために住民の不満がたまり、噴出してしまった。

もちろんロシアによる扇動という要素がある。だが、もし我が国の内政が安定していれば、一四年のようなことは起きなかったと思う。ウクライナでは現在に至るまで真に民主的な法制度が確立できていない。選挙でも汚職が絶えず、私腹を肥やすことばかり考えている者たちが政権の座に就いてきた。だから一四年の政変が起きたのだ。汚職と売国の政権を退けたという観点から、あれはウクライナにとっての勝利だった」

「ロシアは侵略国だ」

私はクリミア半島に話題を移した。

——あなたはソ連崩壊当時、クリミアが自国領に残るようロシアのエリツィン大統領と交渉したのでしょうか?

「私はエリツィンとクリミアの黒海艦隊の扱いを巡って話し合いをした。彼に電話して、平和的方法で解決しようと合意したのだ。そう、エリツィンとは話をまとめることができた。おそらくプーチンとは無理だろう。エリツィンは共産主義システムの中から登場しながら、システムに抗して立ち上がった人物だ。民主的なロシアを建設しようと試みていた」

——クリミア半島についても話がまとまった?

「クリミアについてエリツィンとは話をしていない。ゴルバチョフとは話したが、クリミアをロシアに譲るといった問題はなかった。彼が言ったのは『クリミアは独立的な地域であるべきでは』ということだ。ロシア領かウクライナ領かは明言しなかった。その後、ゴルバチョフは辞任した。エリツィンは私との話し合いの中でクリミアの主権については問題にしなかった」

老人は何かを思い出すように空を見つめ、話を続けた。「クリミアについては現在、事実の歪曲が行われている。ロシアは『フルシチョフがウクライナにクリミアを贈った』と喧伝している。だが、フルシチョフの娘婿でアレクセイ・アジュベイという男がいる。イズベスチヤ紙の編集長だった。クリミアがいかにして割譲されたかを彼が書き残している。第二次大戦後、クリミア・タタール人が強制移住させられた後のクリミアへと移民が送られてきた。ロシア各地で暮らしていた移民たちはクリミアを見るのも初めてで、土地柄に合わせた農業を営むことなどできなかった。移民たちはそれまでサトウダイコンやジャガイモを育てていたのだが、クリミアといえばブドウであり、温暖な地方の作物だ。彼らはフルシチョフに陳情した。『ここには住めないから引き揚げさせてほしい』と」

クラフチュクは目を細めて思い出話を始めた。「あれは一九五三年、キエフ大学生だった私は友人の誘いを受けてクリミアへ海を見に行くことにした。私は一度も海を見たことがなかったのだ。クリミアでは店はどこも空っぽ、人々はブヨに刺されて体を腫らしていた。あんな貧民を見たのは初めてだった。そのとき、ちょうどフルシチョフが来訪していたのだ。

住民たちは『我々を再移住させてくれ』と懇願した。フルシチョフはキエフへ直行し、ウクライナの党第一書記だったキリチェンコに言った。『クリミアはウクライナの下に置くことを決めた』とね。ロシアはクリミアから遠いが、ウクライナは近いから支援が可能という考えだ。キリチェンコは『できません』と断ったが、フルシチョフは怒って彼をモスクワまで連れて行き、受け入れを強制したという。

その後、割譲に関するソ連内におけるすべての法的手続きが取られた。だから、クリミアを贈ったという話はでたらめだ。今回、『クリミアで住民投票が実施されて自らロシア入りを望んだ』というでたらめと一緒だ。あの住民投票はロシア軍部隊が半島を制圧する中で行われたのだから。プーチン自身、いかにクリミア編入を計画・実行したかテレビで語っている。我々が九一年に国民投票を実施した際には、クリミアでもウクライナ独立が賛成多数を占めていた」

老人は両手を指揮者のように振りながら熱弁する。私はこの国の進む道を尋ねた。

――ウクライナがEUとNATOへの加盟を追求するのは正しい路線でしょうか？

「唯一の正しい道だろう。欧州の価値観は民主主義の価値観だからだ。私たちは民主国家の建設途上にある。汚職や改革の遅れなど問題は山積しているが、欧州社会の一員になるという最大の課題に取り組むことによって克服できる。そして侵略から自国を守るにはNATOの一員に加わる必要がある。一歩ずつでも加盟へ向けた準備を進めるべきだ」

――ウクライナは欧州の一部でしょうか？

「欧州の地理的な中心地はウクライナのザカルパチア州に位置する。だが、精神面では我々は三三〇年もの間、ロシア帝国とソ連の下で従属的な生き方をしてきた。我々を再び支配下に置こうという勢力から主権を守るにはNATOとEUしかないのだ」

――対ロシア関係の将来をどのように見ていますか？

「ウクライナはロシアと長い国境で接しており、本来は善隣友好が望ましい。我が国の人口の二割はロシア系であり、国民の半分はロシア語を話す。古くから歴史的に関係が深い。家族同士のつながり、経済関係、工業、観光、文化とさまざまな点でつながりがある。文学や科学もそうだ。だが、ロシアには一つだけ守るべきことがある。我々の内政に干渉しないことだ。我々はロシアに内政干渉しないし、モスクワへと軍隊を送ることもない。

ロシアは力によって我が国を服従させるのはもはや不可能と理解すべきだ。我々は最後まで戦う。すべてはロシア次第だ。私たちがＮＡＴＯ加盟を目指すのは、ロシアが侵略国だからだ。ＥＵ入りを目指すのも、ロシアが資源エネルギーなどを道具に圧力をかけてくるからだ。他に道はない。力で勝るロシアからウクライナは逃れようとしている」

老政治家へ最後にもう一つ質問を投げかけた。ポピュリズムについてだ。米国、英国、フランスと各地でポピュリズムの波が既存の政治秩序を揺るがしている。

――ウクライナではどうでしょうか?

「残念ながら、我が国の多くの政治家や大統領はポピュリズムによって権力の座についてきた。だが、市民は成熟しつつある。共産主義時代、代議員は選ばれるのではなく指名されていた。ソ連崩壊から四半世紀が過ぎ、新しい世代が登場している。昨年、ウクライナ独立の年に生まれた二五歳の若者三〇〇人の前に立つ機会を得た。

驚いたよ。彼らはまったく新しい人々だ。考え方が違う。彼らは『党の指示』を待つのではなく自ら動く。外国語を話し、多くは欧州での滞在を経験している。彼らは従来とは異なる生き方を選び、文化も違ったものになるだろう。私はウクライナがいつか欧州における大国になると信じている」

クラフチュクが差し出した柔らかな手を握って感謝を述べ、私は外へ出た。冬には珍しく日差しがまぶしい。緩い坂を下って独立広場の方へ歩きながら、終えたばかりのインタビューを思い返した。「ロシアは侵略国だ」と彼は断じた。このシンプルな思いをかなりの割合のウクライナ人が共有している。

ドンバスもクリミアも、スターリン時代のくさび

この日、私はウクライナ国立戦略調査研究所も訪ねた。コンスタンチン・コノネンコ副所長がこの戦争の歴史的な遠因を語った。「一九三〇年代、ソ連政府によって人為的に作り出された飢饉『ホロドモール』の甚大な被害をウクライナ東部が被ったことの重要性を指摘したい。地域住民の大多数が犠牲となり、その後でロシア各地から大量の人々が東部へ移民としてやってきた。その影響は今日の対立につながっている。クリミアも同様だ」

三〇年代、スターリン率いるソ連当局は農業集団化を強制的に進め、食糧調達に過酷すぎるノルマを課した。食糧が消えた農村からの脱出も阻止し、ウクライナやロシア南部・北カフカス地方では深刻な飢饉に至る。ウクライナではおよそ五〇〇万人が餓死したとされる。また、クリミアでは第二次大戦時にクリミア・タタール人が対敵協力の疑いをかけられて民族丸ごと強制移住させられ、その穴を埋めるように多くの移民が送り込まれた。ウクライナ東部とクリミア半島でロシア系住民の割合が高いゆえんだ。

コノネンコは話を続ける。「親たちがロシアから移民し、工場や炭鉱で働いていたような人々

国立戦略調査研究所の副所長コンスタンチン・コノネンコ（キエフ、2017年2月16日）

はロシアに親近感を抱いている。それゆえ、ソ連崩壊によって彼らは内心と現実の不調和に直面した。ソ連という大きな国で暮らしていたかったのに、いくつもの国に分裂してしまったのだ。ソ連時代、こうしたすべての民族問題は未解決のまま残された。ロシアはこれを政治的な道具として使っている。もしロシアが政治・経済の両面でウクライナに介入しなかったら、何の問題も起きなかっただろう。ロシアが軍と武器とを送り込まなかったならば、戦争には至らず、多数の死者も出なかっただろう」

ソ連のスターリン時代にウクライナへ深く打ち込まれたくさびが、ロシアによって目を覚ましたかに思える。確かにクリミアでもウクライナ東部でも、ロシア編入を求める中高年層には消えた社会主義大国・ソ連への思慕が色濃くにじんでいた。

コノネンコは言う。「本質において、ロシアは我々に対して宣戦布告なき戦争を続けている。クリミアを強制併合し、ウクライナ東部では義勇兵に偽装したロシアの正規軍部隊が戦っている。これらすべてが長期にわたって両国関係を阻害する。二つの地域の問題が解決しない限り敵対関係は続く。多少なりとも友好関係が回復するには数十年はかかるだろう。

プーチンの戦略は明白だ。彼は『ソ連崩壊は西側の後押しで起きた』と考え、それによるロシアの地位低下を不公正だと見なしている。今やロシアは自国の立場を回復するに十分な力を有する。西側諸国がロシアと勢力圏分割について話し合う席に着くまで、力を誇示していくつもりだ。ロシアは旧ソ連圏すべてを自国の影響圏と見なし、旧共産圏の欧州東部、南部、中部の諸国ではロシアの利益が考慮されるべきと考えている。さらにはＮＡＴＯの解体を望んでいる。彼らは世界の運命を決しうる大国の一角になりたいと欲している。だが、それは実現しないだろう」

確かにロシア側から見た冷戦後の現代史は喪失の連続だった。米欧の働きかけによってロシアの影響圏だった旧東欧圏各国や旧ソ連のバルト三国が次々とＥＵ、ＮＡＴＯに加盟していく（それは各国の主体的な選択でもある）。ＮＡＴＯの更なる東方拡大によって緩衝地帯が消滅することは、ロシアにとっては悪夢に他ならない。特に同じスラブ系国家のウクライナは重要性が高く、その離反は死活問題だ。

クレムリン政治に精通したロシア人ジャーナリスト、ミハイル・ズィガリは言った。「ロシアの当初の目標は『ウクライナをロシアの影響圏として失わないこと』だった。ところが東部の戦争などの惨事によって、ウクライナは反露国家になってしまった。今、ロシアにとって大事なのは、ウクライナをＮＡＴＯに入れさせないことだ。ウクライナの内政は非常に厳しい状況にあり、国民の多くは失望している。ウクライナで政治的に活発な人々は『新たな反政権デモを起こせば、プーチンを利するだろう』という点で認識が一致している。この論拠によってポロシェンコ政権は保たれている」

ズィガリが分析するように、プーチン率いるロシアの当面の目標はウクライナのＥＵ、ＮＡＴ

Oへの加盟阻止とみられる。ウクライナ最高会議（国会）は一四年末、ヤヌコビッチ政権下で制定された「非同盟中立路線」を取りやめる法案を賛成多数で可決し、その後、ポロシェンコ大統領はNATO加盟を追求する方針を示した。EUについては二〇年までの加盟申請を目指す。ただ、現実にはNATO、EUの双方においてウクライナの加盟が実現する見通しは立っていない。

「米英露はいずれも約束を守らなかった」

ウクライナにおける終わらない戦争とは何か。大局的に見れば、それはプーチンのロシアが仕掛けた戦争だ。大衆扇動や覆面部隊などあらゆる手段を駆使した「ハイブリッド戦争」をウクライナで展開し、犠牲者数は一万人を超えている。クレムリンにとってはNATOをはじめとする西側に抗して影響圏を死守するための「防衛戦争」なのだろう。米欧とロシアの勢力圏争い、大国同士の地政学的な争いとの見方もある。一方、ウクライナから見れば「ロシアによる侵略戦争」に他ならない。

キエフでの政変でロシア寄りのヤヌコビッチ政権が倒れ、親欧米・反露の暫定政権が誕生したところから今回の危機は始まった。ロシアは直ちに要衝のクリミア半島を制圧して編入まで持ち込み、一矢報いた。さらにウクライナ東部に親露派勢力による支配地域を確保し、一定の緩衝地帯を設けた。だが、東部についてはキエフ側も黙って見過ごせず、激しい戦闘に至った。

この戦争は核兵器とも深い関わりがある。ソ連崩壊で独立したウクライナには優に一〇〇〇発を超える核弾頭と運搬手段のミサイルが残され、数字の上では米露に次いで世界第三位の核保有国となった。ウクライナ政府は紆余曲折を経て、核兵器の全面放棄と引き換えに核大国である米国、英国、ロシアから領土保全や安全保障の約束を取り付ける。既に言及されてきた一九九四年の「ブダペスト覚書」である。これによって核拡散は防がれ、同時にウクライナの領土は守られるはずだった。さらに、ロシアは九七年にウクライナとの間で包括的な友好協力条約を結び、クリミアを含む相互の国境不可侵を確認した。

だが、覚書からちょうど二〇年後、ロシアはクリミア半島を強行編入し、東部にも軍事侵攻した。プーチンは国営テレビの番組で、クリミア編入の際に核兵器使用も「準備していた」と明かしている。核を持つ国が国際約束を破り、核を手放した国の領土を奪ったのだ。

私は一七年二月、ウクライナの核放棄に直接関わった古参政治家たちにインタビューした。先の初代大統領レオニード・クラフチュクと、外交官出身の元外相ボリス・タラシュクである。二人は共に「我が国が独自に核兵器を保守・管理するのは難しく、国際的孤立を避けるためにも他に選択肢はなかった」と明かした上で、「米英露はいずれも約束を守らなかった」と強調した。奪ったロシアは論外だが、米英両国も軍事介入してまでウクライナを守ろうとはしなかったからだ。

タラシュクは「この現実を北朝鮮もイランもみんな見つめているだろう」と付け加えた。国際社会で物を言うのは結局、核兵器なのか。国際約束は無意味なのか。ウクライナ危機が突きつける鋭利な問いは日本の安全保障にも直結する。

プーチンの元側近アンドレイ・イラリオノフ（ワシントンDC、2016年9月26日）

ルースキー・ミールの復興

ロシアはクリミア半島と東部ドンバスの一部を勢力圏として確保したが、それらを支える財政負担と対外関係悪化による経済的な負担は重い。そしてウクライナ国内での反露ムードは決定的となった。プーチンのロシアは失敗したのではないか？　兄弟国とみなしてきたウクライナを永遠に失ったのではないだろうか？

この疑問に正面から答えたのは、プーチンの元側近、アンドレイ・イラリオノフ（五五）だった。二〇〇〇年から五年間にわたってプーチンの経済顧問を担当し、主要八カ国首脳会談でのシェルパ（個人代表）も務めた。政権に批判的な立場に転じて米国へ移住し、ワシントンDCのケイトー研究所で上級研究員を務めている。一六年九月、自身の研究室で私のインタビューに応じた。

「プーチンは非常に賢く、長期戦略を持った政治家の一人だ。はっきりとした目的を持ち、その達成のために複数のプランを同時並行的に用意する。クリミア編入など対ウクライナ戦略についても一〇年以上前から構想し、チャンスを待っていた。決して実現を焦りはしない。最も条件の整った時に実行するのだ。クリミア奪取は小さな目的だ。二つ目はウクライナ東部の確保。三つ目がウクライナすべてを政治的にコントロールすること。三番目の目的は実現していないが、これこそが最大の狙いだ。ドンバスはこの長期目標の道具と言える」

プーチンについて、戦略的な人物であるか否かは専門家の間でも意見が分かれる。例えば、先のロシア人ジャーナリスト、ミハイル・ズィガリは「プーチン氏が長期プランを有しているとの想定は正しくない。彼のプランは自身の歩みに合わせてその都度変化してきた」とみる。これに対して、イラリオノフは「プーチンは戦略家」との立場だ。ロシアのウクライナ戦略について質問を続けよう。

――プーチン政権の狙いがウクライナをコントロールすることだとしても、ウクライナ国民の多くは反ロシアの考えを持っています。

「目的達成が簡単とは言えない。明日明後日に実現はしないだろう。だが、例えばウクライナの現政権に対して国民が深刻なレベルで失望したとしたら、どうか。もし、ウクライナで再び政治が不安定化したら？　どんな人物が次に政権を握るかは不透明だ。プーチンがさまざまなバリエーションに対して真剣に備えていることは間違いない」

確かに、キエフで会ったウクライナ政府軍参謀本部・対テロ作戦広報官、ウラジスラフ・ボロシン大佐も「ロシアの狙いは我が国全土を影響下に置くことだ。意のままになる親露派の大統領を誕生させるため、新たな工作を画策しているのではないか」と危惧していた。

イラリオノフは強調する。「シリア問題についてもプーチンは勝利を収めている。ロシアは史上初めて米国の勢力圏である中東に軍を常駐させたのだ。米国は反対を表明することもなかった。米国の弱体化も影響している。オバマ政権はウクライナ危機に際して『武力介入しない』と明言し、ロシアの行動を許してしまった」

イラリオノフは自身が直接目にしたプーチンの人柄や私的な側面については公言しないとの原則を自身に課している。その旨を私に断った上でこう語った。「私が唯一断言できるのは、彼は賢い人物であるということだ。自己の統制にたけている」

——プーチンの狙いは？

「彼はソ連復活などということは考えていない。そんなことは不可能と理解し、欲してもいない。だが、ソ連崩壊後の世界を修正したいと考えている。その一環がクリミアであり、ドンバスだ。彼は『ルースキー・ミール（ロシア的世界）』と呼ばれるものを復興させようとしている。その基本理念は完全には明確ではないが、現在のロシアの国境線を膨張させる考えだろう」

——影響圏を回復させたいのでしょうか？

「そうです。影響圏、利益圏、ユーラシア連合、ルースキー・ミール。これらはみな、より巨大な組織体に関するバリエーションに他ならない。プーチンは常にそれに取り組んでいる」

イラリオノフの話は米国のドナルド・トランプ大統領にも及んだ。取材当時は大統領選の最中だったが、すでに強い危機感を抱いていた。

「トランプの国際政治、安全保障、地政学に関する理解度は小学三年生並みだ。残念ながら彼はそのことを何度も証明してきた。米国に欧州やアジアとの関係でどんな義務があるか、何の理解もない。だが、彼には多くの野心がある。知識なしの野心だ。米国では物事の最終段階において大統領自身が決定を下す。その際には彼の世界認識が根拠となる。トランプは相応の世界認識を持っていない。これが最大の問題だ。米露関係や米国と欧州、アジアとの関係に破滅的な結果をもたらすかもしれない。

米国は世界最強の国家であり、米国大統領は世界で最も影響力のある人物だ。彼の性格を考えれば米国の制度の多くを破壊してしまう可能性がある。それによって現代世界の秩序を破壊してしまうかもしれない。プーチンにとっては理想的な状況だ。プーチンは国際社会における権力やイデオロギーの真空状態を自己の立場を推進するために利用しうる。トランプ出現の危険性は巨大だ。それはロシアのみならず、欧州、中東、北朝鮮、日本にも関わる」

ゴーストタウンになった海辺の保養地

「今は静かだ。昨日、砲撃を受けたが幸い人的被害はなかった。おそらく道路を狙ったのだろう」。乳白色の濃霧の向こうから突然現れたヒゲ面の警備兵は淡々と語り、再び姿を消した。

ウクライナ東部で本格的な戦闘が始まってから三年近くたった一七年二月下旬、私はドネツク州南部のシロキノ村を訪れた。親露派武装勢力とウクライナ政府軍との戦いで最前線に位置する町村の一つ。親露派側の「首都」ドネツク市からは約一〇〇キロ南のアゾフ海沿岸だ。激戦の末に一年前から政府軍が掌握しているが、ほんの一、二キロ東には親露派が陣取る。さらに約三〇キロ先はもうロシア国境だ。

シロキノは海辺の保養地として親しまれてきたが、約二〇〇〇人の住民は全員避難してゴーストタウンとなった。私はウクライナ国防省に許可を求め、重さ一〇キロの防弾チョッキとヘルメットを着用することを条件に取材を許された。シロキノでは双方の砲撃、銃撃で半壊状態や穴だらけになった家屋が延々と連なり、しんと静まり返っている。村内には地雷も多数仕掛けられているという。霧の先から「ドン、ドン、ドン」と砲声が鈍く聞こえた。村の人々が故郷に戻れる

戦闘で大きな被害を受けた学校と食堂（シロキノ、2017年2月22日）

見通しはまったく立たない。避難先では高齢者七五人が死亡したという。ストレスによる言わば戦争関連死だ。

「今も重火器による攻撃は続いている。今日は視界が悪いから安全性が高い。晴れていたら狙撃の恐れもある。見ての通り、この村に無傷の建物はない。屋内にも地雷が仕掛けられている」。取材に同行した政府軍の広報担当将校アレクサンドル・キンズファテル（五二）は小雨の降り出した空を見上げて言う。

村中心部にある二階建ての学校も戦闘によって大破していた。前庭にはガラスなどの破片が散乱し、歩くとパリパリと音がする。中へ入ると壁には無数の弾痕があり、窓にガラスは一枚も残っていない。教室のいくつかは激しく雨漏りしている。壁に白い花模様が描かれた食堂もずたずただ。戦争前は子供たちの歓声が響いていたのだろうが、遠い昔のように思える。

二階に上がると屋根と壁が半ば崩壊し、がれきで足の踏み場もない。白いカーテンが風に揺れる窓から外を眺めると、破壊された家々の先に、玉ネギ型の屋根を持つ教会だけがほぼ無傷で残っているのが見えた。砲弾の直撃で崩れたカフェの前には、銀色の迫撃砲弾二個が不発のまま道路に突き刺さり鈍く光っていた。車で踏みつけたり、強く足で蹴ったりすれば爆発するという。目立つように石で囲んであった。

「村のこの辺りは去年まで分離主義者たち（親露派）の支配下にあり、村の政府軍支配エリアを攻撃してきた。そして一年前、彼らは撤退した」。ドイツ系の血を引くキンズファテルが説明する。シロキノでは親露派と政府側を合わせて数百人が戦死したとみられる。「我々の義勇兵部隊は多くの犠牲を出した。家族にとっては悲劇だ。愛国者の死は常に悲劇であり、大きな損失だ。奴らとは違う」

希望は、平和

一五年二月に停戦合意が結ばれたが戦闘は何度も再燃し、前線の緊張は途切れることがない。私たちは車でシロキノを出ると、狙撃や砲撃の危険を避けるために平原を猛スピードで移動し、北西十数キロの町サルタナへ向かった。ガチョウの群れが黒土の畑をつついている。のどかな田園風景にほっとするが、約一万人が暮らすこの町も二〇日程前に親露派側からロケット弾攻撃を受けたばかりだ。

「壁を貫いて家具やドアにも破片が突き刺さった。私たちの家族は急いで床に伏せて助かったのです」。農家の女性リュドミラ・ベルキナ（四〇）は家の外壁に点々と残る爆発の跡を示した。

政府軍は町村の間の荒れ野に陣地を設けている。一六年一二月末、シロキノ近くの司令部へウクライナのポロシェンコ大統領が米国のマケイン上院軍事委員長を伴って慰問に訪れた。マケインはトランプ米大統領の与党・共和党の重鎮であり、対露強硬派として知られる。ポロシェンコは前線を案内する前日に自由勲章を授与し、両国関係強化への貢献に感謝した。マケインは「あなたたちの戦いは我々の戦いだ」と応じた。

ロシアとの戦争が続くウクライナにとって、米国、独仏、日本など先進主要国の対露姿勢は極めて重要だ。オバマ前米政権に支えられてきたポロシェンコ政権は一六年一一月の米大統領選で、

オバマ路線を引き継ぐ民主党のヒラリー・クリントン元国務長官の勝利を期待していた。だが、「親露的」と報じられていたトランプが当選する。その衝撃は大きかった。トランプは選挙期間中、プーチンへの親近感を隠さず、ロシアによるクリミア半島の一方的編入を認める可能性さえ示唆していた。ポロシェンコは選挙後の一一月中旬にトランプへ電話し、「ロシアの侵略への対抗には米国の支援が重要」と強く訴えた。

ウクライナ政府軍将校のキンズファテルは言う。

「今のところ頼りにできるのは自分たちの力だけ。トランプ氏が親露的であろうがなかろうが、我々が祖国を守るのみだ」

＊　＊

シロキノへ向かう前、私は境界を越えて親露派が支配するドネツク市を再訪した。中心市街地には迷彩服姿の「英雄」や「国家元首」の大きな肖像看板が何枚も飾られている。列車の運行が止まったままの鉄道駅では「月給一万五〇〇〇ルーブル（約三万円）の義勇兵」を募集するアナウンスが響いた。レーニンやスターリンが崇拝されたソ連時代のような

死亡した親露派幹部を英雄として讃える看板（ドネツク、2017年2月20日）

独特な情景だ。

現地では物価は数倍になり、人道支援物資に頼る住民も少なくない。当初、中高年層を中心に高まったロシア編入の期待も霧消した。地元ドネツク大学の歴史学部に通う男子学生コンスタンチン（一八）は淡々とした口調で言った。「状況が今のままなら僕ら若者はここに残る気にはならない。未承認国家に可能性はないから。ロシアに行けばチャンスがあるかもしれない」

「もちろん我々の経済は厳しく、自給自足は不可能だ。双方とも戦争に疲れている」。ドネツク人民共和国・国防省副司令官を名乗る親露派幹部バスリンは私のインタビューに苦境を認めた。一方で、親露派地域の自治権確立とウクライナの連邦化のために憲法改正が必要と主張し、「改憲が実現しない限り戦争は続く」と強調した。そして、こう続けた。「米国におけるトランプ氏の登場は我々にもプラスだ。彼にとってウクライナは優先事項ではない」

親露派支配都市ドネツクと約一〇〇キロ南の政府側支配都市マリウポリを結ぶ幹線国道二〇号線。その途中には双方の厳重な検問があり、毎日数十台から数百台の車列ができる。検問手前の中央分離帯には赤十字国際委員会が設置した青い簡易トイレが並ぶ。道路脇は地雷原だからだ。茂みに入って負傷した市民もいたという。砲声が断続的に響くが、多くの人は慣れた様子だ。

戦争前、車で約二時間の近さだった両都市は事実上の国境で隔てられてしまい、片道四時間は要する。検問で拘束されたり、砲撃に見舞われたりといった危険も伴う。それでも物資買い出しや行政手続きのため、親露派地域の住民がリスクを冒して行き来する。

政府側のマリウポリでは一六年夏、従来は何日もかかった結婚手続きを一時間で完了できる行政サービスが始まり、半年強で約九〇〇組が利用した。大半が親露派地域の若者たちだ。ドネツク近郊から一泊二日でやって来たマクシム（二八）とオリガ（二三）のカップルは「生活は厳しいけれど、政府側地域への移住は簡単ではない。早く平和になってほしい」と話し、ぎゅっと手を握りあった。

国道の検問近くで順番を待つ人々（ドネツク州、2017年2月21日）

あとがき

朝夕混み合うモスクワ地下鉄のキエフ駅。毎日新聞モスクワ支局の最寄りなので頻繁に利用していた。ウクライナへ至る鉄道の始発駅に直結し、地下鉄三路線が交差する。一九五三年、スターリンが死去した翌年に完成した環状線のプラットホームは装飾が素晴らしい。一八枚あるモザイク画のテーマはロシアとウクライナの民族友好。例えば、ウクライナでのソビエト政権樹立を宣言するレーニンの姿もその一コマだ。二〇一四年から続く戦争で破断した両国関係の、主にロシア側から見た一つの理想形が地下には残っている。

私がウクライナへ初めて足を踏み入れたのは一二年五月のことだ。観光をテーマとした少人数の旧ソ連四カ国周遊プレスツアーに参加し、首都キエフにある世界文化遺産のペチェールスカ大修道院や独立広場、さらには南部オデッサを訪ねた。先に滞在したジョージア（グルジア）では、ロシアとの間で〇八年に起きた南オセチア紛争の傷痕を肌で感じていた。対するウクライナは美しいけれど印象には薄かった。ポーランドと共催するサッカー欧州選手権の開幕を間近に控え、初夏のキエフには浮ついた雰囲気があった。

ツアーを終えた私は、そのままロシアの旧都サンクトペテルブルクへ移動して一年弱の社命留学に入る。プーチン大統領の母校である国立サンクトペテルブルク大学（ソ連当時はレニングラード大学）の外国人向け語学コースへ下宿から通い、ほぼゼロからロシア語を頭に叩き込んだ。

帰国半年後の一三年一〇月、モスクワへ赴任。その翌月にはキエフで反政権デモが始まる。特派員としての三年半、ウクライナ情勢を追い続けることになった。

一七年三月末に日本へ帰任し、大阪本社経済部に異動した。やや因縁めいた話をすれば、毎日新聞の前身である「大阪毎日新聞」ではちょうど一〇〇年前に優れたロシア特派員が活躍していた。一九一七年のロシア革命に際して、首都ペトログラード（現サンクトペテルブルク）に布施勝治、モスクワには黒田乙吉（おときち）の両特派員がおり、世界を揺るがす激動を日本の読者に生々しく伝えた。布施記者は革命三年後にクレムリンでレーニンのインタビューにも成功している。「大毎」で始まった特派員たちの現場主義を受け継ぎたい思いが、私にもある。

海外特派員にとって大事な仕事の一つは戦争報道である。「反戦平和」と我々日本人は言う。そのためには歴史に学ぶのと同時に、世界各地でやまない現代の戦争を丁寧に知る必要があるはずだ。ましてロシアは隣国なのだから、と考える。

例えば。戦争開始半年後のキエフでは人気寿司チェーン店で新商品の「ビクトリー・ロール（勝利巻き）」を見かけた。具はエビ、クリームチーズ、パプリカ。売り上げの三〇％が政府軍兵士らの支援に回るという。かたやモスクワでは、ロシアで愛国主義を象徴する黒とオレンジの「ゲオルギーのリボン」が包装ビニールに描かれたレタスをスーパーで売っていた。戦争と愛国が日常生活に溶け込んだ現地の空気は、七十数年前に戦争へ突入していった当時の日本と少し似ているかもしれない。

本書は、私が毎日新聞の紙上とサイトで発表した記事を基として大幅に加筆して完成させた。

これまで取材してきた「プーチンの戦争」の現場記録を詰め込んだつもりである。記述や分析におけるいかなる誤りも、その責は筆者にある。様々な状況下でインタビューに応じてくれたすべての人に感謝したい。

現地取材にあたっては、ドネックのヤナ・トカチェンコとアレクサンドル・フドチョープリ（故人）、クリミアのイワン・ジトニュク（同）、キエフのエレーナ・スミルノワら各氏の多大なる助けを得た。モスクワ支局と東京本社外信部、海外他支局の上司、同僚に支えられたことは言うまでもない。学識経験者や外交官、民間企業駐在員をはじめ多くの方から取材のヒントやアドバイスを受けた。各位に心からの感謝を述べたい。出版を快諾し、編集を手がけてくださった筑摩書房の松本良次氏には深くお礼を申し上げる。激動のロシア生活を共にした家族へも感謝を伝えたい。

二〇一八年一一月

かつて多くの亡命ロシア人が暮らした神戸、その近郊の寓居にて

真野森作

主要参考・引用文献（筆者名五十音順）

石郷岡建『ユーラシア・ブックレット no.175——論点整理　北方領土問題』東洋書店、二〇一二年
伊東孝之、井内敏夫、中井和夫編『新版世界各国史20　ポーランド・ウクライナ・バルト史』山川出版社、一九九八年
開高健『夏の闇』新潮文庫、一九八三年
北野充『核拡散防止の比較政治——核保有に至った国、断念した国』ミネルヴァ書房、二〇一六年
木村汎『プーチンとロシア人』産経新聞出版、二〇一八年
黒川祐次『物語ウクライナの歴史——ヨーロッパ最後の大国』中公新書、二〇〇二年
小泉悠『プーチンの国家戦略——岐路に立つ「強国」ロシア』東京堂出版、二〇一六年
佐藤親賢『プーチンとG8の終焉』岩波新書、二〇一六年
ジョージ・オーウェル『動物農場』ちくま文庫、二〇一三年
ジョージ・フリードマン『ヨーロッパ炎上　新・100年予測——動乱の地政学』ハヤカワ・ノンフィクション文庫、二〇一七年
ステファヌ・クルトワ、ニコラ・ヴェルト『共産主義黒書〈ソ連篇〉』ちくま学芸文庫、二〇一六年
辻井喬『茜色の空——哲人政治家・大平正芳の生涯』文春文庫、二〇一三年
ドミートリー・トレーニン『ロシア新戦略——ユーラシアの大変動を読み解く』作品社、二〇一二年
野村真理『ガリツィアのユダヤ人——ポーランド人とウクライナ人のはざまで』人文書院、二〇〇八年
パスカル・マルシャン『地図で見るロシアハンドブック』原書房、二〇一七年
廣瀬陽子『未承認国家と覇権なき世界』NHKブックス、二〇一四年
廣瀬陽子『ロシアと中国　反米の戦略』ちくま新書、二〇一八年
フィオナ・ヒル、クリフォード・G・ガディ『プーチンの世界——「皇帝」になった工作員』新潮社、二〇一六年
毎日新聞社『「毎日」の3世紀——新聞が見つめた激流130年』毎日新聞社、二〇〇二年

村上春樹『1Q84 BOOK1〈4月-6月〉』新潮社、二〇〇九年
モーム『アシェンデン——英国情報部員のファイル』岩波文庫、二〇〇八年
山内昌之『世界の歴史20 近代イスラームの挑戦』中公文庫、二〇〇八年
ロバート・コンクエスト『悲しみの収穫 ウクライナ大飢饉——スターリンの農業集団化と飢饉テロ』恵雅堂出版、二〇〇七年
和田春樹編『新版世界各国史22 ロシア史』山川出版社、二〇〇二年
『現代思想7月号 特集ロシア——帝政からソ連崩壊、そしてウクライナ危機の向こう側』青土社、二〇一四年
Червонная С. М. "Мустафа — сын Крыма" Оджакъ, 2003

真野森作 まの・しんさく

一九七九年生まれ、東京都出身。一橋大学法学部卒。二〇〇一年、毎日新聞社入社。北海道支社報道部、東京社会部、外信部、ロシア留学を経て、一三〜一七年にモスクワ特派員として旧ソ連諸国をカバーした。大阪経済部などを経て、二〇年四月からカイロ特派員として中東・北アフリカ諸国を担当。単著に『ルポ　プーチンの戦争──「皇帝」はなぜウクライナを狙ったのか』（筑摩選書、一八年一二月刊）、『ポスト・プーチン論序説　「チェチェン化」するロシア』（東洋書店新社、二一年九月刊）がある。

筑摩選書 0168

ルポ プーチンの戦争 「皇帝」はなぜウクライナを狙ったのか

二〇一八年一二月一五日　初版第一刷発行
二〇二二年　三　月一五日　初版第二刷発行

著　者　真野森作

発行者　喜入冬子

発行所　株式会社筑摩書房
東京都台東区蔵前二-五-三　郵便番号 一一一-八七五五
電話番号 〇三-五六八七-二六〇一（代表）

装幀者　神田昇和

印刷 製本　中央精版印刷株式会社

 ISBN978-4-480-01676-8 C0331

筑摩選書 0136

独仏「原発」二つの選択

篠田航一
宮川裕章

福島の原発事故以降、世界の原発政策は揺れている。激しい対立と軋轢、直面するジレンマ。国民の選択が極端に分かれたEUの隣国、ドイツとフランスの最新ルポ。

筑摩選書 0135

ドキュメント　北方領土問題の内幕
クレムリン・東京・ワシントン

若宮啓文

外交は武器なき戦いである。米ソの暗闘と国内での権力闘争を背景に、日本の国連加盟と抑留者の帰国を実現した日ソ交渉の全貌を、新資料を駆使して描く。

筑摩選書 0151

神と革命
ロシア革命の知られざる真実

下斗米伸夫

ロシア革命が成就する上で、異端の宗派が大きな役割を果たしていた！　無神論を国是とするソ連時代の封印を解き、革命のダイナミズムを初めて明らかにする。

筑摩選書 0140

ソ連という実験
国家が管理する民主主義は可能か

松戸清裕

一党制でありながら、政権は民意を無視して政治を行うことはできなかった。国民との対話や社会との協働を模索しながらも失敗を繰り返したソ連の姿を描く。

筑摩選書 0058

シベリア鉄道紀行史
アジアとヨーロッパを結ぶ旅

和田博文

ロシアの極東開発の重点を担ったシベリア鉄道。近代史に翻弄されたこの鉄路を旅した日本人の記述から、西欧へのツーリズムと大国ロシアのイメージの変遷を追う。

筑摩選書 0103

マルクスを読みなおす

徳川家広

世界的に貧富の差が広がり、再び注目を集める巨人・マルクス。だが実際、その理論に有効性はあるのか。歴史的視座の下、新たに思想家像を描き出す意欲作。

筑摩選書 0130

これからのマルクス経済学入門

松尾 匡
橋本貴彦

マルクスは資本主義経済をどう捉えていたのか？ マルクス経済学の基礎的概念を検討し、「投下労働価値」がその可能性の中心にあることを明確にした画期的な書！

筑摩選書 0028

日米「核密約」の全貌

太田昌克

日米核密約……。長らくその真相は闇に包まれてきた。それはなぜ、いかにして取り結ばれたのか。日米双方の関係者百人以上に取材し、その全貌を明らかにする。

筑摩選書 0050

敗戦と戦後のあいだで

遅れて帰りし者たち

五十嵐惠邦

戦争体験をかかえて戦後を生きるとはどういうことか。五味川純平、石原吉郎、横井庄一、小野田寛郎、中村輝夫……。彼らの足跡から戦後日本社会の条件を考察する。

筑摩選書 0054

世界正義論

井上達夫

超大国による「正義」の濫用、世界的な規模で広がりゆく貧富の格差……。こうした中にあって「グローバルな正義」の可能性を原理的に追究する政治哲学の書。

筑摩選書 0152

陸軍中野学校

「秘密工作員」養成機関の実像

山本武利

日本初のインテリジェンス専門機関を記した公文書が新たに発見された。謀略研究の第一人者が当時の秘密戦工作の全貌に迫り史的意義を検証する、研究書決定版。

筑摩選書 0063

戦争学原論

石津朋之

人類の歴史と共にある戦争。この社会的事象を捉えるにはどのようなアプローチを取ればよいのか。タブーを超え、日本における「戦争学」の誕生をもたらす試論の登場。

筑摩選書 0142

徹底検証　日本の右傾化

塚田穂高 編著

日本会議、ヘイトスピーチ、改憲、草の根保守、「慰安婦報道」……。現代日本の「右傾化」を、ジャーナリストから研究者まで第一級の著者が多角的に検証！

筑摩選書 0162

民主政とポピュリズム

ヨーロッパ・アメリカ・日本の比較政治学

佐々木毅編著

ポピュリズムが台頭し、変調し始めた先進各国の民主政。その背景に何があるのか、どうすればいいのか？各国の政治状況を照射し、来るべき民主政の姿を探る！

筑摩選書 0105

昭和の迷走

「第二満州国」に憑かれて

多田井喜生

破局への分岐点となった華北進出は、陸軍の暴走と勝田主計の朝鮮銀行を軸にした通貨工作によって可能となった。「長城線を越えた」特異な時代を浮き彫りにする。